Baden-Württemberg

W0376965

Deutschbuch

Differenzierende Ausgabe

Arbeitsheft 5

Arbeitstechniken
Schreiben
Texte und Medien
Grammatik
Rechtschreibung
Lernstandstest

Herausgegeben von
Christa Becker-Binder und Dorothea Fogt

Erarbeitet von
Carmen Collini (Karlsbad)
Dorothea Fogt (Mannheim)
Agnes Fulde (Gütersloh)
Andreas Glas (Stuttgart)
Christian Weißenburger (Ludwigsburg)

scook

Deine **interaktiven Gratis-Übungen** findest du hier:

1. Gehe auf scook.de.
2. Gib den unten stehenden Zugangscode in die Box ein.
3. Hab viel Spaß mit deinen Gratis-Übungen.

Dein Zugangscode auf
www.scook.de | f3pb6-gbfsc

Cornelsen

Inhaltsverzeichnis

Baden-Württemberg

Deutschbuch

Differenzierende Ausgabe

Arbeitsheft 5

Lösungen

Cornelsen

Eine Präsentation vorbereiten

Seite 4

1 Mögliche Mind-Map: **Vorstellungsgespräch** als zentraler Begriff
Äste: Gesprächsverlauf: Fragen zur Firma; Persönliche Fragen: Berufswahl, Stärken/Schwächen, Hobbys, ... –
Auftreten: freundlich, höflich, ... – **Vorbereitung:** Infos über Unternehmen, Unterlagen, Anfahrt, Terminbestätigung, ... –
Äußere Erscheinung: Kleidung, Frisur/Make-up, ...

2 a Mögliche Markierungen: persönliches Gespräch (Z. 2), fachliche Qualifikationen (Z. 8), soziale Kompetenzen (Z. 8), auftritt (Z. 9), Anforderungen passt (Z. 9), äußere Erscheinungsbild (Z. 10), Präsentation der eigenen Person (Z. 15)
b Beispiel: grüne Unterstreichungen: Organisation, Unternehmen, Universität, Testverfahren, Persönlichkeitstest, Intelligenztest, Qualifikationen, soziale Kompetenzen, Abteilung
blaue Unterstreichungen: Quellennachweise: Intelligenztests sind besser als Assessment-Center ...
schwarze Unterstreichungen: Weiterführende Literatur: J. Hesse, H.-C. Schrader: Training – Vorstellungsgespräch. ...

Seite 5

3 a Die Schlagwörter stehen oben in der URL-Zeile: „vorstellungsgespraech + vorbereiten".
b Button zur Suche von Bildern: zweite Zeile, 3. Button: Bilder
c Adresse der jeweiligen Website:
www.gupes.de/kandidaten/vorbereitung-vorstellungsgespraech/
www.planet-beruf.de:8080/Vorstellungsgespraec.22358.0.html
www.femininleben.ch › Job › Jobcoach
https://www.arbeitsagentur.de

4 Die Arbeitsagentur ist die Bundesagentur für Arbeit der Bundesrepublik Deutschland und damit eine öffentliche Einrichtung. Planet-beruf ist ein Portal speziell für Schülerinnen und Schüler und Teil der Bundesagentur für Arbeit. Beide Internetadressen können deshalb als seriös eingestuft werden.
Die beiden anderen Websites stammen von privaten Anbietern und sind zunächst kritisch zu überprüfen.

Stärken stärken: Informationen aus Texten gewinnen

Seite 7

●○○ 5 Richtig sind:
äußere Erscheinung / Verhalten
Fragen zur eigenen Person / Berufswahl
Fragen an den Unternehmer / Personalchef
Unterlagen für das Gespräch

●●○ 5 Text 1
Markierungen: angemessene, gepflegte, ordentliche Kleidung (Z. 2–3), Pünktlichkeit (Z. 3) –
Oberbegriffe: Verhalten, äußere Erscheinung
Text 2
Markierungen: gepflegtes Äußeres (Z. 2), Outfit richtet sich nach der Stelle (Z. 4), von Ihrer besten Seite zeigen (Z. 7), bequem (Z. 9), Schuhe ... gepflegt (Z. 10) – Oberbegriffe: Äußere Erscheinung
Text 3
Markierungen: Vorbereitung (Z. 1), eigene Fragen (Z. 5), Zeitschriften, Broschüren oder die Website des Unternehmens (Z. 6–7), Unterlagen (Z. 7), Einladungsschreiben, Bewerbungsunterlagen (Z. 8–9), Personalfragebogen (Z. 11), Liste mit eigenen Fragen; eventuell Arbeitsproben; Block und Stift (Z. 11–12) – Oberbegriffe: Vorbereitung
Text 4
Markierungen: Fragen, Unternehmer (Z. 1), interessieren (Z. 6), Anlass (Z. 9), Stärken, Schwächen (Z. 14) –
Oberbegriffe: Fragen der Unternehmer

●●● 5 **Äußere Erscheinung / Verhalten:** Outfit richtet sich nach der Stelle, bequeme Kleidung, gepflegte Schuhe / deutlich sprechen, höflich sein, Pünktlichkeit → **Fragen zur eigenen Person / Berufswahl:** Interesse an diesem Ausbildungsberuf, Anlass für die Bewerbung, Stärken und Schwächen → **Fragen an den Unternehmer/Personalchef:** eigene Fragen zusammenstellen, wichtig: vorher genau informieren (z. B. Zeitschriften, Broschüren, Website des Unternehmens) / Wie viele Auszubildende hat das Unternehmen? Wie ist der Ablauf der Ausbildung? An welchen Orten findet die Ausbildung statt? Welche Berufsschule besucht man? Wie sind die Arbeitszeiten? ... → **Unterlagen für das Gespräch:** Bewerbungsunterlagen, ausgefüllter Personalfragebogen, Liste mit eigenen Fragen, eventuell Arbeitsproben, Block und Stift

Seite 8

6a + 7 Möglicher Schreibplan: **Einleitung:** eigene Erfahrung mit dem bevorstehenden Vorstellungsgespräch (Ängste, Sorgen)
8 **Hauptteil:** 1. Äußere Erscheinung / Verhalten, 2. Fragen zur eigenen Person / Berufswahl, 3. Fragen an den Unternehmer/ Personalchef, 4. Unterlagen
Schluss: Ausblick, dass mit guter Vorbereitung kaum etwas schiefgehen kann

6 b Ich möchte mit *den Informationen zur äußeren Erscheinung und dem Verhalten* beginnen, weil *ich die Zuhörer damit gut aktivieren kann,* und dann *auf die Fragen zur eigenen Person und Berufswahl eingehen. Es folgen die Fragen an den Unternehmer/Personalchef.* Am Schluss *verweise ich auf die mitzubringenden Unterlagen, da diese nur aufgezählt werden und das nicht so schwierig ist.*

9 Die Moderationskarten können auf der Grundlage des Flussdiagramms erstellt werden, das bei Aufgabe 7 angefertigt wurde.

Seite 9

10 a Gelungen ist Folie C, weil sie übersichtlich gestaltet und der Inhalt gut zu erfassen ist.
b Sinnvolle Verbesserungsvorschläge:
Folie A: Text reduzieren, nach Oberbegriffen „Berufswahl" und „Fragen zur Firma" aufteilen, Stichpunkte untereinander anordnen und in größerer Schrift anlegen (so nicht lesbar)
Folie B: weniger verspielte Schriftart und zurückhaltendere farbliche Gestaltung (so kaum lesbar)

11 Folie A informiert strukturiert zu den Gliederungspunkten „Fragen zur eigenen Person" und „Fragen zur Firma".
Folie B informiert strukturiert zum Gliederungspunkt „Unterlagen".
Folie C bietet Beispiele für geeignete Kleidung im Vorstellungsgespräch, sie könnte aber auch zur Auflockerung eingeschoben werden.

12 Wenn du niemanden findest, der Zeit für einen Übungsvortrag hat, kannst du diesen auch vor dem Spiegel einüben.

Seite 10

13 a Begriffe: Name: Sarah Kunz, Fach: Deutsch, Datum: 24. 06. 2016, Thema: Ein Vorstellungsgespräch vorbereiten, Bilder: Foto, Gliederungspunkte: 2. Fragen zur eigenen Person, Stichworte: individuelle Lösung
b Hier können die Stichworte aus Aufgabe 7 (S. 7) übernommen werden.

Eine Bewerbung verfassen

Seite 11

1 a (rot) + b (grün)
Mit der RNV fahren Sie vornweg – auch im Beruf. (...)
Zum 1. September 20XX suchen wir Sie als Azubi (w/m) zum Eisenbahner im Betriebsdienst der Fachrichtung Fahrweg.
Sie steuern und kontrollieren vom Stellwerk aus das Schienennetz und den reibungslosen Zugverkehr. (...)
Wichtig ist uns, dass Sie die Schule erfolgreich abgeschlossen haben und sich durch ein hohes Verantwortungsbewusstsein auszeichnen. Neben Zuverlässigkeit und Organisationstalent sollte Besonnenheit in hektischen Situationen zu Ihren Stärken zählen. Wenn Sie belastbar und teamfähig sind, passen Sie zur RNV.
Interessiert? Dann senden Sie Ihre Unterlagen an Herrn Philipp Gaißmeyer, Rhein-Neckar-Verkehr GmbH, Personal, Möhlingstraße 27, 68165 Mannheim. Weitere Informationen im Internet unter www.rnv-online.de („Karriere"). Für eventuelle Fragen steht Ihnen Herr Gaißmeyer, Tel. (0621) 123 – 45 67, gern zur Verfügung.

2 zutreffend: A, D, E – nicht zutreffend: B, C

Seite 12

3 **Anforderungen:** Verantwortungsbewusstsein (V), Belastbarkeit (B), Teamfähigkeit (T)
Carina: Schulsanitätsdienst, regelmäßige Kontakte zur Großmutter, Mannschaftskasse Fußballverein (V); Trainerin einer Jugendmannschaft, Schiedsrichtertätigkeit, Sanitätsdienst (B); Betreuung der F-Jugend, Planung Zeltlager (T)
Matthias: Schulaquarium, Zeitungsausträger (V); Zeitungsausträger (B); Schach-AG, spielt in einer Band (T)

4 a B Hauptteil
b Die Ausbildung zur Sitzbezugmustertesterin ist eine sinnvolle Fortführung meiner mehrjährigen Mitarbeit im Strickklub der Schule. Dort habe ich gelernt, die Qualität des Materials sowie die Wirkung von Mustern sicher zu beurteilen.
Außerdem zeigen meine hervorragenden Leistungen im Fach Kunst, dass ich sehr gute Kenntnisse in Fragen der Gestaltung habe.
Meine vielfältigen Erfahrungen mit Polsterbezügen als Kinogängerin hoffe ich in die Ausbildung einbringen zu können.

Seite 13

5 **oben rechts:** Datum ergänzen, **Adressfeld:** Rhein-Neckar-Verkehr GmbH (Großbuchstaben beachten), Herrn Philipp Gaißmeyer, **Betreffzeile:** Bewerbung um einen Ausbildungsplatz als Fahrdienstleiterin

6 Mögliche Auskunft: Zurzeit bin ich Schülerin der 9. Klasse der ... Realschule. Im Juli 20XX werde ich die Schule voraussichtlich mit einer guten Mittleren Reife abschließen.

7 Das Interesse an der Tätigkeit als Fahrdienstleiter ist während meines Praktikums geweckt worden. (Das Verschicken von Hundefutter war öde,) *Die Arbeit bei einem Tierfutterhandel hat mich nicht angesprochen, weil sie wenig abwechslungsreich war,* aber durch Einblicke in den Vertrieb wurde ich auf das Berufsfeld der Transportlogistik aufmerksam. Bei der Schach-AG und im Informatikunterricht finde ich es (voll) *sehr* gut, komplizierte Systeme zu verstehen und zu gestalten. Züge im Stellwerk zu dirigieren, (wäre bestimmt genau mein Ding) *entspricht meinen Vorstellungen einer beruflichen Herausforderung.*

8 a Geeignet ist die Schlussformulierung B.
b Schluss B ist geeignet, weil er ~~umgangssprachlich~~ / sprachlich angemessen formuliert ist und einen höflichen/ ~~persönlichen~~ Ton wahrt.

Seite 14

9 Diese Fehler solltest du in Carinas Lebenslauf markiert haben: Rechtschreibfehler „Adresse"; Vornamen ausschreiben; Name zu weit nach rechts gerückt; Telefon, E-Mail und Geburtsort fehlen; Geburtsdatum unvollständig; Gesamtaufbau ändern: Daten nach vorn in die linke Spalte; unterschiedliche Schreibweisen bei den Daten zur Schulbildung (einmal Ziffer, einmal Monat ausgeschrieben – beides ist möglich, es muss aber einheitlich durchgehalten werden); Wechsel der Schriftart bei Zwischenüberschrift „Praktische Erfahrungen"; falsche Einrückung: Angaben jetzt in anderer zeitlicher Abfolge; Hinweis zu den Aufgaben im Praktikum fehlt; Zwischenüberschrift „Besondere Kenntnisse und Interessen" fehlt; Gliederung der Angaben nach Sprachkenntnissen/PC-/Sonstigen Kenntnissen fehlt; Position, Schriftart und Rechtschreibung bei „Persönliche Interessen" falsch: „Interessen"; Hobbys „Sherlock-Holmes-Filme" und „Shoppen" streichen (sinnvoll sind nur Hobbys, für die man besondere Kenntnisse braucht); Unterschrift fehlt

10 Orientiere dich in Form und Inhalt genau an dem Muster des Lebenslaufs in der linken Spalte.

11 ungeeignet: Fotos A + C; A = kein Porträt, C = unangemessene Kleidung

Eine Praktikumsmappe anlegen

Seite 15

1 Foto A: 3, 6, 9 – Foto B: 2, 5, 9

2 Mögliche Stichworte zu den Rahmenbedingungen:
Arbeitsumgebung: Foto A: im Büro, Foto B: draußen
Kleidung: Foto A: ordentliche Kleidung; Foto B: wetterfeste Kleidung, Warnweste
Anforderungen: Foto A: PC-Kenntnisse
Foto B: technisches Verständnis

Stärken stärken: Einen Tagesbericht verfassen

Seite 16

●○○ **1** a 9:30 Bus verspätet, muss total rennen, um pünktlich zu sein
9:45 Computer gerade hochgefahren; soll jetzt draußen mit Betreuer Herrn Herbert Baustelle besuchen; Pläne alle mitgenommen, Protokollblock, Vermessungsgeräte, Warnweste und Helm ins Auto geladen
10:00 Los geht's! Der fährt immer so schnell!
10:30 Vor Ort an der Baustelle Seckenheim: Weste an, Helm auf, Pläne (!!) mitnehmen. Renoviertes Haus aus den 1950er-Jahren, fast bezugsfertig. Ausgebesserte Baumängel werden kontrolliert. Ausgebesserte Dichtung um das Rohr ist noch immer feucht, muss deshalb mit speziellem Trockner getrocknet werden. Arbeit am PC gefällt mir sehr, aber Heizungsrohre sind nicht so spannend ...
13:30 Vorbesprechung für Termin mit Kundin Frau Falke: holte heute Pläne für Sanierung einer Versicherung in Stuttgart.
14:00 Büroleiterin Frau Groß (weiß über alles Bescheid!) benötigt Info zum Stuttgarter Auftrag für die Rechnung.
14:30 Ich gebe die am Morgen gemessenen Daten in den Computer ein. Praktikumsbetreuer überprüft die Eingaben, da ich keine Verantwortung tragen soll.
15:00 Frau Groß bittet mich, Abendtermin mit einem Kunden zu vereinbaren. Anschließend Teamsitzung (wie jeden Dienstag): Besprechung der anstehenden Projekte.
17:00 Büro geschlossen
b Heute war ich mit meinem Betreuer zum ersten Mal vor Ort auf einer Baustelle.

●○○ 2 a + b Um 9:45 Uhr hatte ich meinen PC gerade hochgefahren, sollte dann aber doch mit nach draußen, um mit meinem Betreuer, **Herrn Herbert,** eine **Baustelle** zu besuchen. Alle Pläne wurden eingepackt und auch **Protokollblock, Vermessungsgeräte, Warnweste und Helm** wurden ins Auto geladen.
Um 10:30 Uhr waren wir an der **Baustelle Seckenheim.** Nachdem wir die **Weste und den Helm** angezogen hatten, betraten wir mit unseren Plänen ein **renoviertes Haus aus den 1950er-Jahren.** Wir kontrollierten ausgebesserte **Dichtungen.**
Weil eine Wand noch feucht war, musste sie noch mit einem speziellen Trockner getrocknet werden.
Nachdem wir unterwegs Mittag gemacht hatten, waren wir um 13:30 Uhr zurück im Büro. Es fand gerade eine Vorbesprechung für einen Termin mit der Kundin **Frau Falke** statt, die heute Pläne abgeholt hatte, die sie für **die Sanierung einer Versicherung in Stuttgart** in Auftrag gegeben hatte.
Gegen 14 Uhr bat mich die Büroleiterin, **Frau Groß,** ihr eine Info zum Stuttgarter Auftrag für **die Rechnung** zu geben.
Sie **weiß über alles Bescheid** und zeigt mir viel. Um 14:30 habe ich die **Daten in den Compter** eingegeben. Da ich keine Verantwortung tragen soll, **überprüft der Praktkumsbetreuer die Eingaben.**
Nachdem mich Frau Groß um 15:00 Uhr bat, einen **Abendtermin mit einem Kunden zu vereinbaren,** fand anschließend – wie jeden **Dienstag** – die Teamsitzung statt. Dort wurden die **anstehenden Projekte** besprochen. Um 17:00 Uhr endete schließlich mein zweiter Arbeitstag.

Stärken stärken: Einen Tagesbericht mit kritischer Beurteilung verfassen

Seite 17

●●○ 1 / ●●● a 9:30 Bus verspätet, muss total rennen, um pünktlich zu sein
9:45 Computer gerade hochgefahren; soll jetzt aber nach draußen mit meinem Betreuer, Baustelle besuchen; Pläne alle mitgenommen, Protokollblock, Vermessungsgeräte, Warnweste und Helm ins Auto geladen
10:00 Los geht's! Der fährt immer so schnell!
10:30 Vor Ort an der Baustelle Seckenheim: Weste an, Helm auf, Pläne (!!) mitnehmen. Renoviertes Haus aus den 50er-Jahren, fast bezugsfertig. Ausgebesserte Baumängel werden kontrolliert. Ausgebesserte Dichtung um das Rohr ist noch immer feucht, muss deshalb mit speziellem Trockner getrocknet werden. Arbeit am PC gefällt mir sehr, aber Heizungsrohre sind nicht so spannend ...
13:30 Vorbesprechung für Termin mit Kundin Frau Falke: holte heute Pläne für Sanierung einer Versicherung in Stuttgart.
14:00 Büroleiterin Frau Groß (weiß über alles Bescheid!) benötigt Info zum Stuttgarter Auftrag für die Rechnung.
14:30 Ich gebe die am Morgen gemessenen Daten in den Computer ein. Praktikumsbetreuer überprüft die Eingaben, da ich keine Verantwortung tragen soll.
15:00 Frau Groß bittet mich, Abendtermin mit einem Kunden zu vereinbaren. Anschließend Teamsitzung (wie jeden Dienstag): Besprechung der anstehenden Projekte.
17:00 Büro geschlossen
b Einleitungssatz: Heute war ich mit meinem Betreuer zum ersten Mal vor Ort auf einer Baustelle.

●●○ 2 / ●●● A Damit das Programm die Daten der alten Karte mit den aktuellen Ergebnissen vergleichen konnte, gab ich die heute Morgen gemessenen Daten in den Computer ein. – B Weil ich als Praktikantin keine Verantwortung tragen sollte, überprüfte mein Praktikumsbetreuer die Eingaben. – C Nachdem mir der Übertrag der Daten in das CAD-Programm nicht gelungen war, bat ich eine Kollegin um Hilfe. – D Der Leiter des Ingenieurbüros bat mich, einen Abendtermin mit einem Kunden zu vereinbaren, obwohl das Büro nach 17:00 Uhr geschlossen war.

●●○ 3 / ●●● Möglicher Praktikumsbericht:

10.5.20XX

Um 9:45 Uhr hatte ich meinen PC gerade hochgefahren, sollte dann aber doch mit nach draußen, um mit meinem Betreuer Herrn Herbert eine Baustelle zu besuchen. Alle Pläne wurden eingepackt und auch Protokollblock, Vermessungsgeräte, Warnweste und Helm wurden ins Auto geladen.
Um 10:30 Uhr waren wir vor Ort an der Baustelle Seckenheim. Nachdem wir die Sicherheitskleidung angezogen hatten, betraten wir mit unseren Plänen ein renoviertes Haus aus den 50er-Jahren, das fast bezugsfertig war. Ausgebesserte Baumängel wurden von uns kontrolliert. Meinem Betreuer fiel auf, dass eine Stelle in der Wand wegen eines ehemals undichten Heizungsrohres noch immer feucht war. Die Wand musste deshalb mit einem speziellen Trockner getrocknet werden.
Nachdem wir unterwegs Mittag gemacht hatten, waren wir um 13:30 Uhr zurück im Büro. Es fand gerade eine Vorbesprechung für einen Termin mit der Kundin Frau Falke statt, die heute Pläne abgeholt hatte, die sie für die Sanierung einer Versicherung in Stuttgart in Auftrag gegeben hatte.
Gegen 14:00 Uhr gab mir Herr Herbert die Aufgabe, einen Körper im Programm Vektorworks in Dreitafelprojektion (eine perspektivische Darstellungsweise) zu zeichnen, das war nicht einfach.
Frau Groß, unsere Büroleiterin, benötigte eine Info zum Stuttgarter Auftrag für die Rechnung. Sie weiß wirklich über alles Bescheid und zeigte mir, wie die Akten in den Büroschränken zu den aktuellen Projekten angeordnet sind. Weil ich als Praktikantin keine Verantwortung tragen darf, überprüft sie immer alle Aufgaben, die ich erledigen soll.
Jeden Dienstag um 16:30 Uhr gibt es eine Teamsitzung im Besprechungsraum. Es ging darum, ob ein bestimmtes neues CAD-Programm für das Team angeschafft werden sollte. Zwei Mitarbeiter waren sehr dafür, die anderen hatten keine Meinung dazu. Entschieden wurde noch nichts, weil Herr Wieland noch einen anderen Termin hatte. Außerdem wurden die anstehenden Projekte für diese Woche besprochen.
Um 17:00 Uhr endete mein zweiter Arbeitstag.

Seite 18

4 Ungeeignet sind die Fragen C, F und H.

5 1 + B, D, G – 2 + A – 3 + E, J – 4 + I

6 Sinnvolle Informationen:
Linus: Hallo, Zera, wie war dein Praktikum?
Zera: Hi, insgesamt voll gut. Mein Betreuer war supernett und auch die anderen Mitarbeiter waren echt lässig. Ich hatte immer was zu tun und konnte alles fragen, was mir unklar war.
Linus: [...] Aber dann haben mich vor allem die verschiedenen Datenverarbeitungsprogramme mega fasziniert.
Zera: Ja, mich auch. Obwohl ich auch gemerkt habe, dass ich in Geometrie ziemliche Lücken habe. Und insgesamt war mir vor meinem Praktikum nicht klar, wie viel IT-Wissen man als Bauzeichnerin so braucht. Ich hatte nur überlegt, dass man da viel zeichnet. Stimmt ja auch! Gelernt habe ich, wie man mit Kunden spricht. Das hat mir Spaß gemacht.
Linus: [...], dass der Job was für mich wäre.
Zera: Ich bin mir noch nicht so sicher. Ich mach vielleicht noch ein Praktikum ganz woanders.

Mögliche Reflexion/zusammenfassende Auswertung des Praktikums:
(Wichtige persönliche Erfahrungen) Während meines Praktikums erfuhr ich etwas über mich selbst: Richtig gern sprach ich mit den Kunden. Von den Kollegen und Kolleginnen lernte ich, wie man das am besten macht. Fasziniert haben mich die sehr leistungsfähigen Datenverarbeitungsprogramme, mit denen man als Bauzeichner arbeitet.
(Persönliche Auswertung) Ich hatte mir vorher nicht klargemacht, dass man in diesem Beruf so viel IT-Wissen benötigt. Meine Lücken im Fach Geometrie waren da nicht sehr hilfreich. Ausgesucht hatte ich mir diesen Beruf, weil man da so viel zeichnet. Das bestätigte sich auch. Die Datenverarbeitung finde ich beeindruckend, arbeiten will ich damit aber nicht.
(Kritik/Verbesserungsvorschläge) Das Betriebsklima im Ingenieurbüro „Schmidt Bauzeichner GmbH" war sehr gut. Ich fühlte mich dort sehr wohl. Es gab auch einen Betreuer, der sich ständig um mich kümmerte und mir alles erklärte. Das war sehr hilfreich. In der Hinsicht gab es für mich nichts zu bemängeln.
(Auswirkungen auf Ausbildungsziel) Insgesamt habe ich nicht den Eindruck gewonnen, dass der Beruf der Bauzeichnerin etwas für mich wäre. Vielleicht suche ich mir doch lieber einen Beruf aus, in dem man mehr mit anderen Menschen kommunizieren kann und in dem weniger Technik gefragt ist. Ich überlege, in den nächsten Ferien ein Praktikum in einem ganz anderen Berufsfeld zu machen, um dort weitere Erfahrungen zu sammeln.

Teste dich! – Sich bewerben, einen Tagesbericht schreiben

Seite 19

1 Richtig sind: Bewerbungsschreiben, Lebenslauf mit Passbild, Kopie des letzten Zeugnisses. — 3 Punkte

2
a Richtig sind: besteht zu großen Teilen aus Allgemeinplätzen, zeigt, dass Max genaue Vorstellungen hat, enthält Übertreibungen. — 3 Punkte
b Mich interessiert der Beruf des Einzelhandelskaufmanns, weil er sehr vielseitig und abwechslungsreich ist. Außerdem ist es eine Tätigkeit, bei der man mit Menschen zusammenkommt. Ich bin zudem Fußballer und kann mir vorstellen, dass ich meine Begeisterung für Sport gut in den Verkauf einbringen kann. *(→ Übertreibung herausgenommen, sachlicher formuliert)* Auch mein mathematisches Verständnis ist im kaufmännischen Bereich sicherlich von Vorteil. *(→ Übertreibung herausgenommen, sachlicher formuliert)* — 4 Punkte

3 Zutreffend sind: sachlich schreiben, Fachbegriffe aufgreifen und erklären, auf die Reihenfolge der Ereignisse achten, durchgehend im Präteritum schreiben, Zusammenhänge durch Verknüpfungen deutlich machen. — 5 Punkte

Einen Prosatext beschreiben

Seite 20

1 Individuelle Lösung

Seite 22

2 B

3 a + b Z. 12–20: Die Eltern beschreiben Aussehen und Interessen ihrer Tochter. – Z. 21–42: Die Eltern versuchen sich den Alltag ihrer Tochter vorzustellen – ihre Arbeit als Bürofräulein, ihren Tagesablauf, ihren Nachhauseweg. – Z. 43–48: Sie stellen sich Monikas Zukunft vor und damit Monikas Bedeutung für sich und ihre eigene Zukunft. – Z. 48–53: Sie vergleichen Monika mit der Schwägerin. – Z. 54–64: Eine beispielhafte Situation zeigt die Sprachlosigkeit der Eltern und die Entfremdung der Tochter. – Z. 64–65: Ankunft des Zuges

4 a Monika, Eltern

Peter Bichsel: Die Tochter (1964)

Abends warteten sie auf Monika. Sie arbeitete in der Stadt, die Bahnverbindungen sind schlecht. Sie, er und seine Frau, saßen am Tisch und warteten auf Monika. Seit sie in der Stadt arbeitete, aßen sie erst um halb acht. Früher hatten sie eine Stunde eher gegessen. Jetzt warteten sie täglich eine Stunde am gedeckten Tisch, an ihren Plätzen, der Vater oben, die Mutter auf dem Stuhl nahe der Küchentür, sie warteten vor dem leeren Platz Monikas. Einige Zeit später dann auch vor dem dampfenden Kaffee, vor der Butter, der Marmelade. Sie war größer gewachsen als sie, sie war auch blonder und hatte die Haut, die feine Haut der Tante Maria. „Sie war immer ein liebes Kind", sagte die Mutter, während sie warteten. In ihrem Zimmer hatte sie einen Plattenspieler, und sie brachte oft Platten mit aus der Stadt, und sie wusste, wer darauf sang. Sie hatte einen Spiegel und verschiedene Fläschchen und Döschen, einen Hocker aus marokkanischem Leder, eine Schachtel Zigaretten. Der Vater holte sich seine Lohntüte auch bei einem Bürofräulein. Er sah dann die vielen Stempel auf einem Gestell, bestaunte das sanfte Geräusch der Rechenmaschine, die blondierten Haare des Fräuleins, sie sagte freundlich „Bitte schön", wenn er sich bedankte. Über Mittag blieb Monika in der Stadt, sie aß eine Kleinigkeit, wie sie sagte, in einem Tearoom. Sie war dann ein Fräulein, das in Tearooms lächelnd Zigaretten raucht. Oft fragten sie sie, was sie alles getan habe in der Stadt, im Büro. Sie wusste aber nichts zu sagen. Dann versuchten sie wenigstens, sich genau vorzustellen, wie sie beiläufig in der Bahn ihr rotes Etui mit dem Abonnement aufschlägt und vorweist, wie sie den Bahnsteig entlanggeht, wie sie sich auf dem Weg ins Büro angeregt mit Freundinnen unterhält, wie sie den Gruß eines Herrn lächelnd erwidert. Und dann stellten sie sich mehrmals vor in dieser Stunde, wie sie heimkommt, die Tasche und ein Modejournal unter dem Arm, ihr Parfum; sie stellten sich vor, wie sie sich an ihren Platz setzt, wie sie dann zusammen essen würden. Bald wird sie sich in der Stadt ein Zimmer nehmen, das wussten sie, und dass sie dann wieder um halb sieben essen würden, dass der Vater nach der Arbeit wieder seine Zeitung lesen würde, dass es dann kein Zimmer mehr mit Plattenspieler gäbe, keine Stunde des Wartens mehr. Auf dem Schrank stand eine Vase aus blauem, schwedischem Glas, eine Vase aus der Stadt, ein Geschenkvorschlag aus dem Modejournal. „Sie ist wie deine Schwester", sagte die Frau, „sie hat das alles von deiner Schwester. Erinnerst du dich, wie schön deine Schwester singen konnte." „Andere Mädchen rauchen auch", sagte die Mutter. „Ja", sagte er, „das habe ich auch gesagt." „Ihre Freundin hat kürzlich geheiratet", sagte die Mutter. Sie wird auch heiraten, dachte er, sie wird in der Stadt wohnen. Kürzlich hatte er Monika gebeten: „Sag mal etwas auf Französisch." – „Ja", hatte die Mutter wiederholt, „sag mal etwas auf Französisch." Sie wusste aber nichts zu sagen. Stenografieren kann sie auch, dachte er jetzt. „Für uns wäre das zu schwer", sagten sie oft zueinander. Dann stellte die Mutter den Kaffee auf den Tisch. „Ich habe den Zug gehört", sagte sie.

b Monika arbeitet in der Stadt / ~~auf dem Land~~, die Eltern leben ~~in der Stadt~~ / auf dem Land und erwarten die Tochter zurück. Monika ähnelt vom Äußeren mit ihrer Größe, den blonden Haaren und der feinen Haut ~~ihrer Mutter~~ / ihrer Tante. Die Eltern ~~wissen genau~~ / wissen nicht, wie sich das Alltagsleben ihrer Tochter gestaltet. Am Abend bei der Heimkehr erzählt Monika ~~alles~~ / nichts über ihr Leben. Die Eltern bewundern / ~~verachten~~ die Tochter.

5 a **Vater/Tochter:** bewundert Tochter, hat keine Ahnung, was in ihr vorgeht (interessiert an, bemüht um) – **Mutter/Tochter:** bewundert Tochter, entwickelt Zukunftsperspektiven für Tochter, sieht sie nur äußerlich (interessiert an, bemüht um) – **Vater/Mutter:** desinteressiert, ausweichend – **Tochter/Vater – Tochter/Mutter:** möchte eigenes Leben führen, vermittelt den Eltern keine Einblicke in ihre Empfindungen (keine Beziehung; desinteressiert, ausweichend)

Seite 23

5 b Begriffe: mangelnde Kommunikation, Kälte, Entfremdung, sie leben nebeneinander her

6 Mögliche Deutung: Die Kommunikation zwischen der Tochter und ihren Eltern ist gestört.
Die Tochter weiß vermutlich auf Fragen ihrer Eltern in Bezug auf ihre Lebenswelt **nichts** zu sagen, weil sie sich von ihren Eltern **entfremdet** hat. Die Eltern möchten mit dem gemeinsamen Abendessen ein Ritual aufrechterhalten, das über die **unterschiedlichen** Lebenswelten hinwegtäuschen soll: Die Eltern leben **auf dem Land,** die Tochter arbeitet **in der Stadt.** Die Tochter sieht jedoch offenbar keine Möglichkeit, die Entfremdung zu überwinden, was sich in der **mangelnden Kommunikation** zeigt.

7 a **Wortwiederholungen:** „warteten" (4 x im ersten Abschnitt, Z. 1, 3, 6, 8 f.) → wirkt eintönig, lässt eventuell darauf schließen, dass die Eltern passiv sind, Ausdruck von Monotonie
„Sie wusste aber nichts zu sagen" (Z. 31 und 61 f.) → deutet auf Sprachlosigkeit zwischen Eltern und Tochter und auf die Entfremdung der Tochter
„Tisch" (Z. 3, 7, 65) → Der Tisch und die Sitzordnung bleiben immer gleich, es gibt keine Bewegung oder Veränderung.
„deine Schwester" (Z. 51, 52, 53) → Bedeutung der Schwester ist scheinbar hoch, Tochter wird mit ihr verglichen
„vorstellen" (Z. 32 f., 38, 40 f.) → Die Eltern stellen sich ihre Tochter vor, haben aber keine reale Beziehung zu ihr.

b **Wörtliche Rede:** ist vorhanden in Z. 13, 25, 51 ff., 63 ff. → Aber die Eltern reden nicht miteinander, sondern nur über die Tochter. Vieles bleibt unausgesprochen („[...] dachte er").

c **Satzbau:** Der Text besteht vor allem aus Hauptsätzen (Parataxe) und vielen Aufzählungen: „Sie hatte einen Spiegel und verschiedene Fläschchen und Döschen, einen Hocker aus marokkanischem Leder, eine Schachtel Zigaretten." (Z. 18–20) → Dadurch wirkt die Stimmung gleichbleibend und öde. Die fehlende Abwechslung passt zur fehlenden Abwechslung im Leben der Eltern.

Stärken stärken: Die Kurzgeschichte beschreiben

Seite 24

●○○ 1 In der 1964 erschienenen Kurzgeschichte „Die Tochter" von Peter Bichsel geht es um einen Löslösungsprozess zwischen namentlich nicht näher gekennzeichneten Eltern von ihrer erwachsenen, berufstätigen Tochter Monika.

●○○ 2 Die Kurzgeschichte beginnt unvermittelt mit dem Satz *„Abends warteten sie auf Monika".* Ein namentlich nicht genanntes Elternpaar wartet wie jeden Tag am *Esstisch* auf die Ankunft seiner Tochter. Die äußere Handlung beschränkt sich somit auf das statische Warten *der Eltern* am Esstisch und ein spärliches *Gespräch* zwischen den beiden. Während die Eltern warten, versuchen sie, sich *den Alltag ihrer Tochter* vorzustellen – ihre Arbeit *als Bürofräulein, ihren Tagesablauf, ihren Nachhauseweg.* Sie stellen sich Monikas Zukunft vor und damit Monikas *Bedeutung* für sich und ihre eigene, *perspektivlose Zukunft.* Durch die Wiedergabe dieser inneren Handlung erfährt der Leser, dass die Tochter sich v*on ihren Eltern entfremdet hat.* Gleichzeitig zeigt sie die *Sprachlosigkeit* der Eltern untereinander. Am Ende wird deutlich, dass die Tochter *ein eigenes Leben führen möchte,* während die Eltern sich *an die neuen Umstände erst gewöhnen müssen.*

●○○ 3 Gelungen ist die Überleitung A. Die Schüler/in leitet durch die Formulierung „Schon der erste Absatz ‚Abends warteten sie auf Monika' (Z. 1) macht deutlich, dass die Hauptfigur der Kurzgeschichte Monika ist" von der Inhaltsangabe zur Charakterisierung über, während Text B unvermittelt und abgehackt mit der Charakterisierung beginnt.

Seite 25

●○○ 4 → *häufige Verwendung des Wortes „warten":* Durch das untätige Sitzen wird deutlich, dass ihr Leben erst durch die Tochter Bedeutung gewinnt. → *Aneinanderreihung kurzer Hauptsätze; Stilmittel der Parataxe:* Die unverbunden aneinandergereihten Sätze lassen auf nicht gelingende Kommunikation schließen. → *wörtliche Rede, ohne dass ein richtiges Gespräch entsteht:* Die Figuren leben aneinander vorbei. Eine echte Auseinandersetzung findet nicht statt.

●○○ 5 Richtige Aussage: Der Text weist fast alle Merkmale der Kurzgeschichte auf. Lediglich die Spannungskurve mit dem Höhepunkt ist untypisch „flach" ausgeprägt.

●○○ 6 Lösungsvorschlag:
In der Kurzgeschichte wird deutlich, wie schwer es manchen Eltern fällt, sich von ihren Kindern zu lösen, wenn diese ihre eigenen Wege gehen. Problematisch ist es, wenn Eltern ihr Leben ausschließlich auf ihr Kind ausrichten. Meiner Meinung nach ist es verständlich, dass die Tochter sich von ihren Eltern zurückzieht. Es ist für sie sicher anstrengend, zu wissen, dass ihre Eltern außer ihr keinen Lebensinhalt mehr haben. Dabei können sie auf der anderen Seite das Leben, das ihre Tochter führt, nicht mehr nachvollziehen. Der Konflikt wird in diesem kurzen Text besonders deutlich. Ich frage mich, wie Eltern oder Paare dahin kommen, dass sie sich nichts mehr zu sagen haben, und finde das Leben, das die beiden führen, deprimierend. Ich finde, Peter Bichsel gelingt es sehr gut, diese trostlose, perspektivlose Stimmung darzustellen.

●○○ 7 In der 1964 erschienenen Kurzgeschichte „Die Tochter" von Peter Bichsel geht es um einen Loslösungsprozess zwischen namentlich nicht näher gekennzeichneten Eltern und ihrer erwachsenen, berufstätigen Tochter Monika.
Die Kurzgeschichte beginnt unvermittelt mit dem Satz „Abends warteten sie auf Monika". Ein namentlich nicht genanntes Elternpaar wartet wie jeden Tag am Esstisch auf die Ankunft seiner Tochter. Die äußere Handlung beschränkt sich somit auf das statische Warten der Eltern am Esstisch und ein spärliches Gespräch zwischen den beiden. Während die Eltern warten, versuchen sie sich den Alltag ihrer Tochter vorzustellen – ihre Arbeit als Bürofräulein, ihren Tagesablauf, ihren Nachhauseweg. Sie stellen sich Monikas Zukunft vor und damit Monikas Bedeutung für sich und ihre eigene, perspektivlose Zukunft. Durch die Wiedergabe dieser inneren Handlung erfährt der Leser, dass die Tochter sich von ihren Eltern entfremdet hat. Gleichzeitig zeigt sie die Sprachlosigkeit der Eltern untereinander. Am Ende wird deutlich, dass die Tochter ein eigenes Leben führen möchte, während sich die Eltern nicht von ihr lösen können.
Der unmittelbare Einstieg und das offene Ende sind zwei Merkmale einer Kurzgeschichte. Doch auch der parataktische Satzbau, die Verwendung von Alltagssituationen und die einfache Sprache belegen, dass es sich um diese Textsorte handelt. Lediglich die Spannungskurve mit dem Höhepunkt ist untypischerweise „flach" ausgeprägt. Peter Bichsel verwendet ein personales Erzählverhalten. Ab Zeile 51 setzt er vor allem wörtliche Rede ein.

Die Überschrift „Die Tochter" ist sehr unpersönlich, wenn man bedenkt, wie sehr die Eltern ihre Tochter lieben, und regt zum Nachdenken an.
In den ersten Abschnitten wird die Tochter von den Eltern, die einfach und fast bieder erscheinen, in Gedanken und Gesprächen beschrieben. Sie kreisen um Äußerlichkeiten und um das Verhalten der jungen Frau: Monika besitzt einen Plattenspieler (Z.16), einen Spiegel, verschiedene Fläschchen und Döschen und einen Hocker aus marokkanischem Leder (Z.19f.). Auch dass sie Modejournale liest, ist ein Anzeichen dafür, dass sie modebewusst ist. Durch die Gespräche und Gedanken der Eltern wird uns Monika als ein „liebes Kind" (Z.14f.), als blond und groß gewachsen beschrieben (Z.12f.). Man kann sie sich vorstellen als eine hübsche, junge Frau, die „die feine Haut der Tante Maria" hat (Z.13f.). Monika arbeitet in einem Büro in der Stadt (Z.30) und ist in den Augen ihrer Eltern klug, weil sie, im Gegensatz zu ihnen, Französisch und stenografieren kann (Z.59f.). Dass die Eltern extra für ihre Tochter ihren Tagesablauf umstellen, „Seit sie in der Stadt arbeitete, aßen sie erst um halb acht, früher hatten sie eine Stunde eher gegessen" (Z.3ff.), zeigt, wie sie Monika lieben und dass sie so viel Zeit wie möglich mit ihr verbringen wollen. Sie interessieren sich für sie und sind mindestens genauso stolz auf sie. So wollen sie von Monika oft wissen, was sie in der Stadt getan habe (Z.30), diese weiß dann „aber nichts zu sagen" (Z.31). Das, und dass sie keine Antwort weiß, wenn die Eltern sie bitten etwas auf Französisch zu sagen (Z.59f.), zeigt, dass sie sich wahrscheinlich eingeengt fühlt und sich von ihren Eltern im Laufe des Erwachsenwerdens entfremdet hat. Vater und Mutter bewundern ihrer Tochter, haben allerdings keine Ahnung, was sie bewegt und was in ihr vorgeht. Andererseits vermittelt Monika ihnen keinen Einblick in ihre Empfindungen. Die Eltern können es zwar nicht so formulieren, jedoch rührt daher wahrscheinlich ihre unbewusste Vermutung, dass Monika bald ausziehen wird (Z.43f.). Darüber hinaus stellen die beiden fest, dass ihre Tochter ein Fräulein geworden, d.h. kein Mädchen vom Land mehr ist (Z.28f.). Das Rauchen, ein Laster, versuchen sie damit zu begründen, dass andere Mädchen auch rauchen, damit ihre Monika keinen Makel bekommt (Z.54). In dem Text wird klar, dass Monika Mittelpunkt im Leben ihrer Eltern ist und sie gar keine anderen Gespräche mehr führen können, was ein Ausdruck dafür ist, dass ihr eigenes Leben langweilig und ihre Beziehung zueinander eingeschlafen ist.
In dem Text sind einige Fremdwörter, wie zum Beispiel „Tearoom" (Z.27f.), „Abonnement" (Z.34) und „Modejournal" (Z.39f.) enthalten. Außerdem besteht er aus vielen kurzen Hauptsätzen (Parataxe), die bedrückend und monoton auf den Leser wirken. Die unverbundenen, aneinandergereihten Sätze lassen auf nicht gelingende Kommunikation schließen. Dies kann den Leser zum Nachdenken anregen und auf eigene Erfahrungen und Erinnerungen stoßen. Verschiedene Wörter weisen darauf hin, dass der Text aus den 1960er-Jahren stammt, wie zum Beispiel „Lohntüte" (Z.21). Dies ist ein veralteter Begriff, der nicht zuletzt aufgrund des technischen Wandels nicht mehr verwendet wird. Weiterhin wird das Wort „warten" sechsmal im Text wiederholt und kann somit als Leitmotiv gelten. Durch die häufige Wiederholung wird die Sehnsucht der Eltern nach der Tochter besonders deutlich. Das untätige Sitzen zeigt, dass ihr Leben erst durch Monika Bedeutung gewinnt. Doch nicht nur das Wort „warten" kommt oft in dem Text vor, sondern auch das Personalpronomen „sie": „Sie war immer ein liebes Kind" (Z.14), „Sie ist wie deine Schwester" (Z.51) und in Zeile 58: „Sie wird auch heiraten". Das Personalpronomen wird im Vergleich zu dem Namen Monika oft genannt und stellt somit eine gewisse Distanz zwischen den Eltern und der Tochter dar. Im Text ist auch ein rhetorisches Mittel, der Vergleich, zu finden, siehe Zeile 51. Dort vergleicht die Mutter ihre Tochter mit deren Tante Maria, der sie scheinbar ähnlich ist und die die Eltern sehr mögen. Die Eltern sind anonym, also übertragbar gehalten. Darüber hinaus wirkt diese Anonymität distanziert und bedrückend. Die Kurzgeschichte enthält Aufzählungen, was sie übersichtlicher und sprachlich noch knapper macht. Des Weiteren wird in dem Text meist in der Umgangssprache gesprochen, da es sich bei den Protagonisten um Personen aus dem Alltag handelt. „Sag mal etwas auf Französisch!", (Z.59f.) „Andere Mädchen rauchen auch" (Z.54) und in Zeile 14: „Sie war immer ein liebes Kind". Ausdruck bzw. Wortwahl in dem Text sind insgesamt einfach gehalten. Deutlich wird das z.B. an folgenden Textstellen: „In ihrem Zimmer hatte sie einen Plattenspieler, und sie brachte oft Platten mit aus der Stadt, und sie wusste, wer darauf sang." (Z.16–18) Die Sprache wirkt auf mich sehr nüchtern. Dadurch wird eine monotone, fast trostlose Atmosphäre hergestellt, weshalb ich darauf schließe, dass der Autor die Starre und Leere im Leben der Eltern verdeutlichen möchte.
In der Kurzgeschichte wird greifbar, wie schwer es manchen Eltern fällt, sich von ihren Kindern zu lösen, wenn diese ihre eigenen Wege gehen. Problematisch ist es, wenn Eltern ihr Leben ausschließlich auf ihr Kind ausrichten. Meiner Meinung nach ist es verständlich, dass die Tochter sich von ihren Eltern zurückzieht. Es ist für sie sicher belastend, zu wissen, dass ihre Eltern außer ihr keinen Lebensinhalt mehr haben. Dabei können diese auf der anderen Seite das Leben, das ihre Tochter führt, nicht mehr nachvollziehen. Der Konflikt wird in diesem kurzen Text besonders deutlich. Ich frage mich, wie Eltern oder Paare dahin kommen, dass sie sich nichts mehr zu sagen haben, und finde das Leben, das die beiden führen, deprimierend. Nach meiner Ansicht gelingt es Peter Bichsel sehr gut, diese trostlose, perspektivlose Stimmung der Eltern im Loslösungsprozess der Tochter darzustellen.

●○○ 8 Jeder Schülertext wird individuell nach der Checkliste von Seite 29 überarbeitet.

Stärken stärken: Die Kurzgeschichte beschreiben

Seite 26

●●○ 1 In der 1964 erschienenen Kurzgeschichte „Die Tochter" von Peter Bichsel geht es um einen Löslösungsprozess zwischen namentlich nicht näher gekennzeichneten Eltern von ihrer erwachsenen, berufstätigen Tochter Monika.

●●○ 2 Die Kurzgeschichte beginnt unvermittelt mit dem Satz „*Abends warteten sie auf Monika*". Ein namentlich nicht genanntes Elternpaar wartet wie jeden Tag am *Esstisch* auf die Ankunft seiner Tochter. Die äußere Handlung beschränkt sich somit auf das statische Warten *der Eltern* am Esstisch und ein spärliches *Gespräch* zwischen den beiden. Während die Eltern warten, versuchen sie, sich *den Alltag ihrer Tochter* vorzustellen – ihre Arbeit *als Bürofräulein, ihren Tagesablauf, ihren Nachhauseweg.* Sie stellen sich Monikas Zukunft vor und damit Monikas *Bedeutung* für sich und ihre eigene, *perspektivlose Zukunft.* Durch die Wiedergabe dieser inneren Handlung erfährt der Leser, dass die Tochter sich v*on ihren Eltern entfremdet hat.* Gleichzeitig zeigt sie die *Sprachlosigkeit* der Eltern untereinander. Am Ende wird deutlich, dass die Tochter *ein eigenes Leben führen möchte,* während die Eltern sich *an die neuen Umstände erst gewöhnen müssen.*

3 a Gelungen ist die Überleitung A. Die Schüler/in leitet durch die Formulierung „Schon der erste Absatz ‚Abends warteten sie auf Monika' (Z. 1) macht deutlich, dass die Hauptfigur der Kurzgeschichte Monika ist" von der Inhaltsangabe zur Charakterisierung über, während Text B unvermittelt und abgehackt mit der Charakterisierung beginnt.

b In den ersten Abschnitten wird die Tochter von den Eltern, die einfach und fast bieder erscheinen, in Gedanken und Gesprächen beschrieben. Sie kreisen um Äußerlichkeiten und das Verhalten der jungen Frau: Monika besitzt einen Plattenspieler (Z. 16), einen Spiegel, verschiedene Fläschchen und Döschen und einen Hocker aus marokkanischen Leder (Z. 19 f.). Auch dass sie Modejournale liest, ist ein Anzeichen dafür, dass sie modebewusst ist. Durch die Gespräche und Gedanken der Eltern wird uns Monika als ein „liebes Kind" (Z. 14 f.), blond und als groß gewachsen beschrieben (Z. 12 f.). Man kann sie sich vorstellen als eine hübsche, junge Frau, die „die feine Haut der Tante Maria" hat (Z. 13 f.). Monika arbeitet in einem Büro in der Stadt (Z. 30 f.) und ist in den Augen ihrer Eltern klug, weil sie, im Gegensatz zu ihnen, Französisch und stenografieren kann (Z. 59 ff.).
Dass die Eltern extra für ihre Tochter ihren Tagesablauf umstellen, „Seit sie in der Stadt arbeitete, aßen sie erst um halb acht, früher hatten sie eine Stunde eher gegessen" (Z. 3 ff.), zeigt, wie sie Monika lieben und dass sie so viel Zeit wie möglich mit ihr verbringen wollen. Sie interessieren sich für sie und sind mindestens genauso stolz auf sie. So wollen sie von Monika oft wissen, was sie in der Stadt getan habe (Z. 30 f.), diese weiß dann „aber nichts zu sagen" (Z. 31). Das und dass sie keine Antwort weiß, wenn die Eltern sie bitten etwas auf Französisch zu sagen (Z. 59 f.), zeigt, dass sie sich wahrscheinlich eingeengt fühlt und sich von ihren Eltern im Laufe des Erwachsenwerdens entfremdet hat. Vater und Mutter bewundern ihre Tochter, haben allerdings keine Ahnung, was sie bewegt und was in ihr vorgeht. Andererseits vermittelt Monika ihnen keinen Einblick in ihre Empfindungen. Die Eltern können es zwar nicht so formulieren, jedoch rührt daher wahrscheinlich ihre unbewusste Vermutung, dass sie bald ausziehen wird (Z. 43 f.). Darüber hinaus stellen die beiden fest, dass ihre Tochter ein Fräulein geworden, d.h. kein Mädchen vom Land mehr ist (Z. 28 f.). Das Rauchen, ein Laster, versuchen sie damit zu begründen, dass andere Mädchen auch rauchen, damit ihre Monika keinen Makel bekommt (Z. 54). In dem Text wird klar, dass Monika Mittelpunkt im Leben ihrer Eltern ist und sie gar keine anderen Gespräche mehr führen können, was ein Ausdruck dafür ist, dass ihr eigenes Leben langweilig und ihre Beziehung zueinander eingeschlafen ist.

Seite 27

4 → *häufige Verwendung des Wortes „warten":* Durch das untätige Sitzen wird deutlich, dass ihr Leben erst durch die Tochter Bedeutung gewinnt.
→ *Aneinanderreihung kurzer Hauptsätze; Stilmittel der Parataxe:* Die unverbunden aneinandergereihten Sätze lassen auf nicht gelingende Kommunikation schließen.
→ *wörtliche Rede, ohne dass ein richtiges Gespräch entsteht:* Die Figuren leben aneinander vorbei. Eine echte Auseinandersetzung findet nicht statt.

5 Alle Merkmale lassen sich an der Kurzgeschichte „Die Tochter" belegen. Lediglich die Spannungskurve mit dem Höhepunkt ist untypisch „flach" ausgeprägt.

6 Lösungsvorschlag:
In der Kurzgeschichte wird deutlich, wie schwer es manchen Eltern fällt, sich von ihren Kindern zu lösen, wenn diese ihre eigenen Wege gehen. Problematisch ist es, wenn Eltern ihr Leben ausschließlich auf ihr Kind ausrichten. Meiner Meinung nach ist es verständlich, dass die Tochter sich von ihren Eltern zurückzieht. Es ist für sie sicher anstrengend, zu wissen, dass ihre Eltern außer ihr keinen Lebensinhalt mehr haben. Dabei können sie auf der anderen Seite das Leben, das ihre Tochter führt, nicht mehr nachvollziehen. Der Konflikt wird in diesem kurzen Text besonders deutlich. Ich frage mich, wie Eltern oder Paare dahin kommen, dass sie sich nichts mehr zu sagen haben, und finde das Leben, das die beiden führen, deprimierend. Ich finde, Peter Bichsel gelingt es sehr gut, diese trostlose, perspektivlose Stimmung darzustellen.

7 Vergleiche hierzu die Lösung zu Aufgabe 7 auf der Seite 8.

8 Jeder Schülertext wird individuell nach der Checkliste von Seite 29 überarbeitet.

Stärken stärken: Die Kurzgeschichte schriftlich interpretieren

Seite 28

2 In der 1964 erschienenen Kurzgeschichte „Die Tochter" von Peter Bichsel geht es um einen Löslösungsprozess zwischen namentlich nicht näher gekennzeichneten Eltern von ihrer erwachsenen, berufstätigen Tochter Monika.

3 Die Kurzgeschichte beginnt unvermittelt mit dem Satz *„Abends warteten sie auf Monika".* Ein namentlich nicht genanntes Elternpaar wartet wie jeden Tag *am Esstisch auf die Ankunft seiner Tochter.* Die äußere Handlung beschränkt sich somit auf *das statische Warten der Eltern am Esstisch und ein spärliches Gespräch zwischen den beiden.* Während die Eltern warten, *versuchen sie, sich den Alltag ihrer Tochter vorzustellen – ihre Arbeit als Bürofräulein, ihren Tagesablauf, ihren Nachhauseweg. Sie stellen sich Monikas Zukunft vor und damit Monikas Bedeutung für sich und ihre eigene, perspektivlose Zukunft.* Durch die Wiedergabe dieser inneren Handlung erfährt der Leser, dass *die Tochter sich von ihren Eltern entfremdet hat. Gleichzeitig zeigt sie die Sprachlosigkeit der Eltern untereinander.* Am Ende wird deutlich, dass *die Tochter ein eigenes Leben führen möchte, während die Eltern sich an die neuen Umstände erst gewöhnen müssen.*

●●● 4 a Gelungen ist die Überleitung A. Die Schüler/in leitet durch die Formulierung „Schon der erste Absatz ‚Abends warteten sie auf Monika' (Z. 1) macht deutlich, dass die Hauptfigur der Kurzgeschichte Monika ist" von der Inhaltsangabe zur Charakterisierung über, während Text B unvermittelt und abgehackt mit der Charakterisierung beginnt.

b In den ersten Abschnitten wird die Tochter von den Eltern, die einfach und fast bieder erscheinen, in Gedanken und Gesprächen beschrieben. Sie kreisen um Äußerlichkeiten und das Verhalten der jungen Frau: Monika besitzt einen Plattenspieler (Z. 16), einen Spiegel, verschiedene Fläschchen und Döschen und einen Hocker aus marokkanischen Leder (Z. 19 f.). Auch dass sie Modejournale liest, ist ein Anzeichen dafür, dass sie modebewusst ist. Durch die Gespräche und Gedanken der Eltern wird uns Monika als ein „liebes Kind" (Z. 14 f.), blond und als groß gewachsen beschrieben (Z. 12 f.). Man kann sie sich vorstellen als eine hübsche, junge Frau, die „die feine Haut der Tante Maria" hat (Z. 13 f.). Monika arbeitet in einem Büro in der Stadt (Z. 30 f.) und ist in den Augen ihrer Eltern klug, weil sie, im Gegensatz zu ihnen, Französisch und stenografieren kann (Z. 59 ff.). Dass die Eltern extra für ihre Tochter ihren Tagesablauf umstellen, „Seit sie in der Stadt arbeitete, aßen sie erst um halb acht, früher hatten sie eine Stunde eher gegessen" (Z. 3 ff.), zeigt, wie sie Monika lieben und dass sie so viel Zeit wie möglich mit ihr verbringen wollen. Sie interessieren sich für sie und sind mindestens genauso stolz auf sie. So wollen sie von Monika oft wissen, was sie in der Stadt getan habe (Z. 30 f.), diese weiß dann „aber nichts zu sagen" (Z. 31). Das und dass sie keine Antwort weiß, wenn die Eltern sie bitten etwas auf Französisch zu sagen (Z. 59 f.), zeigt, dass sie sich wahrscheinlich eingeengt fühlt und sich von ihren Eltern im Laufe des Erwachsenwerdens entfremdet hat. Vater und Mutter bewundern ihre Tochter, haben allerdings keine Ahnung, was sie bewegt und was in ihr vorgeht. Andererseits vermittelt Monika ihnen keinen Einblick in ihre Empfindungen. Die Eltern können es zwar nicht so formulieren, jedoch rührt daher wahrscheinlich ihre unbewusste Vermutung, dass sie bald ausziehen wird (Z. 43 f.). Darüber hinaus stellen die beiden fest, dass ihre Tochter ein Fräulein geworden, d.h. kein Mädchen vom Land mehr ist (Z. 28 f.). Das Rauchen, ein Laster, versuchen sie damit zu begründen, dass andere Mädchen auch rauchen, damit ihre Monika keinen Makel bekommt (Z. 54). In dem Text wird klar, dass Monika Mittelpunkt im Leben ihrer Eltern ist und sie gar keine anderen Gespräche mehr führen können, was ein Ausdruck dafür ist, dass ihr eigenes Leben langweilig und ihre Beziehung zueinander eingeschlafen ist.

●●● 5 a → *häufige Verwendung des Wortes „warten":* Durch das untätige Sitzen wird deutlich, dass ihr Leben erst durch die Tochter Bedeutung gewinnt.
→ *Aneinanderreihung kurzer Hauptsätze; Stilmittel der Parataxe:* Die unverbunden aneinandergereihten Sätze lassen auf nicht gelingende Kommunikation schließen.
→ *wörtliche Rede, ohne dass ein richtiges Gespräch entsteht:* Die Figuren leben aneinander vorbei. Eine echte Auseinandersetzung findet nicht statt.

b → Die Kurzgeschichte enthält *ungebräuchliche Begriffe und Fremdwörter* wie z. B. Plattenspieler (Z. 16) oder Lohntüte (Z. 21), Abonnement (Z. 34) oder Stenografieren (Z. 62): Diese Begriffe lassen darauf schließen, dass der Text schon älter ist, schätzungsweise 30 Jahre mindestens.
→ Des Weiteren sind *Ausdruck bzw. Wortwahl* in dem Text einfach gehalten: Deutlich wird das z. B. an folgenden Textstellen: „In ihrem Zimmer hatte sie einen Plattenspieler, und sie brachte oft Platten mit aus der Stadt, und sie wusste, wer darauf sang." (Z. 16–18) Die Sprache wirkt auf mich einfach und nüchtern. Dadurch wird eine monotone, fast trostlose Atmosphäre hergestellt. So komme ich zu dem Schluss, dass dadurch die Starre und Leere im Leben der Eltern verdeutlicht wird.

●●● 6 Alle Merkmale lassen sich an der Kurzgeschichte „Die Tochter" belegen. Lediglich die Spannungskurve mit dem Höhepunkt ist untypisch „flach" ausgeprägt.

●●● 7 Lösungsvorschlag:
In der Kurzgeschichte wird deutlich, wie schwer es manchen Eltern fällt, sich von ihren Kindern zu lösen, wenn diese ihre eigenen Wege gehen. Problematisch ist es, wenn Eltern ihr Leben ausschließlich auf ihr Kind ausrichten. Meiner Meinung nach ist es verständlich, dass die Tochter sich von ihren Eltern zurückzieht. Es ist für sie sicher anstrengend, zu wissen, dass ihre Eltern außer ihr keinen Lebensinhalt mehr haben. Dabei können sie auf der anderen Seite das Leben, das ihre Tochter führt, nicht mehr nachvollziehen. Der Konflikt wird in diesem kurzen Text besonders deutlich. Ich frage mich, wie Eltern oder Paare dahin kommen, dass sie sich nichts mehr zu sagen haben, und finde das Leben, das die beiden führen, deprimierend. Ich finde, Peter Bichsel gelingt es sehr gut, diese trostlose, perspektivlose Stimmung darzustellen.

●●● 8 Vergleiche hierzu die Lösung zu Aufgabe 7 auf der Seite 8.

●●● 9 Jeder Schülertext wird individuell nach der Checkliste von Seite 29 überarbeitet.

Teste dich! – Einen Prosatext beschreiben

Seite 29

1 a ~~Stilmittel~~, Name des Autors / der Autorin, ~~Aufbau des Textes~~, Titel, ~~eigene Bewertung~~, ~~Erzählhaltung~~, Textsorte, Thema bzw. Kernaussage des Textes — 1 Punkt

b Mögliche Sinnabschnitte: — 2 Punkte
Z. 1–7: Ein neuer Mitschüler kommt in die Klasse; nur die „Eine" dreht sich nach ihm um.
Z. 8–28: Der Neue betrachtet die „Eine", die scheinbar Interesse zeigt, und stellt sich vor, wie sie so sein mag.
Z. 28–33: Der Neue denkt darüber nach, ob er sich das Interesse nur einbildet, und testet sie, indem er sie anlächelt.
Z. 34–Ende: Die „Eine" bringt dem neuen Mitschüler wortlos und eher unfreundlich ihr Buch und setzt sich wieder an ihren Platz.

c Wahrnehmungen: „Sommersprossen auf der Nase", „das ganze Gesicht ein bisschen zu mager" (Z. 15 f.); „unfreundlich legte sie es vor ihn auf den Tisch" (Z. 34 f.); „magere Finger ... mit ganz kurzen Nägeln" (Z. 36 f.) Bild: „gehört vielleicht noch nicht mal zu den Netten" (Z. 20 f.); „eine, die kicken kann, fast wie ein Junge, und plötzlich wegläuft, wenn man glaubt, sie sei ein Kumpel" (Z. 21 ff.); „Eine, die nicht mit Freundinnen kichert und tuschelt, sondern viel allein herumläuft, nicht spazieren geht, sondern eben herumläuft, und die allerhand kennt in der Stadt. Eine, von der man manches erfahren kann, aber nicht unbedingt das, was zählt" (Z. 23 ff.); „das passte auch" (Z. 37) 2 Punkte

d Folgende Lösungsvorschläge können dir helfen, deinen Text zu überprüfen: 10 Punkte

Einleitung	1 Punkt	**Textsorte, Titel, Autor, Kernaussage**
Hauptteil **(Inhaltsangabe)**	1 Punkt	– Ein neuer Mitschüler betritt die Klasse. – Außer der „Einen" interessiert sich kein Mitschüler. – Der Neue betrachtet die „Eine", die scheinbar Interesse zeigt, und stellt sich vor, wie sie so sein mag. – Der Neue denkt darüber nach, ob er sich das Interesse nur einbildet, und testet sie, indem er sie anlächelt. – Die „Eine" bringt dem neuen Mitschüler wortlos und eher unfreundlich ihr Buch und setzt sich wieder an ihren Platz.
Hauptteil **(Aufbau)**	1 Punkt	**Textsorte:** Kurzgeschichte **Erzähler:** auktorialer Erzähler – Innensicht des Neuen
Hauptteil **(Überschrift)**	1 Punkt	Die Betrachtung der „Einen" durch den neuen Mitschüler bildet den Kern der Erzählung.
Hauptteil **(Figuren)**	3 Punkte	– **der neue Mitschüler:** verständnisvoll für das Verhalten der Mitschüler, die sich scheinbar nicht für ihn interessieren – realistische Einschätzung seiner Situation ist gleichzeitig Widerspruch zur Wahrnehmung der „Einen"; Interesse an ihr, die sich wiederholt zu ihm umdreht, ohne dabei Gefühle zu zeigen; malt sich ihren Charakter aus, steigert sich in den Gedanken hinein, dass er und die „Eine" ggf. Freunde werden könnten; kurze Zweifel werden am Ende jedoch wieder weggeschoben – **die Eine:** wird aus der Sicht des Mitschülers beschrieben; Wahrnehmungen des Äußeren werden mit möglichem Verhalten und Charaktereigenschaften in Verbindung gebracht, ohne belegt zu werden; die dargestellten Handlungen deuten ein mögliches Interesse an dem neuen Mitschüler an, das aber im Gegensatz zur Wahrnehmung des Mitschülers nicht positiv belegt ist („Fast unfreundlich ...", Z. 34 f.); bleibt namenlos
Hauptteil **(Sprache)**	2 Punkte	– **Wiederholungen** zur Verdeutlichung der subjektiven Wahrnehmung der „Einen" durch den Mitschüler: „Eine ..." (Z. 1, 7, 23, 27); „Die ..." (Z. 16, 20); dadurch monotoner Satzbau – durch **Vergleiche** (Z. 16 ff.) werden die subjektive Wahrnehmung der „Einen" veranschaulicht
Schluss mit Textaussage	1 Punkte	– Der neue Mitschüler steigert sich durch die subjektive Wahrnehmung der Mitschülerin in die Möglichkeit hinein, in ihr eine Freundin zu finden. Ein kurzes Zweifeln an dieser Einschätzung verkehrt sich am Ende wieder („Aber er gab acht, dass er den Augenblick nicht verpasste ...", Z. 41 ff.).

Ein Gedicht beschreiben

Seite 30

1 a + b Individuelle Lösung

Seite 31

2 a + b Individuelle Lösung

3 Wiedersehen eines Mannes und einer Frau – sie nur einen Tag bleiben könne – der Stimmung der Frau im Laufe der Begegnung – Erinnerung an gemeinsame Zeiten – am nächsten Tag fühlen sie sich einander fremd – trauriger Abschied

4 Lösung B: den vergeblichen Versuch eines einstigen Liebespaares, an vergangene Gefühle anzuknüpfen.

5 ~~Es gibt ein lyrisches Ich, das dem Leser entgegentritt~~ / Der Sprecher des Gedichts tritt nicht direkt in Erscheinung, denn nirgendwo werden die Pronomen *ich, mein, mir* oder *wir, uns* verwendet. Der Sprecher ist ein Beobachter/~~Mitfühlender~~, der seine Wahrnehmung genau schildert. Die Haltung des Sprechers im Gedicht ist berichtend/~~preisend~~ und ziemlich distanziert.

Seite 32

1 Strophen (Anzahl): 5 – Verse je Strophe: 4 – Reimform: Kreuzreim – Metrum: Trochäus

2 Die formale Regelmäßigkeit vermittelt ein Gefühl von Gelassenheit, das eine Distanz zur schmerzlichen Erfahrung der Figuren herstellt.

3 Lösungsvorschlag (Auswahl):

a Ab Vers 11 bis Vers 16: Gebrauch des Personalpronomens „sie" im Plural: zeigt die Annäherung der beiden als Paar an; Vers 17: „sie" wieder im Singular, weist auf Trennung hin.
Dies passt zum Inhalt des Gedichts: erste Hälfte des Gedichts: die Getrennten treffen aufeinander; zweite Hälfte: Versuch der Annäherung als Paar, Scheitern und Trennung.

b Adjektive: „heiter" (V. 7), „nicht wohl" (V. 8): gegensätzlich → Wandel der Stimmung
„blässer" (V. 2), „nicht besser" (V. 4), „nicht wohl" (V. 8), „fremd" (V. 14): Formulierung mit Adjektiven, die auf Negatives verweisen → Unwohlsein der Figuren wird verdeutlicht

c Zeitangaben: „Eines Tages" (V. 1): abrupter Einstieg – Wiedersehen seinerseits eher unerwartet
„Morgen Abend" (V. 5): Begegnung von vornherein zeitlich begrenzt
„Anfangs" (V. 7), „Später" (V. 8), „Endlich" (V. 10), „zum Schluss" (V. 12): Häufung von Zeitangaben, die Ablauf deutlich machen, Geschehen wie im Zeitraffer

d Anapher: Monotonie der Satzanfänge passt zur Wiederholung des Gefühls von Entfremdung, Leere, Ernüchterung

e formale Auffälligkeit: Der auffällig kurze Vers (nur zwei Hebungen) unterbricht den Textfluss. Hier wird knapp und schroff auf den Punkt gebracht, was zwischen dem Paar geschieht.

f Metapher: „Denn die Herzen lagen auf den Gleisen, / über die der Zug ins Allgäu fuhr" (V. 19–20): Metapher für das Ende der Beziehung, die Liebe kommt „unter die Räder"

Seite 33

4 Die Aussagen 2, 3 und 5 sind richtig.

Stärken stärken: Eine Gedichtbeschreibung verfassen (3. Schritt)

Seiten 34 und 36

●○○ 1 Lösungsmöglichkeiten:
●●○ 2 Das Gedicht „Repetition des Gefühls" von Erich Kästner aus dem Jahr 1929 beschreibt den vergeblichen Versuch eines einstigen Liebespaares, an vergangene Gefühle anzuknüpfen. – Das Gedicht „Repetition des Gefühls" von Erich Kästner aus dem Jahr 1929 handelt vom vergeblichen Versuch eines einstigen Liebespaares, an vergangene Gefühle anzuknüpfen. –
Das Gedicht „Repetition des Gefühls" von Erich Kästner aus dem Jahr 1929 thematisiert den vergeblichen Versuch eines einstigen Liebespaares, an vergangene Gefühle anzuknüpfen. – In dem Gedicht mit dem Titel „Repetition des Gefühls" von Erich Kästner aus dem Jahr 1929 geht es um ein einstiges Liebespaar, das vergeblich an vergangene Gefühle anzuknüpfen versucht. –
In dem Gedicht mit dem Titel „Repetition des Gefühls" von Erich Kästner aus dem Jahr 1929 wird dargestellt, wie ein einstiges Liebespaar vergeblich versucht, an vergangene Gefühle anzuknüpfen. –
Das von Erich Kästner im Jahre 1929 geschriebene Gedicht „Repetition des Gefühls" beschäftigt sich mit dem vergeblichen Versuch eines einstigen Liebespaares, an vergangene Gefühle anzuknüpfen.
Es ist dem Stil der „Neuen Sachlichkeit" zuzuordnen.

●○○ 2
●●○ 3

Die erste Strophe schildert das unerwartete **Wiedersehen** eines Mannes und einer Frau. Beide nehmen sich als **äußerst blass** wahr. Bereits am nächsten Tag will **die Frau** weiterreisen. Im Verlauf ihrer Zusammenkunft verändern sich **die Gefühlslagen** der beiden Personen. Während die Frau zu Beginn noch recht fröhlich erscheint, geht es ihr im weiteren Verlauf schlechter und sie weint schließlich. Als die beiden jedoch **an vergangene Jahre** denken, kehren sie für eine Nacht wieder zu ihren alten Gefühlen zurück. Am Morgen des nächsten Tages jedoch sind sie sich fremd und **belügen sich über ihre Gefühle.** Am Ende des Gedichts reist die Frau ab, und noch während die beiden sich zuwinken, deutet sich **das Ende ihrer Liebesbeziehung** an.

●○○ 3
●●○ 4

Inhalt, *Form*, Textbeleg
Das Gedicht „Repetition des Gefühls" beschreibt die Wiederbegegnung einer Frau und eines Mannes, die einmal ein Liebespaar waren. *Der Sprecher des Gedichts ist nicht Teil des Geschehens, er beobachtet von außen und verhält sich dabei distanziert. Dies zeigt sich an der mehrfachen Verwendung von Konjunktivformen, so z. B. in der ersten Strophe:* „Und sie fände ihn bedeutend blässer" (V. 2), „ihr gehe es nicht besser" (V. 4). *Die Sprache des Gedichts ist geprägt vom Stil der „Neuen Sachlichkeit".* Dies wird schon im Titel des Gedichts deutlich.
Das Fremdwort „Repetition" drückt eine Distanz zur Gefühlsebene aus.
Das Metrum (Trochäus) entspricht dem Inhalt, weil ein eher monotoner Rhythmus entsteht, der die leidenschaftslose Wiederbegegnung unterstreicht.
Der formale Aufbau des Gedichts geht mit der inhaltlichen Aussage einher: Annäherung einer namentlich nicht benannten „sie" (V. 1) und eines ebenso wenig benannten „er" (V. 3) in den ersten beiden Strophen, die in der dritten Strophe zu einer gemeinsamen Liebesnacht führt. Hier verbinden sich die Personalpronomen der 3. Person Singular zu der Pluralform „sie" (V. 14). Die Anapher „Und" in den Versen 9, 11 und 12, das wiederholte „Und", unterstreicht die Bedeutung, inhaltlich wird dies durch die Wortwahl bestätigt: „Und sie dachten an vergangne Jahre. / Und so wurde es zum Schluss wie einst." (V. 11, 12)

Seiten 35 und 37

●○○ 4
●●○ 5

a Mögliche Lösung:
Schon in der **ersten Strophe** deutet sich an, dass eine „Repetition des Gefühls" (**Titel** des Gedichts) nur ein Wunsch bleibt. Stehen die **Auslassungszeichen** im ersten Vers noch für die Hoffnung, es könnte sich das Gefühl von einst wieder einstellen, zeigt sich schon bald, dass „er" dem **Erinnerungsbild** nicht standhält: „Und sie fände ihn bedeutend blässer" (V. 2). Der Konjunktiv der indirekten Rede „fände" (V. 2), der sich auch im letzten Vers der ersten Strophe noch einmal wiederholt, **„ihr gehe es nicht besser" (V. 4),** ist ein deutlicher Hinweis auf eine innere Distanz. Der **Sprecher im Gedicht** beobachtet skeptisch und aus der Ferne. Die kurzen, hintereinander folgenden **Hauptsätze** in der zweiten Strophe bestätigen als stilistisches Mittel der Hypotaxe diesen Eindruck.

b In der zweiten Strophe, die mit der Ankündigung der baldigen Abfahrt beginnt („Morgen Abend wolle sie schon weiter", V. 5), zeigt sich, wie schwer es auch für „sie" ist, dem Erinnerungsbild der Vergangenheit standzuhalten. Während sie sich zu Beginn noch „unaufhörlich heiter" (V. 7) zeigt, muss sie später doch eingestehen, dass es ihr „nicht wohl" (V. 8) sei. Interessant erscheint dabei die Verwendung des Adjektivs „unaufhörlich", da die Heiterkeit bereits nach einem kurzen Moment beendet scheint und in ihr Gegenteil umschwingt.
Die Unsicherheit, die dabei von „ihm" empfunden wird, zeigt sich in der dritten Strophe sehr deutlich in der Art, wie er mit den Gefühlen der Frau umgeht: Er ist nur in der Lage, ihr „müde" (V. 9) durch die Haare zu streichen, was womöglich als ein Hinweis auf die Erschöpfung, die sich bereits in ihrer Beziehung ausgebreitet hat, gedeutet werden kann. Dies wird auch dadurch deutlich, dass seine Frage „Du weinst?" (V. 10) nicht nur mit dem Adjektiv „dezent" (V. 10), sondern zugleich mit dem Adverb „endlich" (V. 10) eingeleitet wird. Dies verdeutlicht noch einmal die Unsicherheit wie auch das Zögern im Umgang mit dem jeweils anderen. Diese können jedoch nur dadurch überwunden werden, indem beide aus der Gegenwart entfliehen und „an vergangne Jahre" (V. 11) denken. Die Strophe schließt mit der Formulierung „Und so wurde es zum Schluss wie einst" (V. 12) – was nicht nur als Ende des beschriebenen Tages, sondern auch als Vorausdeutung für das nahe Ende, den Schluss ihrer Liebe, angesehen werden kann.
Die vierte Strophe unterscheidet sich von den vorangehenden. Hier verschmelzen die bislang nur im Singular stehenden Personalpronomen „sie" und „er" zur Pluralform „sie" (V. 13–16). Nur in der Erkenntnis, dass sie sich „einander fremd wie nie" (V. 14) sind, erscheinen sie als Paar, wobei sie sich unfähig zeigen, sich selbst dieses Ende einzugestehen, denn „so oft sie sprachen oder lachten, / logen sie" (V. 15–16). Dadurch wird deutlich, dass sie beide nicht in der Lage sind, sich ihren wahren Gefühlen zu stellen. Am Ende besteht nur der Betrug dem anderen gegenüber. Dieser Wendepunkt wird dabei durch eine auffällige Verkürzung des vierten Verses noch einmal bekräftigt („logen sie").
Die letzte Strophe wendet sich nur kurz von diesem Muster, dass die Pluralform „sie" vorherrschend ist, ab, nämlich in dem Moment „gegen Abend", in dem „sie dann reisen" muss (V. 17). Der Tag ist zu Ende gegangen und mit ihm geht auch die Liebe bzw. die Bemühung um die Wiederholung dieser Liebe zu Ende. Der Abschied hält daher auch nur lose Formeln bereit: „Und sie winkten. Doch sie winkten nur" (V. 18). Gerade die Verwendung der Konjunktion „doch" zeigt, wie gefühlsarm diese Verabschiedung ist. Es schwingt keine Sehnsucht, keine Liebe mehr mit. Das Ende ihrer Hoffnungen und ihrer Liebe wird dabei von der Metapher „Denn die Herzen lagen auf den Gleisen, / über die der Zug ins Allgäu fuhr" (V. 19–20) beschrieben. Hier findet eine Bedeutungsübertragung zwischen den Worten „Herz" und „Liebe/Beziehung" statt. Die Liebe wird durch die Abfahrt der Frau sinnbildlich durch den Zug, mit dem sie ihren nun ehemaligen Geliebten verlässt, überfahren und stirbt dadurch. Diese Metapher bewirkt beim Leser, dass hier nun keinerlei Möglichkeit zur Rückkehr zu früheren Verhältnissen gegeben ist, da durch das finale Moment der Abfahrt der Frau das Ende der Beziehung besiegelt ist. Eine weitere „Repetition des Gefühls" wird es fortan nicht mehr geben: Die einstmals Liebenden haben sich an den Wiederholungen ihrer Gefühle endgültig erschöpft.

●○○ 5 ●●○ 6 Lösungsvorschlag:
Mir hat das Gedicht von Erich Kästner sehr gut gefallen. Dem Autor gelingt es gekonnt, die Sprach- und Fassungslosigkeit des Paares darzustellen, nachdem dieses/es feststellen muss, dass die/seine gemeinsame Liebe endgültig vergangen war.
Dies wird besonders durch die wiederholte Verwendung und Reihung kurzer Hauptsätze (Hypotaxe) deutlich.
Die Metapher, dass am Ende die Herzen vom Zug überfahren werden, ist passend gewählt und sie gefällt mir gut. Auch dass Kästner für die Ausgestaltung seines Gedichts einen Kreuzreim verwendet, finde ich sehr passend, da im Gegensatz zur Verwendung eines harmonischen Paarreims hier die Distanz zwischen den beiden Liebenden stärker betont wird.

●○○ 6 ●●○ 7 Individuelle Lösung

●○○ 7 ●●○ 8 Lösungsvorschlag:
- Habe ich in der **Einleitung** auf alle **notwendigen Angaben** geachtet (die **Art des Textes,** den **Titel,** den **Namen des Autors / der Autorin,** das **Entstehungsjahr,** das **Thema** [die **Kernaussage**] des Textes)?
- Habe ich **zu Beginn des Hauptteils** eine **kurze Inhaltsangabe** des Gedichts verfasst?
- Wurde der **formale Aufbau** des Gedichts **(Strophe, Verse, Reimform, Metrum)** von mir korrekt beschrieben?
- Habe ich die **sprachlichen Gestaltungsmittel** in ihrer **Funktion** und **Wirkung benannt** und **erläutert?**
- Konnte ich **einen Bezug zwischen Inhalt und Aussage** des Gedichts herstellen?
- Steht am **Ende** meiner Textbeschreibung eine **ausführliche Stellungnahme,** in der ich die **Gesamtaussage** des Gedichts benannt habe?
- Habe ich abschließend eine **persönliche Stellungnahme/Wertung** vorgenommen, wie das Gedicht auf mich wirkt und wie es mir gefällt?

Stärken stärken: Eine Gedichtbeschreibung verfassen (3. Schritt)

Seite 38

●●● 2 Individuelle Lösung

●●● 3 a
- zeitliche Einordnung: 1920 bis 1932
- sachlich nüchterne Sprache
- möglichst genaue Wiedergabe der Realität
- handelt meist von tatsächlichen oder alltäglichen Geschehnissen
- Oft steht der einzelne Mensch im Vordergrund.

b
- sachliche Sprache: Verwendung von kurzen, hintereinander folgenden Hauptsätzen (Hypotaxen), z. B. V. 1, 2, 5, 6, 7, 9, 10, 11, 17, 18, gehäufte Verwendung und Wiederholung von Konjunktionen: *und* (V. 2, 9, 11, 12, 15, 18), *als* (V. 3, 13), *doch* (V. 18), *denn* (V. 19), sowie die Verwendung von Alltagssprache.
- handelt meist von tatsächlichen oder alltäglichen Geschehnissen: Das Ende einer Beziehung zwischen einem Liebespaar stellt eine Begebenheit des alltäglichen Lebens dar.
- Oft steht der einzelne Mensch im Vordergrund: Es handelt sich hier um zwei nicht genauer benannte Personen, deren Schicksal auf jeden Menschen übertragbar ist.

●●● 4 Vgl. hierzu die Lösung zu Aufgabe 2 (●●○) auf Seite13.

●●● 5 Vgl. hierzu die Lösungen zu den Aufgaben 3 bis 8 (●●○) auf den Seiten 13 und 14.

Teste dich! – Ein Gedicht beschreiben

Seite 39

2 a In dem Gedicht „Sachliche Romanze" von Erich Kästner geht es um das sprachlose Ende einer langjährigen Liebesbeziehung. 2 Punkte

b „Als sie einander acht Jahre kannten [...], kam ihre Liebe plötzlich abhanden." (V. 1 + V. 3) – „Am Abend saßen sie immer noch dort. / Sie saßen allein, und sie sprachen kein Wort / und konnten es einfach nicht fassen." (V. 15–17) 2 Punkte

2 Die widersprüchliche Verbindung des Adjektivs „sachlich", das ja für Nüchternheit, Klarheit und Gefühlslosigkeit steht, mit dem emotionalen Begriff der „Romanze" findet sich im gesamten Text. Besonders stark tritt dies in den Versen 3 und 4 in den Vordergrund, da hier die Liebe des Paares mit einem sachlich-nüchternen Begriff wie „abhanden" gepaart wird. Weiterhin unterstreicht der Vergleich, ihre Liebe sei „wie anderen Leuten ein Stock oder Hut" verloren gegangen, diese nüchterne Betrachtung der Liebe. Zudem finden sich im gesamten Gedicht keine weiteren Wörter, die auf eine „Romanze" schließen lassen. 3 Punkte

3 A Sachliche Romanze / 4 Widersprüchliche Verbindung zweier Gegensätze – B „kam ihre Liebe plötzlich abhanden. / Wie andern Leuten ein Stock oder Hut." / 3 Sprachliches Bild des Vergleichs verweist auf Nachlässigkeit im Alltag. – C „Da weinte sie schließlich. Und er stand dabei." / 2 Hilflosigkeit zeigt sich in unverbunden nebeneinanderstehenden Hauptsätzen (Parataxe) – D „Vom Fenster aus konnte man Schiffen winken." / 1 Vorausdeutung: Das Bild des Schiffes, das sich entfernt, nimmt den Abschied vorweg. 4 Punkte

Begründet Stellung nehmen

Seite 40

1 Mögliche Mind-Map: **Ernährung – Was esse ich morgen?**
Nachhaltigkeit: Artenvielfalt, Fleischersatz, regionale Produktion, Warenströme ... – **bewusste Ernährung:** Gesundheit, Qualität des Essens, Essen als Ausdruck des Lebensgefühls ... – **Nahrungstrends:** vegane Ernährung, Steinzeiternährung, Low-Carb-Diät, Functional Food ... – **ethische Aspekte:** Umgang mit Ressourcen, Verantwortung für die Schöpfung, Menschenrecht Art. 25: Recht auf Nahrung, humanitäre Krisen ... – **Nahrungsmittelindustrie:** Lebensmitteldesign, Wegwerfgesellschaft, Lebensmittelproduktion ...

2 b Die Autorin Maria Fiedler beschäftigt sich mit künftigen Ernährungstrends, insbesondere mit dem Ersatz von Fleisch.

Seite 43

3 a Mögliche Schlüsselwörter / aussagekräftige Textstellen: Weltbevölkerung wächst (Z. 1), Fleisch wird zum Luxusgut (Z. 1), Sicher ist, dass sich unsere Nahrung verändern wird (Z. 8), neuen Trends (Z. 9), sich verändernden Essgewohnheiten (Z. 9), Weltbevölkerung ... Menschen anwachsen wird (Z. 10 f.), Acker- und Weideflächen sind dagegen begrenzt (Z. 12 f.), wachsenden Nachfrage nach Nahrung (Z. 15), Vorzüge von Insekten (Z. 21 f.), sehr proteinreich (Z. 22), Mehl aus Heuschrecken (Z. 25 f.), Zucht ist weit umweltfreundlicher (Z. 34), Insekten emittieren relativ wenig Treibhausgase (Z. 35 f.), weniger Wasser als die Viehzucht (Z. 36), Ekel-Faktor als Problem (Z. 38), weltweiten Anbauflächen weitgehend konstant bleiben (Z. 42 f.), Ausweichmöglichkeiten (Z. 45 f.), mehr Nahrungsmittel aus dem Wasser (Z. 46), Algen (Z. 47), voll von ungesättigten Fettsäuren, Vitaminen und Mineralien (Z. 49 f.), Seegras (Z. 50), Salz ersetzen (Z. 51), Herstellung von Laborfleisch (Z. 58), marktreifes Kunstfleisch in zehn bis zwanzig Jahren (Z. 64 f.), Problem der Bodenversalzung (Z. 68 f.), salztoleranter Sorten (Z. 70), krankheits- und dürreresistente Pflanzensorten (Z. 71), Gentechnik (Z. 71)
b Individuelle Lösung

4 A 2: prognostizieren = einen Verlauf vorhersagen – B 1: skurril = seltsam, sonderbar – C 4: Gentechnik = Technik der Erforschung und Manipulation der Erbanlagen – D 3: Mineralien = in der Erdkruste vorkommende anorganische Substanzen

Seite 44

1 Z. 1–3: Vorspann
Z. 4–16: Warum wird sich unsere Nahrung verändern?
Die Autorin führt neue Trends, sich verändernde Essgewohnheiten, die steigende Weltbevölkerung und begrenzte Acker- und Weideflächen als Faktoren an, die für eine Veränderung unserer Nahrung sorgen werden.
Z. 17–31: Welche Alternativen gibt es zum Fleischkonsum?
Der Verzehr von Insekten könnte eine mögliche Lösung sein. Als Beispiel werden Produkte aus Heuschreckenmehl angeführt.
Z. 32–41: Welche Vorteile hat die Insektenzucht? Welches Problem bleibt bestehen?
Im Vergleich zur Schweine- und Rinderzucht ist die Zucht von Insekten deutlich umweltfreundlicher. Der Ekel-Faktor als Problem bleibt.
Z. 42–54: Wo finden sich alternative Anbauflächen?
Eine große Rolle werden künftig Nahrungsmittel aus dem Wasser spielen, z. B. Fische aus Netzgehegen und Aquakulturen, Algen und Seegras.
Z. 55–66: Wie realistisch ist die Herstellung von künstlichem Fleisch?
Die Forscher arbeiten noch an der Herstellung von Laborfleisch. Künstliches Fleisch könnte in ca. 10–20 Jahren marktreif sein.
Z. 67–74: Welche weiteren Tendenzen gibt es in der wissenschaftlichen Forschung?
Forscher arbeiten mit gentechnischen Methoden an der Entwicklung salztoleranter Pflanzen ebenso wie an der Züchtung krankheits- und dürreresistenter Sorten.

2 Die Autorin verwendet das Personalpronomen „unsere", weil sie durch das Wir-Gefühl die Leser **miteinbezieht** und weil klar wird, dass hier ein Thema angesprochen wird, das **jeden Einzelnen betrifft.** Die Aufmerksamkeit des Lesers / der Leserin gewinnt Maria Fiedler in den ersten Zeilen, indem sie eine für viele **abschreckende** Zukunftsvision so darstellt, als sei bereits eine **Tatsache.**

3 Die wesentliche Aussageabsicht des Textes ist zu informieren (D).

4 a–d Behauptung 1: „Sicher ist, dass sich unsere Nahrung verändern wird." (Z. 8)
- Begründung 2: sich verändernde Essgewohnheiten (Z. 9)
  Beispiel: Functional Food, bewusste Ernährung
- Begründung 3: wachsende Weltbevölkerung (Z. 10)
  Beispiel: Fleischkonsum in Indien und China ansteigend, Acker- und Weideflächen aber begrenzt

Behauptung 2: „[...] der Verzehr von Insekten kann tatsächlich eine Alternative zum Fleischkonsum darstellen." (Z. 33 f.)
- Begründung 1: Zucht ist weit umweltfreundlicher (Z. 34)
  Beispiel: weniger Treibhausgase, weniger Wasser
- Begründung 2: Acker- und Weideflächen sind begrenzt (Z. 12 f.)
  Beispiel: Insektenzucht benötigt deutlich weniger Platz
- Begründung 3: Insekten sind sehr proteinreich (Z. 22)
  Beispiel: Proteinriegel aus Heuschreckenmehl liefern nötige Energie, gleichzeitig frei von Gluten, Soja und Milch

Behauptung 3: „[...] andere Veränderungen in unserem Essen werden wir nicht unbedingt bemerken." (Z. 67)
- Begründung 1: Problem der Bodenversalzung (Z. 68 f.)
  Beispiel: Züchtung salztoleranter Pflanzen
- Begründung 2: Einsatz von Gentechnik (Z. 71 f.)
  Beispiel: Züchtung von krankheits- und dürreresistenten Sorten
- Begründung 3: Herstellung von Laborfleisch (Z. 58)
  Beispiel: Marktreifes Kunstfleisch wird von echtem Fleisch nur schwer zu unterscheiden sein.

5 a + b Maria Fiedler ist sich sicher, „dass sich unsere Nahrung verändern wird." (Z. 8) (= wörtliches Zitat) Ein wichtiges Argument, das diese Aussage stützt, ist die Tatsache, dass die **Weltbevölkerung** laut einer **UN-Studie** aus dem Jahr 2013 weiter **anwachsen** wird (vgl. Z. 9 ff.) (= sinngemäßes Zitat). Der wachsenden **Nachfrage** nach Nahrung stehen aber begrenzte **Acker- und Weideflächen** gegenüber. Gefragt sind künftig also Alternativen zum **Fleischkonsum,** bei deren Produktion u. a. weniger **Platz** benötigt wird (= Äußerungen Dritter).

Seite 45

6 b richtige Aussagen:
Behauptung: Es gibt gute Gründe, Insekten zu essen.
Begründung: Kampf gegen den weltweiten Hunger, Ressourcenknappheit
Beispiel: In Afrika, Asien und Lateinamerika gehören Insekten zu den alltäglichen Lebensmitteln.

7 a Zutreffend sind die Aussagen A, D, F.
b B: Der Verzehr von Mehlwürmern ist im Vergleich zum Rindfleischkonsum umweltfreundlicher.
C: Die benötigte Energie für 1 kg Protein ist bei Rindern genauso hoch bzw. geringfügig höher als bei Mehlwürmern.
E: Mehlwürmer benötigen bei der Aufzucht nur ca. 20 m² Fläche, Rinder dagegen bis zu 260 m².

8 Das Schaubild belegt, dass Insekten relativ wenig **Treibhausgase** emittieren (Z. **35** f.). Bei der Produktion von 1 kg **Protein** aus Rinderfleisch entstehen 80–170 kg **Treibhausgas**-Emissionen, bei der gleichen Menge Insektenprotein lediglich **20** kg.

Stärken stärken: Eine Materialsammlung anlegen (3. Schritt)

Seite 46

●○○ **1** ●●○ ●●●

Text 1

Titel	Heuschrecken zum Frühstück
Autor/-in	Maria Fiedler
Quelle	Der Tagesspiegel, 10. 01. 2015
Textart	Zeitungsbericht
Thema	Alternativen zum gewohnten Fleischkonsum
Kernaussage	In Zukunft wird sich unsere Nahrung verändern.
Inhalt/zentrale Aussagen	– Die FAO weist auf die Vorzüge von Insekten hin. – Insektenzucht ist umweltfreundlicher als Schweine- oder Rinderzucht. – Viel mehr Nahrungsmittel werden künftig aus dem Wasser kommen. – Forscher sind noch mit der Herstellung von Laborfleisch beschäftigt. – Nicht alle Veränderungen in unserem Essen werden wir bemerken.
Wichtige Zitate (wörtlich/direkt)	„Fleisch könnte in den nächsten Jahrzehnten zum Luxusprodukt werden." (Z. 17 f.) „Insekten emittieren relativ wenig Treibhausgase und erfordern weniger Wasser als die Viehzucht." (Z. 35 f.) „Algen sehen wir derzeit als sehr großes Thema." (Z. 48 f.)
Anmerkung	Ekel-Faktor bleibt als Problem.

●●○ 1
●●●

Text 2

Titel	UN-Organisation wirbt für Insekten als Mahlzeit
Autor/-in	Hanns-Jochen Kaffsack
Quelle	Die Welt, 16.11.2010
Textart	Zeitungsbericht
Thema	Kampagne der UN im Kampf gegen Ressourcenknappheit
Kernaussage	Es gibt gute Gründe für den Verzehr von Insekten.
Inhalt/zentrale Aussagen	– Lösung im Kampf gegen Ressourcenknappheit – knapp eine Milliarde Menschen weltweit hungern
Wichtige Zitate (wörtlich/direkt)	„Für zahllose Menschen in Afrika, in Asien und Lateinamerika gehören Insekten schon zu den alltäglichen Nahrungsmitteln – vor allem dort, wo Fleisch und Fisch rar sind." (Z. 5–7)
Anmerkung	Ein deutscher Geschäftsmann berichtet von seinen Erfahrungen in Asien.

●●● 1

Schaubild, S. 43

Titel	Umweltfreundlich
Autor/-in	DW (= Deutsche Welle)
Quelle	Welternährungsorganisation FAO, http://www.dw.com/image/0,,16941514_401,00.jpg
Textart	Schaubild
Thema	Rinder und Mehlwürmer werden hinsichtlich der Herstellung von 1 kg Protein verglichen
Kernaussage	Die Herstellung von Proteinen aus Mehlwürmern ist umweltfreundlicher als die aus Rindern.
Inhalt/zentrale Aussagen	Im Vergleich zu Rindern entstehen bei der Produktion von 1 kg Protein aus Mehlwürmern weniger Treibhausgas-Emissionen und es wird weniger Energie und Fläche benötigt.
Wichtige Zitate (wörtlich/direkt)	–
Anmerkung	–

Stärken stärken: Einen Leserbrief oder Blogeintrag verfassen (4. Schritt)

Seite 47

●○○ 1

Begründung 1: Zucht von Insekten umweltfreundlicher als die von Rindern
– Beispiel: weniger Treibhausgas-Emissionen, weniger Fläche
Begründung 2: Insekten vielseitig verwendbar
– Beispiele: Insekten als Snacks, Proteinriegel, Würstchen
Gegenbegründung: Es ist zwar richtig, dass ein gewisser Ekel-Faktor bleibt. Ansprechende Verarbeitung/Verpackung/Vermarktung können dem jedoch entgegenwirken.

●○○ 2

a Der Zeitungsbericht **„UN-Organisation wirbt für Insekten als Mahlzeit"** von **Hanns-Jochen Kaffsack** vom **16.11.2010** informiert über **eine Kampagne der FAO, die im Kampf gegen Ressourcenknappheit auf essbare Insekten setzt.**

b Lösungsvorschlag: Als überzeugter Anhänger einer umweltbewussten **Ernährung** achte ich schon seit Langem darauf, woher meine **Nahrungsmittel** kommen und unter welchen **Bedingungen** sie produziert werden. Der Kauf von **Bio**-Milch, **Bio**-Bananen, **Öko**-Eiern ist für mich selbstverständlich, wohingegen der Genuss von **Fleisch** meiner umweltbewussten Ernährung eigentlich widerspricht.

●○○ 3

Ich unterstütze die Auffassung der FAO, dass Insekten bzw. Produkte aus Insekten als Alternative zum derzeitigen Fleischkonsum in unseren Speiseplan aufgenommen werden sollten.

Seite 48

●○○ 4

Ein weiterer wichtiger Aspekt zur im Artikel eingeführten **Knappheit** der gewohnten Fleischsorten, der für den **Verzehr** von Insekten spricht, ist die Tatsache, dass die **Zucht** von Insekten wesentlich umweltfreundlicher ist als die von **Rindern.** Laut einer Veröffentlichung der FAQ entstehen beispielsweise bei der Insektenzucht deutlich weniger **Treibhausgas**-Emissionen. Bei der Herstellung von 1 kg **Protein** aus Rindfleisch entstehen ca. 80–170 kg Treibhausgase, bei der gleichen Menge Insektenproteine jedoch nur ca. 20 kg. Für die Umweltfreundlichkeit der Insektenzucht spricht zudem auch die benötigte **Fläche,** die bei der Rinderzucht ca. das Zehnfache beträgt.
Besonders wichtig sind auch die vielfältigen **Verarbeitungsmöglichkeiten** von Insekten, die den Verzehr interessant machen. So gibt es z. B. geröstete **Heuschnecken** und Mehlwürmer in verschiedenen Geschmacksrichtungen. Nicht zuletzt können Experimentierfreudige auch zu **Würstchen** greifen, nicht aus Rindfleisch, sondern eben aus Insekten.

●○○ 5 Gegenbegründung: Verzehr von Insekten ist eklig
Entkräftende Begründung: Findige Unternehmer setzen deshalb auf Produkte, denen nicht anzusehen ist, dass sie aus Insekten hergestellt sind. So produziert z. B. die Firma Exo Proteinriegel aus Heuschreckenmehl.

●○○ 6 Liebe Leser, unterstützen Sie die UN-Kampagne und zeigen Sie Mut! Es müssen ja nicht gleich frittierte Wasserwanzen sein, auch ein Insektenwürstchen wäre ein guter Anfang. Ich werde es auf jeden Fall probieren!

●○○ 7 Vollständiger Leserbrief:
Der Zeitungsbericht „UN-Organisation wirbt für Insekten als Mahlzeit" von Hanns-Jochen Kaffsack vom 16. 11. 2010 informiert über eine Kampagne der FAO, die im Kampf gegen Ressourcenknappheit auf essbare Insekten setzt.
Als überzeugter Anhänger einer umweltbewussten Ernährung achte ich schon seit Langem darauf, woher meine Nahrungsmittel kommen und unter welchen Bedingungen sie produziert werden. Der Kauf von Bio-Milch, Bio-Bananen, Öko-Eiern ist für mich selbstverständlich, wohingegen der Genuss von Fleisch meiner umweltbewussten Ernährung eigentlich widerspricht.
Ich unterstütze deshalb die Auffassung der FAO, Insekten bzw. Produkte aus Insekten als Alternative zum derzeitigen Fleischkonsum in unseren Speiseplan aufzunehmen.
Ein wichtiger Aspekt, der für den Verzehr von Insekten spricht, ist die Tatsache, dass die Zucht von Insekten wesentlich umweltfreundlicher ist als die von Rindern. Laut einer Veröffentlichung der FAO entstehen beispielsweise bei der Insektenzucht deutlich weniger Treibhausgas-Emissionen. Bei der Herstellung von 1 kg Protein aus Rinderfleisch entstehen ca. 80–170 kg Treibhausgase, bei der gleichen Menge Insektenproteine jedoch nur ca. 20 kg. Für die Umweltfreundlichkeit der Insektenzucht spricht zudem auch die benötigte Fläche, die bei der Rinderzucht ca. das Zehnfache beträgt.
Besonders wichtig sind auch die vielfältigen Verarbeitungsmöglichkeiten von Insekten, die den Verzehr interessant machen. So gibt es z. B. geröstete Heuschrecken und Mehlwürmer in verschiedenen Geschmacksrichtungen. Die US-Firma All Things Bugs hat, so die Autorin Maria Fiedler in ihrem Zeitungsartikel „Heuschrecken zum Frühstück", beispielsweise auch Heuschreckenpulver im Angebot. Nicht zuletzt können weniger Experimentierfreudige auch zu Würstchen greifen, nicht aus Schweine- oder Rinderfleisch, sondern eben aus Insekten.
Obwohl es viele gute Gründe gibt, künftig auch Insekten zu essen, steht dem doch die kulturelle Prägung der meisten im Wege. Die Vorstellung, Mehlwürmer, Heuschrecken oder Ähnliches auf dem Teller zu finden, ist für viele einfach eklig. Findige Unternehmer setzen deshalb auf Produkte, denen nicht anzusehen ist, dass sie aus Insekten hergestellt sind. So produziert z. B. die Firma Exo Proteinriegel aus Heuschreckenmehl.
Liebe Leser, unterstützen Sie die UN-Kampagne und zeigen Sie Mut! Es müssen ja nicht gleich frittierte Wasserwanzen sein, auch ein Insektenwürstchen wäre ein guter Anfang. Ich werde es auf jeden Fall probieren!

Stärken stärken: Einen Leserbrief oder Blogeintrag verfassen (4. Schritt)

Seite 49

●●○ 1 / ●●● Begründung 1: Zucht von Insekten umweltfreundlicher als die von Rindern
– Beispiel: weniger Treibhausgas-Emissionen, weniger Fläche
Begründung 2: Insekten vielseitig verwendbar
– Beispiele: Insekten als Snacks, Proteinriegel, Würstchen
Gegenbegründung: Es ist zwar richtig, dass ein gewisser Ekel-Faktor bleibt. Ansprechende Verarbeitung/Verpackung/Vermarktung können dem jedoch entgegenwirken.

●●○ 2 / ●●● a Der Zeitungsbericht **„UN-Organisation wirbt für Insekten als Mahlzeit"** von **Hanns-Jochen Kaffsack** vom **16. 11. 2010** informiert über **eine Kampagne der FAO, die im Kampf gegen Ressourcenknappheit auf essbare Insekten setzt.**

Seite 50

●●○ 2 / ●●● b Lösungsvorschlag: Als überzeugter Anhänger einer umweltbewussten Ernährung achte ich schon seit Langem darauf, woher meine Nahrungsmittel kommen und unter welchen Bedingungen sie produziert werden. Der Kauf von Bio-Milch, Bio-Bananen, Öko-Eiern ist für mich selbstverständlich, wohingegen der Genuss von Fleisch meiner umweltbewussten Ernährung eigentlich widerspricht.

●●○ 3 / ●●● Ich unterstütze die Auffassung der FAO, dass Insekten bzw. Produkte aus Insekten als Alternative zum derzeitigen Fleischkonsum in unseren Speiseplan aufgenommen werden sollten.

●●○ 4 / ●●● Ein weiterer wichtiger Aspekt zur im Artikel eingeführten Knappheit der gewohnten Fleischsorten, der für den Verzehr von Insekten spricht, ist die Tatsache, dass die Zucht von Insekten wesentlich umweltfreundlicher ist als die von Rindern. Laut einer Veröffentlichung der FAQ entstehen beispielsweise bei der Insektenzucht deutlich weniger Treibhausgas-Emissionen. Bei der Herstellung von 1 kg Protein aus Rindfleisch entstehen ca. 80–170 kg Treibhausgase, bei der gleichen Menge Insektenproteine jedoch nur ca. 20 kg. Für die Umweltfreundlichkeit der Insektenzucht spricht zudem auch die benötigte Fläche, die bei der Rinderzucht ca. das Zehnfache beträgt.
Besonders wichtig sind auch die vielfältigen Verarbeitungsmöglichkeiten von Insekten, die den Verzehr interessant machen. So gibt es z. B. geröstete Heuschnecken und Mehlwürmer in verschiedenen Geschmacksrichtungen. Nicht zuletzt können Experimentierfreudige auch zu Würstchen greifen, nicht aus Rindfleisch, sondern eben aus Insekten.

5
a Gegenbegründung: Verzehr von Insekten ist eklig
b Tim führt den Ekel-Faktor als Problem an, nennt aber keine Möglichkeiten, wie dieser reduziert werden kann. Jannis führt ein Beispiel an, wie der Ekel-Faktor umgangen werden kann (Herstellung von Produkten, denen man nicht ansieht, dass sie aus Insekten bestehen).
c Jannis ist überzeugender, da er ein konkretes Beispiel nennt.

6 Liebe Leser, unterstützen Sie die UN-Kampagne und zeigen Sie Mut! Es müssen ja nicht gleich frittierte Wasserwanzen sein, auch ein Insektenwürstchen wäre ein guter Anfang. Ich werde es auf jeden Fall probieren!

7 Vgl. hierzu die Lösung zu Aufgabe 7 auf der Seite 19.

Teste dich! – Einen Leserbrief überarbeiten

Seite 51

1
a Einleitung: Zeilen 1–3, Hauptteil: Zeile 4 – Ende
b Begründungen: geringe Verbrauch von Ressourcen, ethische Gründe, wesentlich umweltschonender;
Beispiele/Belege: Zeilen 5–9, Zeilen 11–13; Gegenargument: ab Zeile 14
c Es fehlen: Datum des Artikels, Anlass des Leserbriefs, Beispiel/Belege für zweite Begründung (ethische Gründe), abschließender Appell
d Überarbeiteter Leserbrief: Datum ergänzt (1 Punkt), Ergänzung der anderen Bestandteile (jeweils 2 Punkte)
Im Artikel „Heuschrecken zum Frühstück“ **vom 10. 01. 2015** wagt Maria Fiedler einen Blick in die Zukunft und zeigt Alternativen zum heutigen Fleischkonsum auf. Neben Insekten und Algen als möglicher Nahrung geht sie auch auf die Herstellung von künstlichem Fleisch ein.
Für mich persönlich gibt es nichts Besseres als ein medium gegrilltes Steak frisch vom Rost. Obwohl sicher viele gute Gründe dafür sprechen, könnte ich nie ganz auf Fleisch verzichten. Fleisch aus dem Labor könnte deshalb die ideale Lösung sein, nicht nur für mich.
Für Fleisch aus dem Labor spricht zuerst der geringe Verbrauch von Ressourcen. So werden z. B. für die Rinderzucht große Weideflächen benötigt. Laut Welternährungsorganisation FAO benötigt man für die Herstellung von einem Kilogramm Protein aus Rindfleisch 145–206 m² Nutzfläche. Kunstfleisch aus dem Reagenzglas benötigt keine Weideflächen. Es gäbe auch keine Tiere, die Wasser verbrauchen und gefüttert werden müssen.
Für Kunstfleisch sprechen außerdem auch ethische Gründe. **Künftig könnte dann z. B. auf die Massentierhaltung verzichtet werden. Wir alle kennen die Bilder von Fabrikhallen ohne Licht, wo Tiere auf engstem Raum zusammengepfercht sind und artgerechte Tierhaltung ein Fremdwort ist. Mit Laborfleisch würden diese Zustände endgültig der Vergangenheit angehören.**
Nicht zuletzt ist die Herstellung von Laborfleisch wesentlich umweltschonender als die herkömmliche Zucht. Hohe Treibhausgas-Emissionen, wie sie bei der Rinderzucht entstehen, gäbe es im Labor nicht. Pro Kilo Protein könnte man laut FAO ca. 80–170 kg Treibhausgas-Emissionen vermeiden.
Zu bedenken ist sicherlich, dass Fleisch aus dem Reagenzglas von den Verbrauchern zunächst nicht akzeptiert würde. Man müsste ihnen nahebringen, dass das Laborfleisch aus nichts anderem besteht als jenes vom Metzger. Es wird aus tierischen Muskelzellen gezüchtet.
Liebe Leser, Sie sehen, Kunstfleisch bietet mehr Vor- als Nachteile. Aus diesem Grund fordere ich, dass die Forschung in diesem Bereich intensiviert wird und den Forschungsinstituten z. B. zusätzliche staatliche Gelder zur Verfügung gestellt werden. Damit das Steak aus dem Reagenzglas schon bald auf unseren Tellern liegt!

Produktiver Umgang mit Texten

Seite 53

2 Möglicher **Leseeindruck:** Der kurze Ausschnitt ist etwas verwirrend, weil viele Personen auftreten: zwei Edelmänner – Capulet und Paris –, die über eine mögliche Heirat sprechen, und zwei Freunde – Romeo und Benvolio –, die sich über die Liebe zu der Edelfrau Rosaline unterhalten. Auf einen Fest werden sich die Wege der Protagonisten wohl kreuzen. –
Formal fällt auf, dass der Text in Dialogform und mit Regieanweisungen verfasst ist, was ihn als dramatischen Text ausweist. Die sprachliche Gestaltung ist eher altertümlich.
Offene Fragen könnten sein: Wie ist die Personenkonstellation – wer gehört zu den Montagues, wer zu den Capulets? Wie kommt es, dass Capulets Tochter schon mit 16 „reif genug [sei], um eine Braut zu werden" (Z. 12 f.)?

Seite 54

3 a + b 1 Z. 1–27: Capulet, Paris → Paris hält bei Capulet um Julias Hand an; Capulet lädt Paris auf sein Fest ein, um seine Tochter kennen zu lernen – 2 Z. 28–33: Capulet, Diener → Capulet beauftragt den Diener, mit einer Gästeliste Einladungen zu verteilen – 3 Z. 34–38: Diener → Diener kann nicht lesen – 4 Z. 39–47: Romeo, Benvolio → Benvolio versucht, den unglücklich verliebten Romeo zu trösten – 5 Z. 48–71: Romeo, Benvolio, Diener → Romeo liest dem Diener die Gästeliste vor; erfährt, dass auch Rosaline eingeladen ist – 6 Z. 72–86: Romeo, Benvolio → Benvolio lädt Romeo ein, mit ihm auf das Fest zu kommen, sodass Romeo erkennen kann, dass es noch andere schöne Mädchen gibt. Romeo willigt ein, da er Rosaline bewundern will.

4 Mögliche Antworten auf die Leitfragen:
Wann und wo spielt die Handlung des Dramas? Das Drama spielt im 16. Jahrhundert in der Stadt Verona in Italien. –
Was erfährst du über die Beziehung zwischen den Capulets und den Montagues? Die beiden Familien sind seit Generationen verfeindet. Auf Anordnung des Fürsten müssen sie nun Frieden halten, anderenfalls droht ihnen die Todesstrafe. –
Wer trifft in der 2. Szene des 1. Aktes an welchem Ort aufeinander? Auf einer Straße trifft Capulet, Julias Vater, auf den Grafen Paris, einen Verwandten des Prinzen Escalus. Capulet sendet einen Diener aus, auf den Romeo und Benvolio treffen.

Stärken stärken: Einen Dialog schreiben

Seite 55

●○○ **1** a Mögliche Antworten:
Der Handlungsort ist der Festsaal im Haus der Familie Capulet. Romeo hat sich als Mitglied der verfeindeten Familie Montague auf das Verlobungsfest von Julia Capulet mit dem Grafen Paris geschlichen. Dort erblickt er Julia aus der Ferne und ist sofort von ihr fasziniert.
b Romeo: war zuvor in Rosaline verliebt → eventuell Probleme mit ihr?; Liebe zwischen den verfeindeten Capulets und Montagues ist gefährlich; Julia feiert ihr Verlobungsfest mit dem Grafen Paris (einem Verwandten des Prinzen), sie ist also vergeben an ein Mitglied der Herrscherfamilie

Seite 56

●○○ **2** unwahrscheinlich: A, E; möglich: B, C, D

●○○ **3** Lösungsvorschlag:
Verlauf: Romeo weiht Benvolio in seine Gefühle ein. Benvolio fragt seinen Freund zunächst erstaunt nach Rosaline und neckt ihn, schließlich hatte er Romeo auf das Fest geschickt und prophezeit, dass ihm der „Schwan [...] wie eine Krähe" vorkommen würde. Als er aber merkt, wie ernst es Romeo ist, erkundigt er sich genauer und wägt gemeinsam mit dem Freund dessen Chancen bei Julia ab. Eine Rolle spielt dabei auch der Familienkonflikt und dessen Auswirkungen auf eine mögliche Beziehung. Schluss: Letztlich bestärkt Benvolio seinen Freund und verspricht, ihm beizustehen.

●○○ **4** Richtige sind A, D und F.

●○○ **5** Möglicher Dialog:
Romeo *verzückt:* Julia, oh Julia! Eine Taube unter Krähen, so etwas Schönes habe ich noch nie gesehen.
Benvolio *betritt das Zimmer:* Romeo, mein lieber Freund. Was sitzt du hier und träumst?
Romeo *leise zu sich:* Soll ich? Kann ich's ihm anvertraun? *dann laut:* Benvolio, mein Guter! Einen Engel habe ich gesehen. Gleich dort, im Hause Capulet. Julia, die Tochter des alten Capulet – es ist um mich geschehen ... ich muss sie wiedersehen!
Benvolio *erstaunt:* Julia? Galt deine Liebe nicht Rosaline? – So wankelmütig ist dein Herz? *jetzt spöttisch:* Aber hatte ich dir nicht prophezeit, dass dein Schwan Rosaline dir zwischen all den Hübschen wie eine Krähe vorkommen würde?
Romeo *eindringlich, greift Benvolio am Kragen:* Rosaline? Nein, hatte ich je geliebt, dann vergiss es! Erst heute Abend sah ich wahre Schönheit!
Benvolio *unsicher:* Nun denn ... Wo ist das Problem?
Romeo *seufzend:* Das Problem? Das Fest war ihre Verlobungsfeier mit dem Prinzen. Sie ist einem anderen versprochen.
Benvolio: Liebt sie ihn denn? Dann ist alle Hoffnung verloren!

Romeo *hin- und hergerissen:* Ja? Nein! ... Ich weiß es nicht. Ich liebe sie, das ist gewiss!
Benvolio *beruhigend:* Das glaub ich gern. Und ihre Gefühle werden in Erfahrung zu bringen sein. Aber bedenke: Sie ist eine Capulet!
Romeo *ungläubig:* Eine Capulet ...? Ja, du hast Recht. Oh weh ... wie soll das gehen!? Sind doch unsere Familien seit Generationen im Streit.
Benvolio: Im Streit, jawohl. Das scheint ein ernstes Problem. Der alte Capulet und seine Sippe werden einen Montague als Liebsten von Julia kaum dulden! ... Lass mich überlegen ... *verschwörerisch flüsternd:* Mein Freund, deine Liebe hat nur eine Chance, wenn sie im Geheimen wächst. Halte dich bedeckt! Zügle deine Leidenschaft! Halte dich im Hintergrund und bring so in Erfahrung, ob eure Liebe möglich ist ...
Ich will dir ein treuer Freund sein und an deiner Seite stehen!

Stärken stärken: Einen inneren Monolog schreiben

Seite 57

●●○ 1 ●●●
Richtig sind B, D und E.

●●○ 2 ●●●
Mögliche Oberbegriffe und Unterbegriffe für die Mind-Map:
- **Gedanken an Vergangenes:** Dieser alte Familienkonflikt bedrückt mich und belastet mein Leben. Warum können die alten Konflikte nicht endlich ruhen? Weiß überhaupt noch jemand, worum es in diesem Konflikt geht? Wie glücklich waren Rosaline und ich ...? Eigentlich war Benvolio stets ein guter Freund, warum gönnt er mir meine Liebe zu Rosaline nicht?
- **Innerer Konflikt:** Soll ich tatsächlich auf dieses Fest der Capulets, unserer Todfeinde, gehen? Bringe ich damit mich und Rosaline in Gefahr? Ich möchte die Geliebte aber so gern sehen, sie fehlt mir! Welchen Hintergedanken hat Benvolio, wenn er will, dass ich Rosaline mit den anderen Damen vergleiche? Eine andere, schöner als die geliebte Rosaline? – Niemals! Oder hat er vielleicht doch Recht ...? Wer ist diese schöne Tochter Capulets, von der Paris sprach?
- **Stimmungen/Gefühle:** so ruhelos ...; aufgebracht, über die Frechheit Benvolios; aufgeregt, weil ein Treffen mit Rosalie ansteht; ängstlich, weil das Fest beim Erzfeind Capulet stattfindet; mutig, weil er für seine Liebe kämpfen will; interessiert, weil er die „anderen Schönheiten" sehen will; zweifelnd, ob er das Richtige tut ...
- **Zukunft:** Wie wird sich Rosaline auf dem Fest verhalten? Werde ich sie überhaupt sehen? Gibt es die Möglichkeit für ein vernünftiges Wort mit den Montagues? Wird Rosaline „ihren Glanz" gegenüber den anderen „Schönheiten" entfalten – oder hat Benvolio vielleicht Recht?

Seite 58

●●○ 3 ●●●
A Wenn ich doch Rosaline auf dem Fest sehen könnte! –
B Was würde ich nur ohne Rosaline machen?

●●○ 4 ●●●
Der **rechte Entwurf** eines inneren Monologs („Oh, was hat ...") ist besser gelungen.
Gründe: Ich-Perspektive („Ich versteh ..."); widersprüchliche Gedanken („oder etwa nicht?"); unvollständige Sätze („Da sollten wir unbedingt ..."); Ausrufe („Na dann!")

●●○ 5 ●●●
wahrscheinlich: A, B, D –
unwahrscheinlich: C, E

●●○ 6 ●●●
Lösungsvorschlag:
Überlegungen zum **Beginn:** Ausgangspunkt des inneren Monologs könnte das Gespräch mit Benvolio sein, in dem sein Freund ihn reizt. Romeo könnte sich zunächst über dessen freche Bemerkungen aufregen und daraufhin über seine Liebe zu Rosaline nachdenken.
Überlegungen zum **Schluss:** Abschließend könnte Romeo die Chancen seiner Liebe zu einer Capulet (hier zunächst noch Rosaline) abwägen und eventuell hoffnungsfroh Lösungen für den Familienkonflikt in der Zukunft entwickeln (Träume).

●●○ 7 ●●●
Möglicher innerer Monolog:
Benvolio meint, dass mein Schwan mir wie eine Krähe vorkommen wird. Was fällt dem eigentlich ein! Meine Liebste mit anderen Schönheiten vergleichen? Mit wem denn? Dieser Tochter von Capulet, von der Paris so schwärmt?
Benvolio, du bist mir ein schöner Freund ... Warum gönnt er mir mein Glück nicht? Oder was steckt dahinter? – Dabei weiß er doch, wie sehr mein Herz an der geliebten Rosaline hängt!
Ach Rosaline, geliebte Rosaline! – Du fehlst mir so! Gern würde ich zum Fest des alten Capulet gehen, nur um dich wiederzusehen. – Ob sie mir einen Blick schenkt? Ob sie mich beachtet? – All die anderen Frauen sind mir gleich, wenn ich mich an deinem Glanz erfreuen darf. Halt, nein! Ist das nicht zu gefährlich? Kann ich es wagen, mich in die Höhle des Löwen zu begeben? Aber wie soll das gehen? Die Familien sind schon so lange verfeindet ... wie soll das alles noch enden? Weiß eigentlich noch irgendjemand, worum es in diesem Streit eigentlich geht? Seit Generationen bekämpfen sich die Montagues und die Capulets nun. Der Frieden ist brüchig, nur auf Druck des Fürsten ruht der Streit. Ich mag mir gar nicht vorstellen, was geschähe, wenn die Capulets wüssten ... Ein Blick nur, ein Treffen ...! Gerne würd ich's wagen!
Oh, Rosaline, ich bin verzweifelt. Was soll nur aus uns werden? Vielleicht können wir ja den Familienzwist beenden?
Ein vernünftiges Wort mit den Capulets, das muss doch möglich sein!
Ja, ich wag's! – Die Feier mag eine günstige Gelegenheit sein. Auf geht's, ich such mein Glück ...

8 b unwahrscheinlich: A;
möglich: B, C

9 Richtig sind A und D.

Teste dich! – Einen Dialog schreiben

Seite 59

vollständige Erfüllung eines Punktes auf der Checkliste: 2 P. / teilweise Erfüllung: 1 P.

Checkliste: Fit für die Erstellung eines Dialogs?

Passen die Figuren mit dem, was sie tun und sagen, zum übrigen Drama? 2 Punkte
- Anrede mit „Ihnen“, „Sie“ (Z. 6 f.) in „dir“ ändern: *Ich muss dir dringend ... Stell dir vor.*
- inhaltliche Fehler korrigieren: „weil mich meine Eltern gezwungen haben“ (Z. 8 f.), „ich war sehr skeptisch“ (Z. 22 f.)

Bringen Nachfragen des Gesprächspartners den Dialog voran? Werden Einwände und Zweifel formuliert? 2 Punkte
Der Dialog ist sehr einseitig, fast ein Monolog Romeos.
Verbesserung z. B. Z. 13: *Benvolio: Aha, ich bin überrascht. Wie heißt diese Schönheit denn? Hast du sie angesprochen? Wann seht ihr euch wieder?*

Ist das Ende des Dialogs stimmig mit Blick auf die Textvorgabe? 2 Punkte
Der Dialog endet ohne Pointe, ohne Spannung oder Zukunftsausblick.
Ergänzt werden könnten Rückfragen Benvolios und Ideen, wie Romeo weiter verfahren soll.

Wurden die passenden Zeitformen gewählt? 2 Punkte
Die Verwendung des Präsens in Z. 14 f. ist irreführend. Besser: „Ich musste sie sofort ansprechen. Ich musste beim Tanz den Platz neben ihr bekommen.“

Sind Ausdruck und sprachliche Gestaltung angemessen? 2 Punkte
Umgangssprache sollte vermieden werden:
- Z. 1 besser: „Romeo kehrt aufgewühlt vom Fest zurück. Er läuft ins Schlafzimmer ...“
- Z. 6 statt „Läuft!“: „Mir geht's gut!“
- Z. 7 f.: „Ich bin ja nur auf die Feier gegangen, weil ...“

Gibt es aussagekräftige Regieanweisungen? 2 Punkte
- Z. 3: Romeo *spricht eifrig auf Benvolio ein:* „...“
- Z. 9: *breitet träumerisch die Arme aus:* „Aber dort sah ich eine so schöne Dame ...“

Was kannst du schon? – Grammatik

Seite 60

1 a für – mit – bei – während – in – durch – Mit 7 Punkte
b Nomen im Genitiv: (während) des Essens, der Nahrung – ... Dativ: (mit) dem Essbesteck, (bei) Tisch, (bestimmten) Konventionen, (seinen) Tischnachbarn, (mit vollem) Munde – ... Akkusativ: (für) den Umgang, Tischregeln, (keinen) Einblick, (in) die [...] Zermalmung, (durch) den Kauapparat 12 Punkte

2 a 1 Plusquamperfekt – 2 Präteritum – 3 Präsens – 4 Präsens – 5 Perfekt – 6 Futur 6 Punkte
b A Nachdem ich die SMS abgeschickt hatte, überkamen mich Zweifel. 2 Punkte
B Aber während ich die Antwort las, lösten sich diese Zweifel sogleich auf.

3 A (Passiv): Das störende Handyklingeln wurde (vom Redner) ignoriert. – 2 Punkte
B (Aktiv): Der Saaldiener bat die junge Frau, das Handy auszuschalten.

4 A = Konjunktiv I – B = Indikativ – C = Konjunktiv I – D = Konjunktiv II 4 Punkte

Seite 61

5 a–c A [...] habe ich entnommen, dass Sie einen Ausbildungsplatz für Modedesign anbieten. (Objektsatz) – 10 Punkte
B Da ich selbst sehr modebewusst bin und gern zeichne und male, bewerbe ich mich [...]. (Kausalsatz) –
C Die Art von Kleidung, die Sie in Ihren Modeläden anbieten, entspricht genau meinem Stil. (Relativsatz)

6 a–d A Obwohl diese Kleidung ungewöhnlich war, kombinierte [...]. – B [...] betonen, indem er sich für etwas Auffallendes entschied. – C [...] dieses Outfit gewählt, weil er sich darin besonders wohlfühlte. – D Nachdem Charles Parseval die Werbeagentur betreten hatte, erstarrte er: [...]. 12 Punkte

7 a + b A Ich hoffe auf Ihr Interesse für diese Bewerbung, der ich einige Entwürfe beigelegt habe. 7 Punkte
B Meinen Lebenslauf, den ich handgeschrieben habe, lege ich ebenfalls bei.
C Ich würde gerne Genaueres über die Anforderungen, die an die Ausbildung gestellt werden, erfahren.

Nomen und ihre Begleiter

Stärken stärken: Der Kasus nach Präpositionen

Seite 62

●○○ 1 zum – in – mit – in – Mit – auf – über – durch – von – durch – auf – im – auf – Bei

●●○ 2 vor dem unberechenbaren Internet – bei den Daten – bei jedem Internetbesuch – in einem Forum, bei Gewinnspielen – zu Werbezwecken – Mit der Weitergabe – von unerwünschter Werbung – mit der Angabe von Bankverbindungen

●●● 3 **Fehler:** wegen den Kontakten – (trotz dem Einsatz: ist möglich, in der Regel wird „trotz" jedoch mit dem Genitiv gebraucht) – dank neue Technik – in dem engem persönlichem Kontakt – trotz [...] tägliches Verweilen

Verbesserung: Soziale Netzwerke haben für viele Jugendliche einen positiven Effekt. Viele Teenager geben an, wegen der Kontakte (Genitiv) in den Netzwerken selbstbewusster geworden zu sein. Doch trotz des Einsatzes (Genitiv) von SMS und Voicemail bevorzugen die Jugendlichen die Kommunikation von Angesicht zu Angesicht. Vereinsamung und soziale Isolation dank neuer Technik (Genitiv)? Wohl kaum, denn nach wie vor wird in dem engen persönlichen Kontakt ein Vorteil gesehen – trotz durchschnittlich 179 Minuten täglichen Verweilens im Internet (beide: Genitiv).

Rund ums Verb

Stärken stärken: Die Tempora im Blick haben

Seite 63

●○○ 1 a beschreibt – gewesen ist – ging – kleidete – durfte – ließ – verbot – geschminkt hatte – gebogen war – gab
b Vorzeitigkeit: Sie verbot mir mehrfach sogar auszugehen, weil ich mich geschminkt hatte. – Aber nachdem ich um die nächste Ecke gebogen war, gab mir meine Freundin ihren Lippenstift.

●○○ 2 ~~zwang~~/zwingt – ~~ausging~~/ausgehe – ~~waren~~/sind – war/~~ist~~ – ging/~~geht~~ – ~~hatte~~/habe – ~~mochte~~/mag

●○○ 3 A Nachdem die Großeltern sich vorgestellt hatten, gingen sie gleich zum Du über.
B Als der junge Mann sich höflich verbeugte, fielen ihm seine ungeputzten Schuhe auf.

Stärken stärken: Die Tempora im Blick haben

Seite 64

●●○ 1 a A beschreibt, gewesen ist, habe, geändert hat – B ging, kleidete – C durfte, ließ – D verbot, geschminkt hatte – E gebogen waren, gab
b Vorzeitigkeit: A, D – Gleichzeitigkeit: B, C – Nachzeitigkeit: E

●●● 2 a Situation ist Vergangenheit, demnach stehen die **Hs im Präteritum:** A Nachdem die Großeltern sich vorgestellt hatten, [...] – B Bevor [...], stellte Großvater sich Großmutters Eltern vor. – C Als [...], fielen ihm seine ungeputzten Schuhe auf.
b A + 1 – B + 3 – C + 2

Seite 65

1 a + b A Die Deutschen schätzen die Niederlande als besonders entspanntes Urlaubsland.
Die Niederlande werden von den Deutschen als besonders entspanntes Urlaubsland geschätzt. –
B Sie genießen häufig die kleinen, aber wichtigen Unterschiede in der Mentalität.
Die kleinen, aber wichtigen Unterschiede in der Mentalität werden (von ihnen) häufig genossen. –
C Niederländer erledigen Einkäufe in der Stadt gern mit dem Fahrrad.
Einkäufe in der Stadt werden von Niederländern gern mit dem Fahrrad erledigt. –
D Beim ersten Sonnenstrahl bevölkern sie die zahlreichen Straßencafés.
Die zahlreichen Straßencafés werden beim ersten Sonnenstrahl von ihnen bevölkert.

2 a Der Text wirkt eintönig, da ausschließlich Passivformen verwendet werden.
b Mögliche Verbesserung unter Verwendung des Aktivs und der Passiv-Ersatzformen: Bei der Begrüßung sagt man in Frankreich in der Regel „Bonjour!". Jugendliche und gute Bekannten benutzen das umgangssprachliche „Salut!". Eine Freundin lässt sich mit „bises" (Küsschen) auf beide Wangen begrüßen. Ein Mann ist von einem anderen Mann eher per Handschlag zu begrüßen. Das Begrüßungsritual lässt sich dann mit der Frage nach dem Befinden fortsetzen. Damit erkundet man aber nicht wirklich das Befinden. Entsprechend ist nicht sogleich über die aktuellen Wehwehchen zu klagen. Man antwortet vielmehr immer mit „Ça va bien, merci" („Es geht gut, danke").

Stärken stärken: Der Modus der Verben – Konjunktiv und Indikativ

Seite 66

●○○ 1 a + b Verbformen (nicht vom Indikativ Präteritum zu unterscheidene Ersatzform) und mögliche Antworten:
A Wie (reagiertest du) würdest du reagieren, wenn dich jemand an den Haaren ziehen würde / zöge? Ich bäte ihn / würde ihn bitten, das zu unterlassen. – B Was (antwortetest du) würdest du antworten, wenn ein älterer Herr dir im Bus seinen Platz anböte / anbieten würde? Ich würde erfreut annehmen.

●○○ 2 Mögliche höfliche Formulierungen: A Könnten Sie bitte das Fenster schließen? – B Würdest du bitte leise(r) sein? – C Dürfte ich bitte hier durch? – D Dürfte ich bitte das Salz haben? – E Könntest du mir bitte einmal helfen? – F Würdest du bitte gehen? – G Könnten Sie mich bitte nicht stören? – H Mögen Sie das bitte wegnehmen?

Seite 67

●●○ 3 ●●● a In meiner Traumstadt würden alle Autos fliegen und kein CO_2 ausstoßen. Auf den Dächern gibt es Sportanlagen, wo jeder kostenfrei Sport machen kann. Der Asphalt auf den Straßen wird durch Gras ersetzt, damit die Stadt freundlicher wirkt. In meiner Traumstadt würde man nur noch erneuerbare Energien nutzen und alle Atomkraftwerke abschaffen. Normale Schulen werden abgerissen und die Kinder lernen über digitale Schulen. Aus den Lautsprechern an den Häusern käme gute Musik, damit die Bewohner meiner Traumstadt dauerhaft entspannt bleiben können. Mit Hilfe neuer Forschungen würden Bäume wachsen, an denen Süßigkeiten, Getränke, Döner und anderes wüchse, was allen Stadtbewohnern gehören würde.

b + c Auf den Dächern gäbe es Sportanlagen, wo jeder kostenfrei Sport machen könnte.
Der Asphalt auf den Straßen würde durch Gras ersetzt werden, damit die Stadt freundlicher wirken würde.
Normale Schulen würden abgerissen und die Kinder lernten / (würden) über digitale Schulen (lernen).

●●● 4 a „Wir können sowieso nichts ändern!" – „Träume von einer besseren Welt bringen sowieso nichts!" – „Niemand interessiert sich für meine Meinung."

b Nori behauptet, man könnte ohnehin nichts ändern. – Philipp meint, Träume von einer besseren Welt brächten sowieso nichts. – Emma ist der Auffassung, niemand interessierte sich für ihre Meinung.

Seite 68

1 a + b Mögliche Wiedergabe in der indirekten Rede *(einleitender Hauptsatz):*
A Der Deutsche Knigge-Rat merkt an, in der Klasse gehe die Begrüßung oft im Chaos unter. Das sei schade, denn später im Beruf werde zwingend erwartet, andere mit Respekt und Achtung zu begrüßen. Dabei sei es gleichgültig, wie man zu ihnen stehe. – B Der Deutsche Knigge-Rat hebt hervor, das sorglose Verschlafen des Unterrichtsbeginns verärgere nicht nur Lehrer/-innen, sondern auch Mitschüler/-innen. Es sei sehr rücksichtslos.

Seite 69

2 b Der Deutsche Knigge-Rat betont, primitive Redeweisen würden vor allem auf den Redner selbst zurückfallen. Sie würden unsympathisch und abstoßend wirken. Beleidigungen würden den anderen verletzen. Infolgedessen entstünden die meisten Streitfälle, bis hin zur Gewaltanwendung.

3 A würden [...] profitieren – B trügen [...] bei – C verbessere – D würden [...] ausdrücken, würden [...] dienen, seien – E stärke

Teste dich! – Rund ums Verb

Seite 70

1 informiert hatte – besprochen hatte — 2 Punkte

2 Aktiv, *Passiv:* Vor hundert Jahren *wurden Kinder* strenger *erzogen.* Es gab viel striktere Regeln. Wer sie nicht befolgte, *wurde bestraft.* Die Eltern *wurden* von ihren Kindern *gesiezt.* Zur Begrüßung machten Mädchen einen Knicks und Jungen verbeugten sich. Dabei *wurde* die Kappe vom Kopf *gezogen.* — 8 Punkte

3 Selin sagt, es gehe um eine Eins-zu-eins-Betreuung der Grundschulkinder durch Jugendliche. Sie erklärt weiterhin, sie träfen sich einmal die Woche und unternähmen viel.
Baris berichtet, wenn er anderen von dem Projekt erzählte, erklärte er ihnen immer, dass er so etwas wie die Rolle eines großen Bruders einnähme. — 6 Punkte

4 Mögliche Lösungen: A Es wäre gut, wenn wir mehr Sportplätze hätten. – B Schön wäre es, wenn es weniger Verkehr in der Innenstadt gäbe. – C Wünschenswert wäre es auch, wenn die Fahrradwege besser ausgebaut wären. — 4 Punkte

Texte überarbeiten mit Hilfe von Proben

Stärken stärken: Ein Bewerbungsschreiben treffend formulieren

Seite 71

1 A Sehr gern möchte ich mein zweiwöchiges Berufspraktikum [...]. Mein zweiwöchiges Berufspraktikum möchte ich sehr gern [...]. – B Seit der Teilnahme am Planspiel „Börse" der Stadtbank [...]. Für den Handel mit Wertpapieren [...].

2 a + b *(Mögliche Verbesserungen):* Gern möchte ich mein Betriebspraktikum in der Stadtverwaltung machen, da ~~die Stadtverwaltung~~ *(diese)* für mich ein interessanter künftiger Arbeitgeber ist. Am liebsten würde ich mein Praktikum beim *(städtischen)* Kulturservice ~~der Stadtverwaltung~~ absolvieren, aber auch andere Bereiche ~~der Stadtverwaltung~~ wären für mich interessant. Ich verspreche mir von einem *(solchen)* Praktikum ~~in der Stadtverwaltung~~ gute Einblicke in die organisatorischen Abläufe einer großen Verwaltung und einen Überblick über die unterschiedlichen städtischen Aufgaben, die in ~~der Stadtverwaltung~~ *(einer Stadt unserer Größe)* koordiniert werden müssen.

Seite 72

3 Mögliche Verbesserung (mit eingefügten Informationen): Das einwöchige Schulpraktikum, das vom 21. bis 28.05.20XX vorgesehen ist, würde ich sehr gern in Ihrem Betrieb absolvieren, da ich mich sehr für den Beruf der Zahntechnikerin interessiere. Ich würde mich freuen, dieses Berufsbild mit seinen typischen Tätigkeiten bei Ihnen kennen zu lernen. Im Betrieb muss eine Betreuung durch einen festen Ansprechpartner gegeben sein und gegen Ende des Praktikums wird mich eine Lehrerin der Schule besuchen.

4 a + b A U Ew ich *(U)* möchte sehr gern das einwöchige Berufspraktikum, *(Ew = Datum und Zeitraum)* das von unserer Schule durchgeführt wird, in Ihrem Ingenieursbüro absolvieren. – B Es Ew Ich *(U = Umstellprobe hier nicht möglich, um den Satzanfang abwechslungsreich zu gestalten, darum Es)* bin 15 Jahre alt und ich besuche die Schule *(Ew = Klasse, Name und Ort der Schule).* – C U Ich *(U)* interessiere mich sehr für den Beruf der Bauzeichnerin und würde gern deren beruflichen Alltag näher kennen lernen, um bei meiner Berufsentscheidung sicherer zu werden. – D W W Meine Lieblingsfächer ~~in der Schule~~ sind ~~je nachdem~~ Mathematik, Kunst und Sport. – E W Besonders faszinieren mich ~~eher so~~ schwierige Aufgaben in der Geometrie. – F W Es Im Betrieb meiner Mutter helfe ich seit einigen Jahren ~~immer mal wieder ein bisschen~~ *(W)* im IT-Bereich aus und bin deshalb ~~relativ~~ *(Es)* sicher im Umgang mit dem Computer.

c Mögliche Verbesserung: [...], das zweiwöchige Berufspraktikum, das an unserer Schule vom 21. bis 28.10.20XX durchgeführt wird, möchte ich sehr gern in Ihrem Ingenieursbüro absolvieren. Mein Alter ist 15 Jahre und ich besuche die 9. Klasse der ...-Schule in XX. Für den Beruf des Bauzeichners interessiere ich mich sehr und würde gern den beruflichen Alltag näher kennen lernen, um bei meiner Berufsentscheidung sicherer zu werden. Meine Lieblingsfächer sind Sport, Kunst und Mathematik. Besonders faszinieren mich schwierige Aufgaben in der Geometrie. Im Betrieb meiner Mutter helfe ich seit einigen Jahren im IT-Bereich aus und bin deshalb geschickt im Umgang mit dem Computer. [...]

Wiederholung: Nebensätze unterscheiden

Seite 73

1 Kausalsatz: Warum ...? Aus welchem Grund ...? – Konditionalsatz: Unter welcher Bedingung ...? – Finalsatz: Wozu ...? Mit welcher Absicht ... – Konsekutivsatz: Mit welcher Folge ...? – Konzessivsatz: Trotz welcher Umstände ...? – Temporalsatz: Wann ...? Seit / bis wann ...? Wie lange ...? – Modalsatz: Wie ...? Auf welche Weise ...?

2 Falls/Wenn/Sofern – sodass – Obwohl/Obgleich / Auch wenn – indem (*auch möglich:* wenn)

Seite 74

3 Lösungsmöglichkeit:
Für mein erstes Praktikum habe ich mich bei einem Fernsehsender beworben, **weil** ich mich für Medienberufe interessiere. Am ersten Praktikumstag konnte ich den Fernsehsender kennen lernen, **dabei** wurden mir die verschiedenen Redaktionen vorgestellt. Anschließend wurde ich der Wetterredaktion zugeteilt, **denn** hier ist der Einstieg für Berufsanfänger relativ einfach. Sofort durfte ich kleine Recherchearbeiten übernehmen **und** ich nahm an einem Außentermin des Wetterredakteurs teil. Schließlich habe ich noch die Aufnahme von Wettertexten im Tonstudio mitverfolgt. Der erste Praktikumstag mit all seinen Erlebnissen war für mich ein voller Erfolg. Ich sehe mich in meinem Berufswunsch Tontechniker bestärkt.

Seite 75

4 A [...], weil ich gern etwas Schönes aus Holz herstelle. – B [...], weil mein Vater mir immer sagt, dass [...] – C [...], weil mir mein Praktikum in der Zahnarztpraxis sehr gut gefallen hat.

5 a + b A Trotz welcher Gegengründe? obwohl/obgleich/auch wenn – B Wozu? damit – C Unter welcher Bedingung? falls/wenn/sofern

Seite 76

1 A Meine Schullaufbahn, die ich im Juli diesen Jahres abschließe, werde ich mit der Mittleren Reife beenden. – B Ich nehme seit der siebten Klasse an der Englisch-AG der Schule teil, in der wir auch einen Schüleraustausch mit unserer Partnerschule in Birmingham organisiert haben. – C Die Grundkenntnisse in der IT-Anwendung, die ich im Informatikkurs erworben habe, umfassen neben Programmen zur Textverarbeitung auch die Tabellenkalkulation. *(oder)* Die Grundkenntnisse in der IT-Anwendung, die neben Programmen zur Textverarbeitung auch die Tabellenkalkulation umfassen, habe ich im Informatikkurs erworben.

2 a + b [...] an Austauschprogrammen, die mich nach England geführt haben, [...]. [...] meine Sprachkenntnisse erweitern, welche ich gern in eine Ausbildung einbringen würde. Über eine Ausbildungsphase, die mich in eine Ihrer Niederlassungen im Ausland führt, würde ich mich freuen.

3 die/~~wo~~ – ~~das~~/wo – die/~~wo~~

Teste dich! – Satzgefüge

Seite 77

1 A + c – B + e – C + a – D + f – E + b – F + d — 6 Punkte

2 Nachdem Julius seine Bewerbung eingeworfen hatte, wurde er sich eines schlimmen Fehlers bewusst. Er machte sich Vorwürfe, weil er vergessen hatte, seinen Text auf Rechtschreibfehler durchzusehen. Obwohl er in der Rechtschreibung nicht sicher war, fiel das nicht weiter ins Gewicht, da sein Brief falsch adressiert war und deshalb wieder zurückkam. Als er den Brief öffnete, fiel ihm ein weiterer grober Fehler auf: Das Zeugnis, das er beigelegt hatte, war das seines Bruders, der gerade auch seine Bewerbungen vorbereitete. Von diesem Glück im Unglück ermutigt(,) nutzte Julius seine zweite Chance und brachte alles in Ordnung, bevor er die Bewerbung erneut in den Briefkasten warf. Tatsächlich bekam Julius den gewünschten Ausbildungsplatz als pharmazeutisch-technischer Assistent, den er sich so sehr gewünscht hatte. — 12 Punkte

3 Adverbialsatz des Grundes: B, C – Adverbialsatz des Zwecks: F – Relativsatz: A, E, G – Addverbialsatz der Bedingung: D — 9 Punkte

Was kannst du schon? – Rechtschreibung

Seite 78

1 a + b Beim Rechtschreiben hilft kein Raten. Vielmehr sollte zunächst ein genaues Lesen der Regeln erfolgen. Nach dem Studieren der Regeln gilt es, Gelerntes in Ruhe anzuwenden und Unklares im Wörterbuch nachzuschlagen. Wenn ihr Gleichaltrigen Regelhaftes erklärt, haben alle eine gute Übung. Das Anlegen einer Rechtschreibkartei bzw. das Klären der eigenen Fehlerschwerpunkte ist außerdem sinnvoll. — 14 Punkte

2 Nominalisierung: B, C, E, H – keine Nominalisierung: A, D, F, G — 8 Punkte

3 a + b A das Alte Testament – B der Blaue Planet – C das Schwarze Meer – D der Berliner Lyriker – E das Drama der Weimarer Klassik – F der Erste Weltkrieg — 12 Punkte

Seite 79

4 A getrennt schreiben – B zusammenfassen – C auswendig lernen – D haften bleiben – E richtig schreiben — 5 Punkte

5 A blau machen – B blaumachen – C richtigliegen – D richtig liegen – E richtigstellen – F richtig stellen — 6 Punkte

6 A Bestes 4 (sein Bestes, das Beste) – B Lob 4 (ein Lob, nettes Lob) – C äußerlich 2 (äußerlich = außen) – D dass 3 (Konjunktion, denn „welches" passt nicht) – E einleuchtend 1 (einleuchtende) – F das 3 (Relativpronomen, denn „welches" passt) – G Spaß 4 (viel Spaß, der Spaß) – H reißt 1 (reißen) – I Public Relations 5 (Anglizismus: Öffentlichkeitsarbeit, Werbung) — 9 Punkte

Großschreibung: Nominalisierungen

Seite 80

1 a A […] – Schreiben durch das Diktieren von Texten trainiert. – B Im Allgemeinen galt: – C Der Text wurde als Erstes zusammenhängend vorgelesen. – D Danach wurde der einzelne Satz als Ganzes vorgelesen […], – Fragen war nicht erlaubt. – E Bei Nichtmitkommen ließ […]! – F Zum Schluss sollte deutliches und langsames Vorlesen des gesamten Textes Zeit zum Ergänzen und Überarbeiten geben.

b Mögliche Erweiterungen: Satz A: das (mehrfache) Schreiben – Satz D: (das/ein/langes) Fragen

2 d/Diktierens – (etwas) g/Gehörtes – m/Mitschreiben – e/Einfaches – v/Verrückte – (etwas) f/Fehlerhaftes – n/Nötigsten – n/Nachdenken – s/Schreiben – u/Ungewohnte – s/Stehen – i/Irritierend – k/Korrigieren – b/Blamabelste – m/Mitschreiben – s/Sitzen – a/Ab und z/Zu – ü/Üben – (etwas) g/Geschriebenes – k/Kennen – s/Schreiben, k/Kontrollieren und ü/Überarbeiten.

Seite 81

3 a + b Achtung! Sichtschneise für die Hafenmündung – (das) Abstellen von Fahrzeugen, (das) Lagern und (das) Zelten sind hafenpolizeilich (Adjektiv) verboten.

4 a + b A Die Tiere sind nicht zum Streicheln oder Füttern da! (Nominalisierung von Verben, Nomenbegleiter „zum" [zu dem]) – B Vorsicht vor bissigen Hunden! (Adjektiv als Attribut, Kleinschreibung) – C Auf dem gesamten Schulgelände ist Rauchen verboten. (Nominalisierung eines Verbs, Ergänzungsprobe Nomenbegleiter, z. B. „das") – D Bitte benutzen Sie nur die ausgeschilderten Wege. (Partizip als Attribut, Kleinschreibung) – E Vor Abbiegen bei Rot STOPP an der Haltelinie. (Nominalisierung eines Verbs, Nomenbegleiter „Vor"; Nominalisierung eines (Farb-)Adjektivs, Ergänzungsprobe Nomenbegleiter, z. B. „strahlendem"). – F Das Schwimmen im See erfolgt auf eigene Gefahr. (Nominalisierung eines Verbs, Nomenbegleiter „das") – G Ein Betreten des Privatgeländes ist untersagt. (Nominalisierung eines Verbs, Nomenbegleiter „Ein") – H Porzellan bitte nicht anfassen. (Verb, Kleinschreibung)

5 Mögliche Schilder: Beim Trinken das Schlucken nicht vergessen! – Heute nichts Lustiges verpassen! – Feste gern durch Singen verschönern! – Die Fairness beim Ballspielen nicht vergessen! – Es lebe das Ausschlafen!

Seite 82

1 chinesische Papierproduktion seit erstem Jahrhundert nach Christus – Papier ab 800 von Arabern ins frühmittelalterliche Europa gebracht – europäische Papiermühlen bald nach der ersten Jahrtausendwende – Beispiel: spanische Mühlen zur Papierproduktion ab 1074 – Verbreitungsraum: das Heilige Römische Reich Deutscher Nation – 1450 Mainzer Buchdruckerei – Frankfurter Reichstag 1454: Verkauf von Gutenberg-Bibeln – Brief des kaiserlichen Kanzleisekretärs an spanischen Kardinal Juan de Cavajal über „gutenbergische Produkte" – religiöse Schriften gewöhnlich in lateinischer Sprache – lutherische Bibelausgabe 1534 – neu: die Heilige Schrift in deutscher Sprache – Grundlage der Übersetzung: mitteldeutsche sächsische Kanzleisprache

2 Straßburger Zeit – Mainzer Fragment – mittelalterlichen Dichtung – (das) Jüngste Gericht – Mainzer Ablassbriefe – (die) Schulgrammatik des Donatus – (ein) astrologisches Blatt – lateinische Gutenberg-Bibel

Teste dich! – Groß- oder Kleinschreibung?

Seite 83

1 Nominalisierungen schreibe ich **groß.** Ich erkenne sie an ihren **Begleitwörtern:** A ein Artikel – B ein Pronomen – C ein Adjektiv – D eine Präposition *(bei + Artikel)* 6 Punkte

2 A Wenn ein Adjektiv [...], wird das Adjektiv in der Regel **kleingeschrieben,** z. B.: im alten Jahr. – B In mehrteiligen Eigennamen [...] schreibt man alle Wörter **groß,** mit Ausnahme der Artikel, **Konjunktionen und Präpositionen**, z. B.: die **V**ereinigten **S**taaten von **A**merika. – C Die von geografischen Namen abgeleiteten Wörter auf *-er* schreibt man immer **groß,** z. B.: das Bonner Münster. – D Die von Namen (z. B. geografischen) abgeleiteten Adjektive auf *-isch* werden **kleingeschrieben,** z. B.: der **c**hinesische Mönch. 12 Punkte

Getrennt- und Zusammenschreibung

Seite 84

1 dagegen sein, Netzgemüse nennt, Wissen unterstellt, Internetsurfen, aufgewachsen sein, Freundefinden, dabei sein, Fragen stellen, Antwort hoffen, Hausaufgabenschreiben, Zähneputzen

2 a + b [...], konnte man erste Klagenhören (Klagen hören), die Augen würden beim Lesenleiden (Lesen leiden). Beim Bücherlesen wohlgemerkt! [...] Stellungnehmen (Stellung nehmen) und sich im Internetverteufeln überbieten, [...] Abwehrerinnern (Abwehr erinnern). Neues kann erst einmal Angstmachen (Angst machen). [...] im Verbotsuchen (Verbot suchen), [...], wenn wir im Internetsurfen (Internet surfen).

Seite 85

3 Diese Wortgruppen sind nominalisiert: (einem) Kennenlernen, (das) Sprechenüben, (das) Verstehenkönnen.

4 a + b konzentriert einarbeiten, leichtfallen, anschaulich gestalten, näherbringen, ruhig sprechen

Seite 86

5 Getrennt schreibt man A und D, zusammen B, C und E.

6 A zusammenbleiben (zusammen) – B zusammen entscheiden (getrennt)

7 a Nicht trennbare Verbindungen: hinterfragen, überlegen, übernehmen, unternehmen, überdenken, unterlassen

Seite 87

8 A blaumachen – B rotsehen – C schwarzfahren – D freistellen – E leichtfallen – F krankschreiben

9 a + b A glauben machen, sammeln können – B da sein – C festlegen, vollbringen – D hervorheben, weiterhelfen, weitergeben – E nachgehen, (eingeschränkt) einschränken, unterstützen, (aufnimmt) aufnehmen

Teste dich! – Getrennt- oder Zusammenschreibung?

Seite 88

1 A (zu) schätzen wissen – B leichtfallen – C Gut vortragen, hinhören – D haften bleiben – E wiedergeben 6 Punkte

2 a + b (a = 12 Punkte; b = 2 Punkte; c = 4 Punkte) 18 Punkte
Stellung nehmen – überdenken – unterstützen – leid sein – überflutet – Textlesen – Bilderanschauen – schwerfallen – schwertun – Eindruck hinterlassen – herumdrücken – feststellen

Strategien zur Vermeidung von Rechtschreibfehlern

Seite 89

1 heute → kein verwandtes Wort mit au – deutlich → kein verwandtes Wort mit au – Fäustling → Faust – häuten → Haut – Reue → kein verwandtes Wort mit au – säuberlich → sauber – Gemäuer → Mauer – gemäßigt → Maß

2 A Lähm | ung → lähmen, lahm – B Rück | nahme → nehmen – C Bohr | maschine → bohren – D Ohn | macht → ohne – E Sehn | sucht → sehnen – F Fuhr | park → fahren – G gefühl | los → fühlen – H Ohr | wurm → Ohren – I sahn | ig → Sahne

3 leih | weise → leihen – Droh | brief → drohen – Seh | test → sehen – Kuh | milch → Kühe – Geh | hilfe → gehen – reih | um → Reihe

Seite 90

4 **t/d:** Fremd | sprache → fremder – heid | nisch → Heiden – berat | schlagen → beraten – Unterscheid | barkeit → unterscheiden; **k/g:** Merk | wissen → merken – Steig | eisen → steigen – Lug und Trug → lügen und (be)trügen – kalk | haltig → (ver)kalken, haltiger – Pflug | schar → pflügen; **p/b:** Hup | konzert → hupen – Lob | rede → loben – Kleb | stoff → kleben – hieb- und stichfest → Hiebe – Pump | station → pumpen; **ß/s:** Heiß | getränk → heißer – Brems | weg → bremsen – Spaß | gesellschaft → spaßig – eingespeis | t → einspeisen – Gleis | bett → Gleise

5 A den Komparativ/die Steigerung – B den Infinitiv

6 Endausscheidung (am Ende) – endlich (am/mit Ende) – endlos (ohne Ende) – entstauben – endgültig (bis zum Ende, unwiderruflich) – Entwirrung – Endreim (Reim am Ende des Verses) – Endsilbe (Silbe am Ende) – entkalken – enttäuschend

Stärken stärken: Probe zur Großschreibung

Seite 91

●○○ **7** ●●○ 18-j/~~J~~ährige – das ~~l~~/Lernen – alle ~~a~~/Abschlüsse – (viel) ~~e~~/Englisch – (etwas) ~~d~~/Deutsch – (das) ~~v~~/Verstehen – n/~~N~~ett – k/~~K~~omisch – (das) ~~p~~/Pünktlichsein – (die) ~~r~~/Regeln – m/~~M~~anche – (viel) ~~a~~/Abwechslungsreiches – (etwas) ~~s~~/Schönes – d/~~D~~azu

●●● **8** a Schlakzeug – get – Läuten – Heimatlant – Naost – lernen und leben – Reisbrett – überraschent – Gasdfamilie – heuslich – gipt – neues – radlos – Musig – vokabellernen

b A Leuten, Nahost, häuslich, gibt – B Heimatland, Reißbrett, überraschend, Gastfamilie, ratlos, Musik – C Lernen, Leben, Neues, Vokabellernen

Stärken stärken: „das" oder „dass"?

Seite 92

●○○ **1** ●●○ A das – B dass – C dass – D dass – E das

●●○ **2** ●●● **Im ersten Nebensatz** kann „das" durch „welches" ersetzt werden: Das Auslandsjahr, welches sich so viele junge Menschen wünschen, verläuft für viele etwas anders als erwartet. – **Im zweiten Nebensatz** wird die Frage „Was (darf man nicht vergessen)?" beantwortet. Es handelt sich um einen Objektsatz, der mit der Konjunktion „dass" eingeleitet wird.

●●● **3** a + b Relativpronomen und Bezugswort:
Austauschschülerinnen […] im Gastland, das […], *richtig:* dass – All das Neue, das zu erleben […] – Auch Heimweh ist ein Problem, dass von vielen […], *richtig:* Auch Heimweh ist ein Problem, das […] – […] sich bewusst, dass ein Jahr […]. Ein Telefonat, dass man […], *richtig:* Ein Telefonat, das man […] – Das sie es […], richtig: Dass sie es […]

Seite 93

1 a+b A Genitiv **im Singular** *(Endung)* – B Genus/**Artikel** – C Hinweis **zur Aussprache** – D Nominativ **im Plural** *(Endung)* – E **Herkunft** des Fremdwortes – F inhaltliche **Bedeutung(en) des Fremdwortes**

2 Blamage – Freak – Looping – Rhabarber – Leichtathletik – Psychologie – Portemonnaie

3 A Graphik, Grafik – B Atmosphäre – C Orthografie, Othographie – D Photokopie, Fotokopie – E Metapher

Seite 94

4 a + b (Verbesserungen):
Auch wenn man den euforischen (euphorischen) Berichten anderer Schülerinnen und Schüler von einer Phase voller Higlights (Highlights) und Parties (Partys) nicht immer uneingeschränkt glauben kann, bietet die Scala (Skala) der Erfahrungen im Ausland doch vielfältige Nuancen. So erleben die meisten Jugendlichen die Generosität der Gastfamilien und die gute Atmosfähre (Atmosphäre) äußerst positiv. Das schulische Systhem (System), z. B. amerikanischer Highschools, bietet diverse Möglichkeiten, auf individuellem Nivau (Niveau) zu lernen und ein gutes Feedback zu bekommen. Man lernt die Fremdsprache offensiv beim Sprechen, aber um Vokabeln nicht falsch oder mit fehlerhafter Konotation (Konnotation) zu lernen, sollte man es bei Iritationen (Irritationen) präferieren, in einem Diktionär nachzuschlagen. Junge Menschen sammeln im Gastland Ruhtine (Routine) im Umgang mit einer fremden Kultur und coolen Hobbies (Hobbys). Jede Bewerbung profitiert, wenn die Biografie einen Auslandsaufenthalt aufweist.

5 a + b A Gedichtanalyse: Untersuchung eines Gedichts – B Antonym: Wort mit gegenteiliger Bedeutung – C Anapher: Wiederholung eines oder mehrerer Wörter an Satz- oder Versanfängen – D Hypotaxe: Unterordnung von Nebensätzen unter Hauptsätze – E rhetorische Frage: nur scheinbar gestellte Frage, auf die keine Antwort erwartet wird, da diese offensichtlich ist – F Sonett: Gedicht, bestehend aus 14 Versen, die sich auf zwei Strophen mit vier und zwei Strophen mit drei Versen verteilen – G Pointe: sinngebende, meist überraschende Kernstelle z. B. einer Erzählung oder eines Witzes

Texte überarbeiten

Seite 95

1 Abentäuer (A: → Abenteuer) Auslandsjahr
Ein Jahr in einem anderen Lant (V: Länder → Land) bietet vielfeltige (A: Vielfalt → vielfältige) Erlepnisse (V: leben → Erlebnisse) und Eindrücke. Grundsetzlich (A: Grundsatz → grundsätzliche) muss [...] für neues (N: [etwas] Neues) sein. Wer [...] und Geschenisse (A: geschehen → Geschehnisse) in der Fremde [...]. [...] es passiert vielen, das (W: welches → dass) sie dann ungehäuer (A: → ungeheuer) endtäuscht (V: Ende → enttäuscht) reagieren. [...] mit der Wirglichkeit (V: wirken → Wirklichkeit) überein. [...] auf die Reise geht, wird neues (N: [etwas] Neues) höchstens erstaunen (N: [großes] Erstaunen) und überraschung (N: [einige] Überraschung) hervorrufen, aber [...]. Das gute (N: das Gute) ist, dass [...], ganz gleichgültik (V: gleichgültiger → gleichgültig), wohin in der Welt man sich begipt (V: begeben → begibt). Natürlich wird das kennenlernen (N: das Kennenlernen) nicht immer leichtfallen. Das größte Problem ist heufig (A: haufenweise → häufig) [...]. [...] sich nicht schäut (A: → scheut), sich [...], wird der Kontakt gelingen. Wer etwas Stevermögen (A: stehen → Stehvermögen) hat, wird ein Jahr im Auslant (V: Ausländer → Ausland) sicher nicht beräuen (A: Reue → bereuen).

2 Wer [...], muss wissen, das (dass) damit [...] Probleme einhergehen können. Man muss [...], dass man [...] führen kann, dass (das) man [...] kennt. Die Herausforderung ist, [...], dass (das) stets aufs Neue passieren kann. [...] ein Problem auf, das sich [...]. Man kann darauf vertrauen, das (dass) die Menschen [...]. [...], kann hoffen, dass er vorwiegend gute Erfahrungen machen wird.

Teste dich! – Strategien zur Fehlervermeidung anwenden

Seite 96

1 (beim) Schreiben – (das) Befolgen – ratsam – scheuen – (bis ins) Einzelne – (das/zügiges) Überarbeiten – wichtig – Endkontrolle — 8 Punkte

2 A dass – B dass – C das (welches) – D dass – 3 2x dass — 6 Punkte

3 a + b A Philosophie, Antithese – B Souvenir, Ingenieur – C Shampoo, Toilette — 12 Punkte

Zeichensetzung

Seite 97

1 a + b

A [X] Klassenfahrten nach Berlin, München, Hamburg oder Dresden haben häufig ein vielseitiges kulturelles Programm, aber dieses ist nicht selten auch anstrengend.

B [X] Meist werden Museen und Sehenswürdigkeiten besichtigt, vor Ort tragen Einzelne dann Referate vor.

C [X] Die Exkursionen sind informativ, denn man erfährt auf anschauliche Weise Neues.

D [ ] Allerdings wird dabei manchmal die Entspannung vergessen (,) oder man denkt nicht an eine Pause.

E [X] Bei schönem Wetter müssen Referate nicht in einem Raum vorgetragen werden, sondern sie können auch im Park oder an einem See gehalten werden.

c **Erklärung:** In Satz D kann das Komma entfallen, weil die Konjunktion **oder** verwendet wurde.

2 a Hauptsatz: Wir möchten [...] unsere freie Zeit auch nutzen dürfen [...].

b A ~~vorangestellten~~/eingeschobenen/~~nachgestellten~~ – B ~~vor~~/~~zwischen~~/hinter

Seite 98

3 a–c Hauptsatz, Nebensatz, *Konjunktionen*, Relativpronomen:

Pavel: Durch das Jugendschutzgesetz ist schon das Alkoholverbot geregelt, *damit* es von allen eingehalten wird, *wohingegen* in keinem Gesetz etwas gegen Shopping steht, *sodass* ich selbst über meine Freizeit und mein Taschengeld verfügen möchte.

Marie: Genau! Schließlich haben wir während der Schulwoche kaum Gelegenheit zum Shoppen, *da* der Nachmittagsunterricht und die Hausaufgaben unsere ganze Zeit beanspruchen und am Wochenende häufig Turniere oder Spiele mit dem Verein stattfinden, die auch Zeitfresser sind.

Ekatherina: *Weil* Shopping wetterunabhängig ist, eignet es sich sehr für eine Klassenfahrt, die auch Regentage haben kann. *Obwohl* ich selbst nicht so häufig shoppen gehe, möchte ich gern [...] ein Mitbringsel besorgen, *während* ich selbst nicht unbedingt etwas Gekauftes als Erinnerung an diese Fahrt brauche. Es gibt ja viele Fotos, die man sich später anschauen kann.

4 a + b Felix: Ein Shoppingverbot fände ich gut, denn, Shoppen ist keine Entspannung, sondern, bedeutet Stress. Ich weiß genau, wer schon während der Stadtführung nur guckt, wo es die coolsten Läden gibt. Es stört mich ziemlich, wenn dann irgendwann alle nur noch vom Shoppen reden. Manche sind dann so im Rausch, dass, sie die Zeit vergessen und sich beim Bummeln so verspäten, dass alle anderen warten müssen oder sie sogar die Gruppe verlieren. Außerdem entsteht hinterher immer Konkurrenz, wer das coolste neue Outfit hat. Aber nicht jeder verfügt über genug Geld zum Einkaufen, zumal schon die Klassenfahrt teuer ist.

Seite 99

1 Turnschuhe haben [...] einen Auftrieb erlebt, anstatt in der Mottenkiste zu verstauben. Statt die Modelle aus den 1980er- oder 1990er-Jahren zu verändern, legen Schuhlabels [...]. Der Akzent liegt auf Sportlichkeit, ohne den Fuß plump wirken zu lassen. Schlichte, flache Sneakers in Weiß zu tragen, ist nicht [...]. [...] sind Farbtupfer erkennbar, um ein bisschen aufzufallen. [...] diejenigen, denen es gelingt, am Verkaufstag die Schnellsten zu sein. Um am nächsten Morgen als Erste das begehrte Modell zu ergattern, übernachten [...]. Statt vom Markt zu verschwinden, ist er zu jeder Zeit ein Allrounder für alle.

2 a + b Sneakers, zumal zum dunklen Anzug getragen, sind für manche Modeexperten ein Fauxpas. Vom Stoff farblich auffallend abgesetzt, so nehmen sie dem Erscheinungsbild die Eleganz.

Stärken stärken: Die Zeichensetzung bei Zitaten

Seite 100

●○○ **1** a Mögliche Antwort: Die eckigen Klammern bedeuten, **dass ein Teil des wörtlichen Zitats ausgelassen wurde.**

●●○ b „Ein Factory-Outlet-Center ist eine Sonderform des großflächigen Einzelhandels", sagte der Experte zu Beginn unseres Gesprächs. [...] namhafter Marken, die „Textilien [...] direkt ab Fabrik verkaufen, die man sonst in der Innenstadt im Einzelhandel kauft". [...] Die in Medien häufig gestellte Frage „Veröden die Innenstädte?" spiegelt die Befürchtung [...]. [...], die festlegen, „was wo" gebaut werden darf. Diese folgen dem sogenannten „System der zentralen Orte" [...]. [...] im Jahr 1997 Folgendes beschlossen: „FOC sind [...] nur in Oberzentren/Großstädten an integrierten Standorten in stadtverträglicher Größenordnung zulässig." Darum werden Anträge zum Bau eines FOC abgelehnt, wenn diese „nicht im Bereich zur Versorgung eines zentralen Ortes" liegen. [...]

●●● **2** Mögliche Zusammenfassung / wörtliche Zitate: In Duisburg ist ein Factory-Outlet-Center mit einer Verkaufsfläche von 125 000 m^2, zuzüglich Stellplätzen für 2 000 Pkw, geplant. Es soll „Designer Outlet Village" heißen (Z. 1). Gebaut werden solle es auf dem Gelände einer Wohnsiedlung, der „Zinkhüttensiedlung, einem traditionsreichen Arbeiterviertel der Ruhrgebietsstadt" (Z. 3 f.). Die Bewohner der Häuser wurden nicht über die Pläne informiert, ein Mieter beklagt: „Sitten wie im Mittelalter" (Z. 7).

Teste dich! – Zeichensetzung

Seite 101

1 A5 – B3 – C2 – D1 – E4 5 Punkte

2 a + b Eine weitere Inspirationsquelle, um Mode zu entwerfen, kann Hollywood sein. Läuft im Kino ein Blockbuster, der aufwendige Kostüme benötigt, können sich Modeschöpfer davon beeinflussen lassen. Gleichzeitig beflügeln die Looks der Designer die Hollywoodmacher (,) neue Geschichten zu entwickeln. Heutzutage spielt das Internet eine wichtige Rolle für neue Trends, da es eine hervorragende Plattform für Modeblogs bildet. 7 Punkte

3 Der Designer Guido Maria Kretschmer schreibt in seinem Buch „Anziehungskraft" (2013) ein Kapitel zu der Frage **„**Wie entstehen eigentlich Trends?**"**. Da es auffällig sei, dass es oft ähnliche Looks [...] zu sehen gebe, frage man sich zu Recht **„**Ist das Zufall oder Absicht?**"**, so Kretschmer. Er selbst verneint [...] mit den Worten: **„**Diese großen Kreativ-Egos kämen vermutlich nie auf einen Nenner!**"** Kretschmer schreibt weiter: **„**Meine Inspiration für neue Kollektionen [...]. [...] Menschen im täglichen Leben.**"** 4 Punkte

Fit für Tests

A Texte verstehen

Seite 103

1 Richtig ist Antwort D. — 1 Punkt

Seite 104

2 Richtig sind die Antworten A, E und F.
Falsch sind die Antworten B, C und D. — 6 Punkte

3 Richtig ist Antwort C. — 1 Punkt

4 ideale Bedingungen: angenehme Temperaturen, genügend Arbeitskräfte, billiges Bauland — 3 Punkte

5 Richtig sind die Verbindungen A 2 – B 3 – C 1. — 3 Punkte

Seite 105

6 Filme werden heute so produziert, dass sie sich optimal vermarkten lassen. Merchandising wird immer wichtiger. Mit Videos, DVDs und CDs, aber auch mit Spielzeug oder Fanartikeln lassen sich große Summen Geld verdienen. Filme sind also das „Kaufhaus", in dem Produkte wie Filmmusik oder Figuren präsentiert werden. Die Zuschauer sollen zum Konsum weiterer Artikel zum Film verleitet werden. — 2 Punkte

7 Die Filmindustrie steht für Glamour, Erfolg und Reichtum, sie hat aber auch ein anderes Gesicht: „Nirgendwo scheinen Ruhm und Bedeutungslosigkeit, Armut und Reichtum, Illusion und Wirklichkeit so dicht beieinanderzuliegen" (Z. 10 ff.). Die Geschichte Hollywoods zeigt auch, dass es letztlich meist ums große Geschäft geht. Immer bessere Vermarktungsstrukturen sollen „auch im Ausland höhere Gewinne einbringen" (Z. 70 f.). Die Filme müssen gut vermarktbar sein. „Heute ist Hollywood eine gigantische Industrie" (Z. 82 f.). — 4 Punkte

8 Richtig sind die Antworten B, E und F. Falsch sind die Antworte: A, C und D (vgl. 2010 u. 2014). — 6 Punkte

Seite 107

9 Richtig sind die Antworten A und D. — 2 Punkte

10 Richtig ist die Antwort C. Falsch sind die Antworten A, B und D. — 4 Punkte

11 Richtig ist Antwort C. — 3 Punkte
Das Essen (Z. 15) und die Leute – auf der Straße und im TV – sind ihm fremd (Z. 34 f.). „[...] das ist das Zeichen, dass man einsam ist, wenn man die Fernsehstars eines Landes nicht kennt und die eigenen keine Bedeutung haben" (Z. 36 ff.) „Wenn er keine Zeitung in seiner Sprache kaufen kann, keine Klatschgeschichten über einheimische Prominente lesen, wenn keiner anruft und fragt, wie es ihm geht." (Z. 41 ff.) „Das ist wie tot sein", denkt der Junge (Z. 49).

12 Richtig ist Antwort B: personal. — 1 Punkt

B Einen argumentativen Text schreiben

Seite 108

13 a–e Überprüfe deinen Text und notiere dir zu jedem gelungenen Bereich die angegebene Punktzahl: Hast du ...
- in der **Einleitung** in das Thema eingeführt und deine eigene Position benannt? (2 Punkte)
- im **Hauptteil** Argumente sinnvoll gegliedert und angeführt? (Blöcke oder fortlaufend) (1 Punkt)

  Mögliche (eigene) Argumente: (insgesamt max. 4 Punkte)
  1. ... ja, weil sich über ein Drittel der befragten Facebook-User während der Nutzung des sozialen Netzwerks schlecht fühlen (Z. 3 ff.)
  2. ... ja, weil man sich durch Facebook ständig mit anderen vergleichen kann (Z. 27 ff.)
  3. ...ja, weil man durch den gefühlten Konkurrenzdruck bei Facebook zu einer ausgeprägteren Selbstpräsentation scheinbar gezwungen wird (Z. 32 ff.)
  4. ... ja, weil die so in Gang gesetzte „Neidspirale" unsere sozialen Beziehungen im realen Leben belastet (Z. 35 ff.)
  - die Argumente auch mit einem Beispiel belegt? (4 Punkte)
  - deine Argumente sinnvoll verknüpft und mit Verbindungswörtern eingeleitet? (3 Punkte)
  - in einem Fazit im **Schlussteil** deinen eigenen Standpunkt dargelegt? (1 Punkt)
  - die **Rechtschreibung** überprüft? – Hierfür kannst du bis zu drei Punkte anrechnen: (3 Punkte)
    0–2 Fehler = 3 Punkte, 3–5 Fehler = 2 Punkte, 6–8 Fehler = 1 Punkt

C Grammatik

Seite 109

14 (je 0,5 Punkte): den Menschen (D), ungewissen Zukunft (D), des sogenannten Kalten Krieges (G), des Konfliktes (G), dem Ostblock (D), der Invasion (D), fremder Mächte (G), überlegener Technologie (G), seelenlosen Wesen (D), der politischen Situation (G), des Motivs (G), der Übernahme (G) — 6 Punkte

15 Mögliche Umformungen: Es gibt auch Filme, in denen die Hoffnung auf eine Verständigung mit Aliens geäußert wird. / In manchen Filmen wird die Hoffnung auf eine Verständigung mit Aliens geäußert. — 1 Punkte

Seite 110

16 (Satzreihe: 1 Punkt, Umformung: 1 Punkt): Der Film „Contact“ (USA 1997) ist eine Ausnahme innerhalb des Genres, denn in ihm kommt es zu einer positiven Begegnung mit Aliens. — 2 Punkte

17 „Wenn wir die Einzigen im Universum sein sollten, wäre das eine ziemliche Platzverschwendung.“ — 2 Punkte

18 A Die Cutterin schnitt das Filmmaterial, nachdem die Crew die letzte Aufnahme gedreht hatte. –
B Nachdem der Film einen Oscar erhalten hatte, feierte die Filmcrew die Auszeichnung. — 2 Punkte

19 E während – C obwohl – D damit – B nachdem – A denn — 5 Punkte
Mögliche Sätze: A Der Plot des Film-Klassikers „E.T. – Der Außerirdische“ ist schnell erzählt, denn er ist sehr schlicht. –
B Elliot findet ein merkwürdiges Wesen, nachdem es versehentlich auf der Erde zurückgelassen wurde. –
C Obwohl der Außerirdische ihnen zuerst Angst einjagt, wollen Elliot und seine Geschwister ihm helfen. –
D Die Kinder verstecken ihn, damit die Erwachsenen nichts davon erfahren. –
E E.T. kann nur auf seinem Heimatplaneten überleben, während er auf der Erde bald sterben muss.

D Rechtschreibung

Seite 111

20 (je verbessertem Fehler: 0,5 Punkte) — 10 Punkte
G = Großschreibung, ZG = Zusammen-/Getrenntschreibung, N = Nomenbegleiter:
Fantasie wecken (ZG: Nomen + Verb) – (zum) **Nachdenken** (G: nominalisiertes Verb, N: Präposition) – **niedergeschrieben** (ZG: Adverb + Verb) – **Problem arbeitet** (ZG: Nomen + Verb) – (das) **Entschlüsseln** (G: nominalisiertes Verb, N: Artikel) – **vorantreiben** (ZG: Adverb + Verb) – **Bescheid wissen** (ZG: Nomen + Verb) – **klarkommt** (ZG: Adjektiv + Verb) – (einigem) **Drunter und Drüber** (G: nominalisiertes Adverb, N: Pronomen) – (mehr) **Liebenswertes** (G: nominalisiertes Adjektiv, N: Pronomen) – **wahrnehmen** (ZG: Adjektiv + Verb) – (sein) **Vorhaben** (G: nominalisiertes Verb, N: Pronomen) – (ins) **Wanken** (G: nominalisiertes Verb, N: Präposition) – **leichtfallen** (ZG: Adjektiv + Verb) – **vertraut gewordene** (ZG: Adjektiv + Partizip II) – **kaltzumachen** (ZG: Adjektiv + Verb) – (etwas) **Leichtes** (G: nominalisiertes Adjektiv, N: Pronomen) – (etwas) **Beflügelndes** (G: nominalisiertes Adjektiv, N: Pronomen) – (zum) **Schmunzeln** (G: nominalisiertes Verb, N: Präposition) – (ein) **Übriges** (G: nominalisiertes Adjektiv, N: Artikel)

21 A Großschreibung (Nominalisierung) – B Zusammen-/Getrenntschreibung — 2 Punkte

Rechtschreibung

Lernstandstest

Kennzeichnungen in diesem Arbeitsheft:

1 Aufgabe

●○○ Diese Aufgaben sind eher leicht.

●●○ Diese Aufgaben sind schon etwas kniffliger.

●●● Diese Aufgaben sind etwas für Profis.

Du kannst immer mit den leichteren Aufgaben beginnen und dich bis zu den Aufgaben für Profis durcharbeiten.

Information Zusammenfassung des Grundwissens

Methode Aufzeigen einer Vorgehensweise

Tipps und Arbeitshilfen

► Der Pfeil sagt dir, auf welcher Seite du etwas nachschlagen kannst.

Mit dem beigefügten Lösungsheft kannst du deine Ergebnisse zu den Aufgaben und Tests selbst überprüfen.

Eine Präsentation vorbereiten

Methode | **Eine Präsentation vorbereiten**

Wenn eine Präsentation gelingen soll, musst du sie gut vorbereiten.
- **Recherchiere** im Internet und in Büchern Informationen zu deinem Thema.
- Werte die Informationen aus und fasse das **Wichtigste** nach Teilaspekten geordnet in **Stichpunkten** zusammen.
- Plane Struktur, Ablauf und Inhalt deiner Präsentation, so dass ein **„roter Faden"** erkennbar ist. Einfache Skizzen, Notizzettel oder Karteikarten unterstützen deinen Vortrag.
- Gestalte ansprechende und übersichtliche **Folien** für eine Bildschirmpräsentation.
- Erstelle für deine Zuhörer ein **Handout** mit den zentralen Informationen.

1 **Du sollst eine Präsentation ausarbeiten zum Thema „Ein Vorstellungsgespräch vorbereiten" . Erstelle in deinem Heft eine Mindmap rund um ein Vorstellungsgespräch.**

2 **a** **Markiere im folgenden Lexikonartikel wichtige Schlagwörter für die weitere Recherche.**

b **Unterstreiche Begriffe, die als Links zu weiteren Websites führen sollen, grün, Angaben zur Herkunft der Informationen (Quellen) blau und Literaturhinweise schwarz.**

Ein Artikel in einem Internetlexikon, wie z. B. Wikipedia, stellt **weiterführende Schlagwörter** sowie **Literaturhinweise** bzw. **Links** bereit, die bei der weiteren Recherche helfen.

Vorstellungsgespräch

Ein Vorstellungsgespräch (auch: Bewerbungsgespräch, Jobinterview) findet in der Regel als persönliches Gespräch zwischen einer Organisation (Unternehmen, Behörde usw.) und einer Bewerberin / einem Bewerber statt. [...]

Einleitung eines Vorstellungsgesprächs

In großen Organisationen wird ein Vorstellungsgespräch oft von einem Testverfahren (Persönlichkeitstest, Intelligenztest) begleitet. [1] In einem Vorstellungsgespräch werden fachliche Qualifikationen erfasst, aber auch soziale Kompetenzen. Sie sollen zeigen, wie ein/-e Bewerber/-in auftritt, ob sie/er zu den Anforderungen passt und sich in das bestehende Team einfügt. Das äußere Erscheinungsbild der Bewerberin/des Bewerbers findet große Beachtung. [...]

Verlauf eines Vorstellungsgesprächs

Themen eines Vorstellungsgesprächs sind für gewöhnlich:
– Arbeitgeber/-in: Vorstellung von Unternehmen, Abteilung der zu besetzenden Position
– Bewerber/-in: Präsentation der eigenen Person [...]

Weiterführende Literatur

J. Hesse, H.-C. Schrader: Training – Vorstellungsgespräch. Vorbereitung. Fragen und Antworten. Körpersprache und Rhetorik. Hallbergmoos: Stark 2014. ISBN 978-3-8666-8973-2 [...]

Weblinks

Vorstellungsgespräch → Vorbereitung | bwt.planet-beruf.de [Bundesagentur für Arbeit]

Quellennachweise

1. ↑ Intelligenztests sind besser als Assessment-Center, ZEIT-online, 26. Februar 2013 [...]

Methode **Gezielt im Internet recherchieren**

1 Mit Hilfe der Lexikonartikel in der frei verfügbaren **Internetenzyklopädie** Wikipedia kannst du dir einen **Überblick über ein Thema** verschaffen und sinnvolle Schlagwörter festlegen. Rufe die URL *http://de.wikipedia.org* auf und gib dort im Suchfeld ein Schlagwort ein.

2 So kannst du mit einer **Suchmaschine** (z. B. Google, Bing) gezielt Informationen erschließen:
- **Verbinde** bei der Eingabe des Suchbegriffs mehrere **treffende Schlagwörter,** z. B.: *Verhalten* und *Vorstellungsgespräch,* dann erscheinen Websites, in denen es um das Verhalten im Vorstellungsgespräch geht. Setzt du Anführungszeichen, z. B.: *„Verhalten im Vorstellungsgespräch“,* erscheinen Websites, in denen genau diese Kombination von Schlagwörtern vorkommt.
- **Filtere die Suchergebnisse,** z. B. indem du sie über die Navigationsleiste der Suchmaschine auf einen Zeitraum einschränkst oder gezielt nach Bildern suchst.

3 **a** **Markiere die Schlagwörter, die in einer Suchmaschine die folgenden Links erzeugt haben.**
b **Umkreise den Button zur Suche von Bildern gelb.**
c **Unterstreiche die Adresse der jeweiligen Website (URL) rot.**

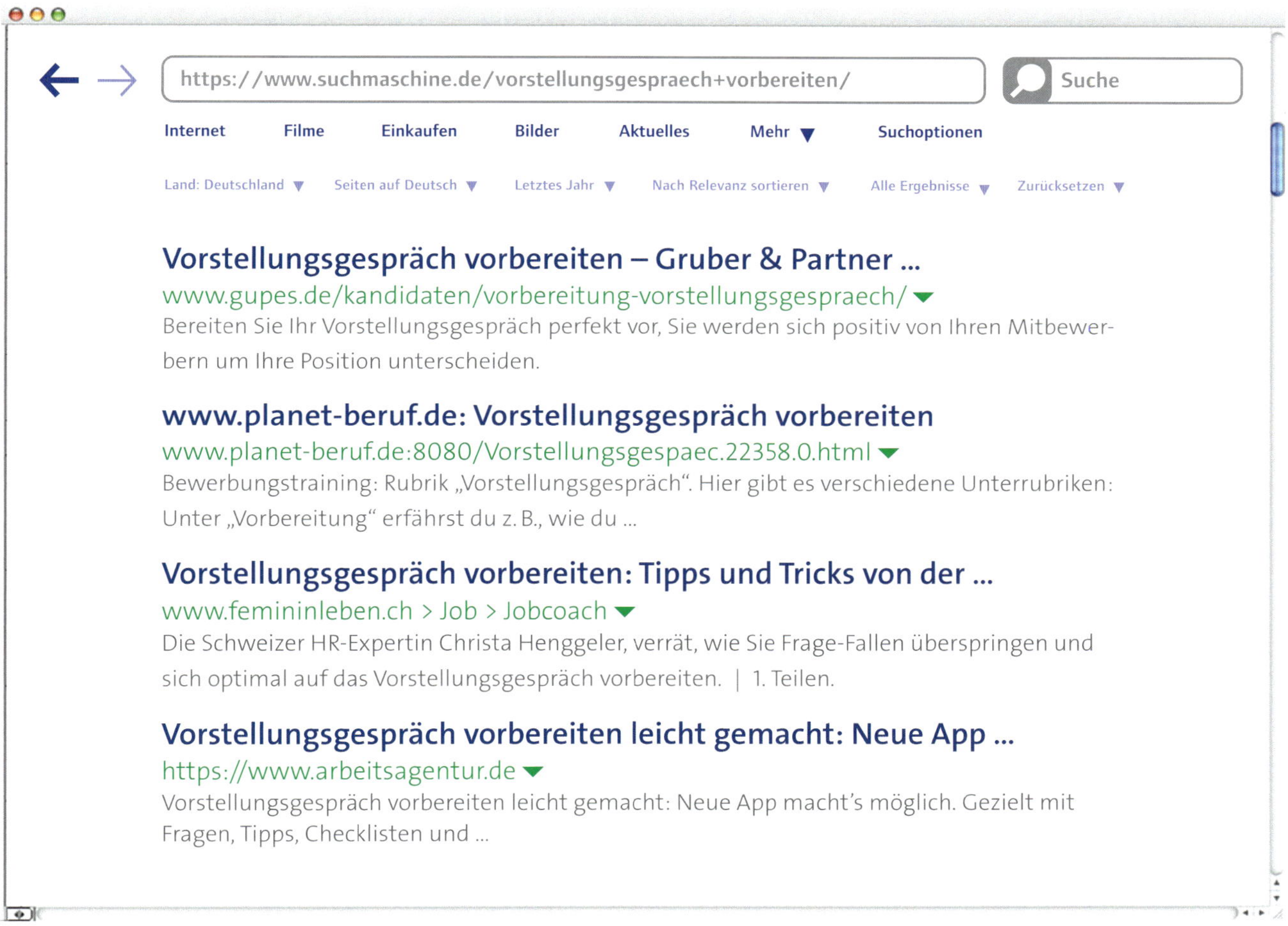

4 **Prüfe, ob die Informationen, die du auf den Internetseiten von Aufgabe 3 angeboten bekommst, zuverlässig sind, und begründe dein Urteil im Heft.**

Die Ergebnisse einer Internetrecherche sind besonders zuverlässig, wenn die Informationen von einer **seriösen Organisation** stammen. Informationen aus Blogs, sozialen Netzwerken und Hausaufgabenportalen solltest du grundsätzlich durch weitere Quellen überprüfen.

Text 1, aus: www.planet-beruf.de

planet-beruf.de: Wie viel Wert legen Sie auf das äußere Erscheinungsbild?
Ines Domernicht: Natürlich kommt es auf angemessene, gepflegte, ordentliche Kleidung an. Pünktlichkeit ist ebenso wichtig wie – wenn man sich mal verspätet – sich gut begründet zu entschuldigen. Kaugummi zu kauen, die Firmenvertreter während des Vorstellungsgesprächs zu duzen, mit obercoolem Blick dazusitzen – das sind zum Beispiel absolute No-Gos! Das haben wir aber bisher in der Praxis noch nicht erlebt.

Text 2, aus: https://aok-on.de

Stylingtipps fürs Vorstellungsgespräch
Ein gepflegtes Äußeres ist genauso wichtig wie gute Leistungen. Aber insbesondere bei Parfüm & Co. gilt: Weniger ist manchmal mehr. Was grundsätzlich gilt: Das Outfit richtet sich nach der Stelle: Je konservativer die Firma, desto schlichter und eleganter sollte die Kleidung sein. Eine schrille Aufmachung ist also nur für einen Job in einem Szeneladen in Ordnung. [...] Die Kleidung sollte Sie von Ihrer besten Seite zeigen, wählen Sie also Schnitte und Muster, die Ihre Schokoladenseiten hervorheben. Nicht zuletzt sollte das Outfit bequem sein: Wenn Sie sich darin nicht wohlfühlen, wird man es Ihnen ansehen. [...] Die Schuhe sollten auf jeden Fall gepflegt sein: also mit neuen Absätzen und frisch geputzt.

Text 3, aus: bwt.planet-beruf.de

Die perfekte Vorbereitung auf dein Vorstellungsgespräch
Du bist zu einem Vorstellungsgespräch eingeladen? Herzlichen Glückwunsch, du bist in der engeren Auswahl! Das musst du jetzt wissen, damit alles gut klappt: Vorbereitung ist alles! Überlege dir, was man dich fragen könnte, und stelle eigene Fragen über das Unternehmen zusammen. [...] Informiere dich genau über das Unternehmen. Zeitschriften, Broschüren oder die Website des Unternehmens helfen dir dabei. Folgende Unterlagen solltest du zum Vorstellungsgespräch mitbringen: Einladungsschreiben, Bewerbungsunterlagen (Anschreiben, Lebenslauf, Zeugnisse, Praktikumsbescheinigung), wenn du sie noch nicht geschickt hast; ausgefüllter Personalfragebogen, falls dir einer zugeschickt wurde; Liste mit eigenen Fragen; eventuell Arbeitsproben; Block und Stift.

Text 4, aus: www.karlsruhe.ihk.de

Überlegen Sie sich, welche Fragen Ihnen der Unternehmer oder Personalchef beim Vorstellungsgespräch stellt und wie Sie darauf am besten antworten. Hier einige „Kostproben“:

1. „Was interessiert Sie an diesem Ausbildungsberuf besonders?“
   Ihre Antwort soll zeigen, dass Sie die Inhalte und Anforderungen dieses Berufs kennen, dass Sie sich dafür interessieren und bereit sind, sich in diesem Beruf zu engagieren. Dass Sie sich gut informiert haben und flexibel sind, zeigen Sie auch, wenn Sie ähnliche Berufe kennen.
2. „Was ist der Anlass für Sie, sich bei unserem Unternehmen zu bewerben?“
   Ihre Antwort soll zeigen, dass Sie die Produkte und Dienstleistungen des Unternehmens kennen, wissen, wie viele Mitarbeiter und welche Kunden das Unternehmen hat, und sich darüber informiert haben, ob das Unternehmen weitere Standorte hat.
3. „Wo liegen Ihre Stärken, wo Ihre Schwächen?“

Stärken stärken: Informationen aus Texten gewinnen

●○○ **5** **Markiere in den Textauszügen die wichtigsten Informationen. Kreuze an, welche zentralen Begriffe diese Informationen am besten zusammenfassen.**

- [ ] äußere Erscheinung / Verhalten
- [ ] Fragen zur eigenen Person / Berufswahl
- [ ] Gehaltsvorstellungen
- [ ] Unterlagen für das Gespräch
- [ ] Hobbys/Freizeitgestaltung
- [ ] Schulzeit
- [ ] Fragen an den Unternehmer/Personalchef
- [ ] Zeitpunkt des Gesprächs

●●○ **5** **Markiere in den Textauszügen die wichtigsten Informationen. Notiere in der Randspalte Oberbegriffe, zu denen die Informationen Auskunft geben.**

●●● **5** **a** **Markiere in den Textauszügen die wichtigsten Informationen. Ergänze das folgende Flussdiagramm zum Ablauf einer Präsentation zum Thema „Vorstellungsgespräch vorbereiten".**
b **Schreibe in den dritten Kasten einen weiteren Oberbegriff.**
c **Notiere mit Hilfe der Texte weitere Stichworte zu den Oberbegriffen. Du kannst auch zusätzliche Informationen recherchieren.**

Äußere Erscheinung / Verhalten
angemessene, gepflegte Kleidung, ____________

↓

Fragen zur eigenen Person ____________

↓

____

↓

Unterlagen für das Gespräch
Einladungsschreiben, ____________

Methode **Das Referat gliedern („roter Faden")**

Plane den **Aufbau:** Achte darauf, dass dein Vortrag einen „roten Faden" hat.
- Wecke in der **Einleitung** das Interesse deiner Zuhörer/-innen und führe in das Thema ein, z. B. durch Bilder, treffende Zitate oder persönliche Bemerkungen. Gib einen Überblick über die Gliederung.
- Gliedere den **Hauptteil** sorgfältig. Lege für die wichtigen sachlichen Gesichtspunkte Oberbegriffe mit dazu passenden Unterpunkten fest. Bringe sie in eine sinnvolle Reihenfolge und verknüpfe sie sachlich. Ordne die Informationen aus deiner Materialsammlung zu und streiche Überflüssiges.
- Greife am **Schluss** die Frage / das Problem vom Anfang noch einmal auf: Du kannst Wichtiges zusammenfassen, deine Meinung zum Thema formulieren oder einen Ausblick auf weitere Entwicklungen geben.

6 a **Lege die Gliederung für den Hauptteil des Vortrags zum Thema „Ein Vorstellungsgespräch vorbereiten" fest: Füge die vier Oberbegriffe von Aufgabe 5 unter „Hauptteil" in das folgende Strukturdiagramm ein.**

Einleitung	Hauptteil	Schluss
	1.	
	2.	
	3.	
	4.	

b **Begründe die für den Hauptteil gewählte Reihenfolge.**

Ich möchte mit ______ beginnen, weil

______ und dann ______

______

Am Schluss ______

7 **Notiere in der linken Spalte des Strukturdiagramms Ideen für die Einleitung.**
- **Möchtest du über persönliche Erfahrungen in einem Vorstellungsgespräch berichten?**
- **Hast du bei deinen Recherchen ein geeignetes Zitat gefunden?**
- **Willst du mit einem Foto beginnen? Was sollte darauf zu sehen sein?**

8 **Notiere in der rechten Spalte des Strukturdiagramms, ob du am Schluss wichtige Informationen zusammenfassen, deine persönliche Meinung zum Thema formulieren oder einen Ausblick geben möchtest.**

9 **Erstelle als Gedächtnisstütze beim Vortrag zu jedem Gliederungspunkt eine Moderationskarte.**

Eine **Moderationskarte** enthält die wichtigsten Informationen zu einem Gliederungspunkt als Stichworte. Nummeriere die Karten in der Reihenfolge der Gliederung.

Methode **Folien für den computergestützten Vortrag gestalten**

In einem computergestützten Vortrag haben Folien folgende **Aufgaben:**

- **strukturieren:** Nach der Überschrift fassen wenige Stichpunkte die Informationen als Gedächtnisstütze für Vortragende und Publikum zusammen.
- **Beispiele geben:** z. B. Fotos, Zitate ...
- **visualisieren:** komplizierte Sachverhalte oder Daten anschaulich darstellen (z. B. Grafiken, Diagramme).
- **auflockern:** besondere Zitate, Abbildungen o. Ä. helfen, die Aufmerksamkeit des Publikums zu erhalten.

Tipps: Beschränke dich bei der Gestaltung der Folie auf das Wesentliche, ein Zuviel an Informationen oder Gestaltung verwirrt. Verwende eine gut lesbare und große Schrift.
Eine Folie kann deinen Vortrag anschaulich unterstützen, sie ersetzt ihn aber nicht: Du musst zu jeder Folie auch erklären, was darauf gezeigt wird.

10 **a** **Betrachte die drei folgenden Folien für einen Vortrag zum Thema „Ein Vorstellungsgespräch vorbereiten". Kreuze an und begründe: Welche Folie hältst du für gelungen?**
b **Notiere für jede der anderen beiden Folien stichwortartig Verbesserungsvorschläge.**

A

Fragen zu Berufswahl und Firma

Warum haben Sie sich für diesen Beruf entschieden?

Welche Vorstellungen haben Sie von diesem Beruf / von der Ausbildung bei uns?

Warum halten Sie sich für diesen Beruf für geeignet?

Warum haben Sie sich bei unserer Firma beworben?

Was wissen Sie über unseren Betrieb?

B

Wichtige Unterlagen

- *Einladungsschreiben*
- *Bewerbungsunterlagen*
- *ausgefüllter Personalfragebogen*
- *Liste mit eigenen Fragen*
- *Block/Papier und Stift*

C

Angemessene Kleidung

Gelungen ist ☐ Folie A, ☐ Folie B, ☐ Folie C, weil ______________________________

____

____

Verbesserungsvorschlag für Folie ______: ____________________________________

Verbesserungsvorschlag für Folie ______: ____________________________________

11 **Erkläre mit Hilfe des Methodenkastens oben auf der Seite, welche Aufgaben die verbesserten Folien von Aufgabe 10 im Vortrag haben könnten.**

Folie A: ____

Folie B: ____

Folie C: ____

12 **Trage den vollständigen Vortrag einer Lernpartnerin / einem Lernpartner vor und lasse dir ein Feedback geben: Was ist gut gelungen, was könntest du verbessern?**

Methode **Ein Handout gestalten**

Ein Handout enthält die zentralen Informationen deiner Präsentation. Du fasst sie für deine Mitschülerinnen und Mitschüler übersichtlich und knapp auf einer DIN-A4-Seite zusammen.
Du kannst aber auch ein Arbeitsblatt gestalten, das deine Mitschüler nach der Präsentation selbst bearbeiten, z. B. einen Lückentext oder ein Rätsel.
Gehe so vor:
- Notiere in der Kopfzeile deinen Namen, Datum, Fach und Thema.
- Ordne die Informationen nach den Abschnitten deines Vortrags. Formuliere in Stichworten.
- Baue passende Bilder, Schaubilder oder Grafiken ein.
- Gib an, welche Quellen du verwendest hast.

13 **Ergänze das folgende Handout zu einem Vortrag über Vorstellungsgespräche.**
a Ordne dazu Begriffe aus dem Wortspeicher richtig zu.
b Ergänze wichtige Stichworte zu den einzelnen Aspekten.

Wortspeicher
Gliederungspunkte • Name • Stichworte • Fach • Datum • Bilder • Thema

Sarah Kunz Deutsch 24. 06. 2018

Ein Vorstellungsgespräch vorbereiten

1. Äußere Erscheinung / Verhalten

– ______ – ______
– ______ – ______

2. Fragen zur eigenen Person

– ______ – ______
– ______ – ______

3. Fragen zur Firma

– ______ – ______
– ______ – ______

4. Unterlagen

– Einladungsschreiben – ______
– ______ – ______

5. Literatur/Quellenangaben

– http://bwt.planet-beruf.de/ – ______
– ______ – ______

Eine Bewerbung verfassen

Information **Schreibplan für ein Bewerbungsanschreiben**

Das Bewerbungsanschreiben ist ein **sachlicher Brief** mit folgenden Bausteinen:
- Briefkopf (Absender, Datum, Anschrift), Betreffzeile (in Stichworten, worum es geht),
- Anrede, Text (Aufbau: Einleitung, Hauptteil, Schluss),
- Briefschluss mit Bitte um Einladung zum Vorstellungsgespräch,
- Grußformel und Unterschrift,
- Hinweis auf Anlagen (ggf. aufzählen).

Wichtig: Achte auf eine saubere äußere Form und einen angemessenen Sprachstil. Dein Bewerbungsanschreiben soll aussagekräftig sein und im **Hauptteil** das Interesse an deiner Person wecken:
- Stelle überzeugend dar, warum du dich auf die konkrete Stelle bewirbst.
- Erkläre, welche besonderen Fähigkeiten und Erfahrungen dich für genau diese Stelle empfehlen.

Hinweis: Vermeide vorgefertigte Standardschreiben.

1 **Untersuche die folgende Stellenanzeige für einen Ausbildungsplatz.**

a **Markiere alle wichtigen Fakten rot: Berufsbezeichnung, Name des Ausbildungsbetriebs, Adresse, Ansprechpartner, Ausbildungsbeginn.**

b **Markiere die genannten Anforderungen an Bewerberinnen und Bewerber grün.**

Auf dem richtigen Weg – mit der Rhein-Neckar-Verkehr GmbH
Mit der RNV fahren Sie vornweg – auch im Beruf. Wir schaffen Verbindungen und setzen die Region in Bewegung. Mit Weitblick investieren wir in Mobilität und bieten ein dynamisches, modernes Arbeitsumfeld. Steigen Sie mit Ihrer Ausbildung bei uns ein!

Ausbildung zum/zur Fahrdienstleiter/-in

Zum 1. September 20XX suchen wir Sie als Azubi (w/m) zum/zur Eisenbahner/-in im Betriebsdienst der Fachrichtung Fahrweg. Sie steuern und kontrollieren vom Stellwerk aus das Schienennetz und den reibungslosen Zugverkehr. Sie verschaffen sich die Übersicht über Weichen und Signale, rangieren Züge und lernen, die Sicherheit von Fahrgästen und Transportgütern zu gewährleisten. Sitzen Sie gerne an den entscheidenden Schaltstellen? Dann sind Sie bei uns genau richtig.
Wichtig ist uns, dass Sie die Schule erfolgreich abgeschlossen haben und sich durch ein hohes Verantwortungsbewusstsein auszeichnen. Neben Zuverlässigkeit und Organisationstalent sollte Besonnenheit in hektischen Situationen zu Ihren Stärken zählen. Wenn Sie belastbar und teamfähig sind, passen Sie zur RNV.

Interessiert? Dann senden Sie Ihre Unterlagen an Herrn Philipp Gaißmeyer, Rhein-Neckar-Verkehr GmbH, Personal, Möhlingstraße 27, 68165 Mannheim. Weitere Informationen im Internet unter www.rnv-online.de („Karriere"). Für eventuelle Fragen steht Ihnen Herr Gaißmeyer, Tel. 0621 123 45 67, gern zur Verfügung.

2 **Kreuze für jede Aussage an: Gibt sie die genannten Erwartungen an die Auszubildenden zutreffend wieder?**

Der Ausbildungsbetrieb sucht Jugendliche, …	zutreffend	nicht zutreffend
A die sorgfältig und zuverlässig arbeiten.	☐	☐
B die kreative und originelle Ideen entwickeln und umsetzen können.	☐	☐
C die eine hohe Risikobereitschaft haben.	☐	☐
D die auch bei Problemen und Störungen einen kühlen Kopf bewahren.	☐	☐
E die Entscheidungen besonnen und verantwortungsvoll treffen.	☐	☐

3 **Markiere in jedem Kurzsteckbrief Angaben, die zu den Anforderungen Verantwortungsbewusstsein, Belastbarkeit und Teamfähigkeit passen. Trage diese dort ein.**

Carina

liest gern Krimis, arbeitet beim Schulsanitätsdienst mit, besucht jeden Freitag ihre Oma, war bereits fünfmal in Italien in Urlaub, führt in ihrem Fußballverein die Mannschaftskasse, trainiert die F-Jugend, hört Jazzmusik, ist ein Fan von Sherlock-Holmes-Filmen, nimmt im Moment am Schiedsrichterlehrgang teil, isst kein Fleisch, bezeichnet Mathematik als ihr Lieblingsfach, plant für die Herbstferien ein Zeltlager mit den beiden anderen F-Jugend-Mannschaften, kann toll singen, kocht gern mit Freundinnen

Matthias

nimmt seit Klasse 6 an der Schach-AG teil, ist Besitzer eines Salzwasseraquariums, liest am liebsten den Sportteil der Zeitung, hört oft Radio, trägt am Wochenende Zeitungen aus, sammelt Schachfiguren, spielt Schlagzeug, tritt mit Freunden in einer Band bei Partys auf, kennt alle James-Bond-Filme in- und auswendig, kümmert sich um das Schulaquarium in der Mensa, hat ein Praktikum bei einem Versandhandel für Tierfutter absolviert, Lieblingsfächer: Informatik und Musik

Carina	Anforderungen	Matthias
______________	Verantwortungsbewusstsein	______________
______________		______________
______________		______________
______________	Belastbarkeit	______________
______________		______________
______________		______________
______________	Teamfähigkeit	______________
______________		______________
______________		______________

4 **Lies den folgenden Auszug aus einer Bewerbung für einen Fantasieberuf.**

a Kreuze an, welcher Textteil eines Bewerbungsanschreibens hier ausformuliert ist (▸ Information S. 11).

A ☐ Einleitung B ☐ Hauptteil C ☐ Schluss

b Unterstreiche Formulierungen, die für eine ernsthafte Bewerbung geeignet sind.

Die Ausbildung zur Sitzbezugmustertesterin ist eine sinnvolle Fortführung meiner mehrjährigen Mitarbeit im Strickklub der Schule. Dort habe ich gelernt, die Qualität des Materials sowie die Wirkung von Mustern sicher zu beurteilen. Außerdem zeigen meine hervorragenden Leistungen im Fach Kunst, dass ich sehr gute Kenntnisse in Fragen der Gestaltung habe. Meine vielfältigen Erfahrungen mit Polsterbezügen als Kinogängerin hoffe ich in die Ausbildung einbringen zu können.

5 **Vervollständige den Briefkopf des Bewerbungsanschreibens mit den fehlenden Angaben.**

Carina Klöcker
Blaustr. 27
68720 Ilvesheim
Tel.: 0721 12 34 46
E-Mail: carina.kloecker@email.de

____

____

Bereich Personal

Herrn _______________

Möhlingerstraße 327
68165 Mannheim

Bewerbung um _______________

Bei Firmenbezeichnungen und Namen musst du sehr genau auf die **Schreibweise** achten.

6 **Gib zusammenhängend Auskunft über deine persönliche schulische Situation.**

____

____

____

____

____

Ein Bewerbungsanschreiben für einen Ausbildungsplatz muss über die **schulische Situation** informieren: vollständige Bezeichnung der Schule (keine Kurzform), Klassenstufe, Zeitpunkt und Art des angestrebten Abschlusses.

7 **a** **Verbessere Matthias' Begründung für die Bewerbung: Markiere unangemessene Formulierungen.**
b **Formuliere seine Begründung in Schriftsprache aus. Schreibe ins Heft.**

VORSICHT FEHLER!

Das Interesse an der Tätigkeit als Fahrdienstleiter ist während meines Praktikums geweckt worden. Das Verschicken von Hundefutter war öde, aber durch Einblicke in den Vertrieb wurde ich auf das Berufsfeld der Transportlogistik aufmerksam. Bei der Schach-AG und im Informatikunterricht finde ich es voll gut, komplizierte Systeme zu verstehen und zu gestalten. Züge im Stellwerk zu dirigieren, wäre bestimmt genau mein Ding.

8 **a** **Kreuze an, welche der folgenden Schlussformulierungen geeignet ist.**
b **Begründe deine Wahl: Trage den Buchstaben ein und streiche Unpassendes.**

A ☐ Ich wäre überglücklich, wenn ich mich Ihnen persönlich vorstellen dürfte. Mit den allerbesten Grüßen ...

B ☐ Über ein persönliches Vorstellungsgespräch würde ich mich sehr freuen. Mit freundlichen Grüßen ...

C ☐ Ein persönliches Vorstellungsgespräch überzeugt Sie sicher von mir. Rufen Sie mich an! Bis bald ...

Begründung: Schluss ______ ist geeignet, weil er umgangssprachlich / sprachlich angemessen formuliert ist und einen höflichen / persönlichen Ton wahrt.

Information **Den Lebenslauf verfassen**

Der Lebenslauf wird in **tabellarischer Form** verfasst und übersichtlich (mit Zwischenüberschriften) gegliedert. Er schließt mit Ort, Datum und Unterschrift. Ein Bewerbungsfoto in angemessener Kleidung (vom Fotografen!) ist üblich. Achte darauf, dass der Lebenslauf fehlerfrei und aktuell ist.

9 **Links siehst du das Muster eines Lebenslaufs. Vergleiche damit Carinas Lebenslauf rechts und markiere darin alle Fehler. Achte auf folgende Gesichtspunkte: Aufbau, Gestaltung (z. B. Schrift und Schriftgröße, Position der Angaben ...), Rechtschreibung und fehlende Angaben.**

Lebenslauf

Persönliche Daten	
Name:	Eva Groten
Adresse:	Grünstr. 7
	68161 Mannheim
Telefon:	0621 / 98...
E-Mail:	e-groten@gmx.de
Geburtsdatum:	11. 04. 2003
Geburtsort:	Bonn
Schulbildung	
vorauss. 07/2018	Realschulabschluss
ab 08/2013	IGMH Mannheim
08/2009–07/2013	Erich-Kästner-GS Mannheim
Praktische Erfahrungen	
04/2017	Schülerpraktikum: City-Airport Mannheim, *Aufgaben: Einsatz am Informationsschalter*
6/2016	Schüleraustausch GB
seit 03/2013	Freiwillige Feuerwehr Käferstal
Besondere Kenntnisse und Interessen	
Computerkenntnisse	MS-Office (gute Grundkenntnisse)
Sprachkenntnisse	Englisch (sehr gut in Wort und Schrift)
	Französisch (gute Grundkenntnisse)
Persönliche Interessen	Reiten und Zumba

Mannheim, 13. Mai 2017

Eva Groten

VORSICHT FEHLER!

Lebenslauf

Persönliche Daten	
Name:	C. Klöcker
Adrese:	Blaustr. 27
	68720 Ilvesheim
Geburtsdatum:	März 2003
Schulbildung	
Schulabschluss:	Realschulabschluss, RS
	Ladenburg, 7/ 2018
Grundschule:	Hebel-GS Ilvesheim 7/ 2012

Praktische Erfahrungen

Betreuerin F-Jugend-Mannschaft (Fußball), ab 04/2016

Schulpraktikum, März 2017

Englisch (sehr gut); MS-Office (gut)
Französisch (gut), Ausbildung
Schulsanitätsdienst,
Schiedsrichterlehrgang

Persönliche Intressen

Fußball, Kochen, Sherlock-Holmes-Filme, Shoppen

Ilvesheim, 13. Mai 2017

10 **Erstelle am Computer eine verbesserte Version von Carinas Lebenslauf.**

11 **Kreuze die beiden ungeeigneten Bewerbungsfotos an und begründe deine Wahl stichwortartig.**

A ☐

B ☐

C ☐

Eine Praktikumsmappe anlegen

Information **Aufbau einer Praktikumsmappe**

Eine Praktikumsmappe informiert über die Kenntnisse und Erfahrungen, die du während eines Praktikums gesammelt hast. In der **Einleitung** nennst du die **Gründe für die Wahl** des Praktikums und deine **Erwartungen** daran. Anschließend musst du ...

- den **Beruf** vorstellen (Berufsbezeichnung, Berufsbild/Tätigkeiten, Ausbildung, Zukunftsaussichten),
- den **Praktikumsbetrieb** (Name, Branche, Produkte/Dienstleistungen, Größe des Betriebs / Anzahl der Mitarbeiter, Abteilungen, Kunden) und seine Geschichte beschreiben,
- den **Arbeitsplatz** beschreiben (evtl. mit Skizze, Foto), über besondere Vorschriften (z. B. Unfallschutz) und die auszuführenden **Tätigkeiten** (ggf. mit Beispiel) informieren,
- einen **Tagesbericht** (► S. 16 f.) beifügen,
- das Praktikum zusammenfassend bewerten (**Reflexion:** Wurden deine Erwartungen erfüllt?).

Schreibe sachlich, verwende Fachbegriffe und achte auf Verständlichkeit. Konzentriere dich bei der Darstellung auf deine berufliche Tätigkeit.

Über den Arbeitsplatz und die Tätigkeiten informieren

Zera hat ein Praktikum in einem Ingenieurbüro absolviert und Fotos ihrer beiden wichtigsten Arbeitsplätze mitgebracht.

1 **Schau dir die Fotos genau an: Um welche Tätigkeiten Zeras geht es hier? Wähle aus der Liste rechts passende Beschreibungen aus und verbinde sie mit einer Linie mit dem entsprechenden Foto links.**

A

B

1 Waren verkaufen
2 sich ein Bild vor Ort machen
3 etwas zeichnen und berechnen
4 Menschen versorgen
5 sich über die praktische Umsetzung der eigenen Planung informieren
6 Daten in ein IT-System eingeben
7 etwas mit eigenen Händen zusammenbauen
8 Maschinen steuern, bedienen, überwachen
9 Pläne lesen und verstehen

2 **Die beiden Fotos zeigen dir für jeden der dargestellten Arbeitsplätze unterschiedliche Rahmenbedingungen im Hinblick auf die Arbeitsumgebung, die nötige Kleidung sowie die gestellten Anforderungen. Ordne den Fotos die passenden Begriffe aus dem Wortspeicher zu.**

Foto A	Foto B

Wortspeicher

draußen • im Büro • wetterfeste Kleidung • ordentliche Kleidung • technisches Verständnis • PC-Kenntnisse • Warnweste

Stärken stärken: Einen Tagesbericht verfassen

Information **Schreibplan für einen Tagesbericht**

Der Tagesbericht informiert **sachlich** und **in chronologischer Reihenfolge** über die Tätigkeiten, die du an einem Praktikumstag ausgeführt hast. Er wird im **Präteritum** verfasst und beantwortet die **W-Fragen.**
- Fasse im Einleitungssatz knapp zusammen, welche/-n **Arbeitsschwerpunkt/-e** der beschriebene Tag hatte.
- Verwende **Fachbegriffe** und erkläre diese, wenn nötig.
- Wechsle die Satzanfänge ab und verdeutliche die **Reihenfolge der Ereignisse** (z. B.: *zuerst, danach*).
- Verbinde Sätze durch treffende **Verknüpfungswörter** (z. B.: *weil, obwohl*).

●○○ 1 a **Unterstreiche in Zeras Notizen zu einem Praktikumstag im Ingenieurbüro die Informationen, die sie in ihrem Tagesbericht verwenden sollte.**
b **Formuliere in deinem Heft einen Einleitungssatz für den Tagesbericht. Beginne so:** *Heute war ich mit …*

9:30 Bus verspätet, muss total rennen, um pünktlich zu sein
9:45 Computer gerade hochgefahren; soll jetzt draußen mit Betreuer Herrn Herbert Baustelle besuchen; Pläne alle mitgenommen, Protokollblock, Vermessungsgeräte, Warnweste und Helm ins Auto geladen
10:00 Los geht's! Der fährt immer so schnell!
10:30 Vor Ort an der Baustelle Seckenheim: Weste an, Helm auf, Pläne (!!) mitnehmen. Renoviertes Haus aus den 1950er-Jahren, fast bezugsfertig. Ausgebesserte Baumängel werden kontrolliert. Ausgebesserte Dichtung um das Rohr ist noch immer feucht, muss deshalb mit speziellem Trockner getrocknet werden. Arbeit am PC gefällt mir sehr, aber Heizungsrohre sind nicht so spannend …
13:30 Vorbesprechung für Termin mit Kundin Frau Falke: holte heute Pläne für Sanierung einer Versicherung in Stuttgart.
14:00 Büroleiterin Frau Groß (weiß über alles Bescheid!) benötigt Info zum Stuttgarter Auftrag für die Rechnung.
14:30 Ich gebe die am Morgen gemessenen Daten in den Computer ein. Praktikumsbetreuer überprüft die Eingaben, da ich keine Verantwortung tragen soll.
15:00 Frau Groß bittet mich, Abendtermin mit einem Kunden zu vereinbaren. Anschließend Teamsitzung (wie jeden Dienstag): Besprechung der anstehenden Projekte.
17:00 Büro geschlossen

●○○ 2 a **Markiere alle Verknüpfungswörter in dem Tagesbericht über Zeras Praktikumstag.**
b **Verfasse nun den vollständigen Hauptteil in deinem Heft, indem du die fehlenden Stellen mit Hilfe der unterstrichenen Informationen füllst.**

Um 9:45 Uhr hatte ich meinen PC gerade hochgefahren, sollte dann aber doch mit nach draußen, um mit meinem Betreuer, ?, eine ? zu besuchen. Alle Pläne wurden eingepackt und auch ? wurden ins Auto geladen.
Um 10:30 Uhr waren wir an der ?. Nachdem wir die ? angezogen hatten, betraten wir mit unseren Plänen ein ?. Wir kontrollierten ausgebesserte ?. Weil eine Wand noch feucht war, musste sie mit einem speziellen Trockner getrocknet werden.
Nachdem wir unterwegs Mittag gemacht hatten, waren wir um 13:30 Uhr zurück im Büro. Es fand gerade eine Vorbesprechung für einen Termin mit der Kundin ? statt, die heute Pläne abgeholt hatte, die sie für ? in Auftrag gegeben hatte.
Gegen 14:00 Uhr bat mich die Büroleiterin, ?, ihr eine Info zum Stuttgarter Auftrag für ? zu geben.
Sie ? und zeigt mir viel. Um 14:30 habe ich die ? eingegeben. Da ich keine Verantwortung tragen soll, ?.
Nachdem mich Frau Groß um 15:00 Uhr bat, einen ?, fand anschließend – wie jeden ? – die Teamsitzung statt. Dort wurden die ? besprochen.
Um 17:00 Uhr endete schließlich mein zweiter Arbeitstag.

Stärken stärken: Einen Tagesbericht mit kritischer Beurteilung verfassen

Information Schreibplan für einen Tagesbericht

Der Tagesbericht informiert **sachlich** und **in chronologischer Reihenfolge** über die Tätigkeiten, die du an einem Praktikumstag ausgeführt hast. Er wird im **Präteritum** verfasst und beantwortet die **W-Fragen.**

- Fasse im Einleitungssatz knapp zusammen, welche/-n **Arbeitsschwerpunkt/-e** der beschriebene Tag hatte.
- Verwende **Fachbegriffe** und erkläre diese, wenn nötig.
- Wechsle die Satzanfänge ab und verdeutliche die **Reihenfolge der Ereignisse** (z. B.: *zuerst, danach*).
- Verbinde Sätze durch treffende **Verknüpfungswörter** (z. B.: *weil, obwohl*).

1 a **Unterstreiche in Zeras Notizen zu einem Praktikumstag im Ingenieurbüro die Informationen, die sie in ihrem Tagesbericht verwenden sollte. Umkreise Fachbegriffe, die darin erklärt werden müssen.**
b **Formuliere in deinem Heft einen Einleitungssatz für den Tagesbericht.**

9:30 Bus verspätet, muss total rennen, um pünktlich zu sein
9:45 Computer gerade hochgefahren; soll jetzt draußen mit Betreuer Herrn Herbert Baustelle besuchen; Pläne alle mitgenommen, Protokollblock, Vermessungsgeräte, Warnweste und Helm ins Auto geladen
10:00 Los geht's! Der fährt immer so schnell!
10:30 Vor Ort an der Baustelle Seckenheim: Weste an, Helm auf, Pläne (!!) mitnehmen. Renoviertes Haus aus den 1950er-Jahren, fast bezugsfertig. Ausgebesserte Baumängel werden kontrolliert. Ausgebesserte Dichtung um das Rohr ist noch immer feucht, muss deshalb mit speziellem Trockner getrocknet werden. Arbeit am PC gefällt mir sehr, aber Heizungsrohre sind nicht so spannend …
13:30 Vorbesprechung für Termin mit Kundin Frau Falke: holte heute Pläne für Sanierung einer Versicherung in Stuttgart.
14:00 Büroleiterin Frau Groß (weiß über alles Bescheid!) benötigt Info zum Stuttgarter Auftrag für die Rechnung.
14:30 Ich gebe die am Morgen gemessenen Daten in den Computer ein. Praktikumsbetreuer überprüft die Eingaben, da ich keine Verantwortung tragen soll.
15:00 Frau Groß bittet mich, Abendtermin mit einem Kunden zu vereinbaren. Anschließend Teamsitzung (wie jeden Dienstag): Besprechung der anstehenden Projekte.
17:00 Büro geschlossen

2 **Verbinde in deinem Heft je zwei Sätze zu einem Satzgefüge: Verwende dabei die vorgegebenen Verknüpfungswörter (Konjunktionen) und achte auf das richtige Tempus für einen Tagesbericht.**
Hinweis: Vorvergangenes steht im Plusquamperfekt.

A 14:30 Uhr: Ich gebe die am Morgen gemessenen Daten in den Computer ein. Das Programm kann die Daten der alten Karte mit den aktuellen Ergebnissen vergleichen. — damit

B Mein Praktikumsbetreuer überprüft die Eingaben. Als Praktikantin soll ich keine Verantwortung tragen. — weil

C Der Übertrag der Daten in das CAD-Programm gelingt mir nicht. Ich bitte eine Kollegin um Hilfe. — nachdem

D 15:00 Uhr: Der Leiter des Ingenieurbüros bittet mich, einen Abendtermin mit einem Kunden zu vereinbaren. Das Büro ist nach 17:00 Uhr geschlossen. — obwohl

3 **Verfasse nun den Hauptteil des Tagesberichts über Zeras Praktikumstag in deinem Heft. Beginne so:**

Um 9:45 Uhr hatte ich meinen PC gerade hochgefahren, sollte dann aber …

4 Nicht alle der folgenden Fragen gehören in eine kritische Beurteilung der Praktikumserfahrungen. Streiche ungeeignete Fragen durch.

> Füge am Schluss deiner Praktikumsmappe eine Reflexion ein. Werte die Arbeitssituation und deine persönlichen Erfahrungen in dieser Situation kritisch aus: Was ist gelungen? Was nicht?

A In welchem Bereich musste ich meine Erwartungen an das Berufsfeld ändern?
B Welches war meine wichtigste Erfahrung während des Praktikums?
C Waren meine Eltern mit dem Praktikum zufrieden?
D Welche Tätigkeiten habe ich schnell gelernt? Welche haben mir zu viel abverlangt?
E Worüber hätte ich im Praktikum gerne mehr erfahren?
F Wie war der Austausch mit meinen Mitschülern während des Praktikums?
G Ist es mir schwergefallen, statt in die Schule zur Arbeit zu gehen?
H Wie sah meine Verpflegung während des Praktikums aus?
I Hat sich mein Berufswunsch durch das Praktikum bestätigt oder verändert?
J War die Vorbereitung bzw. Betreuung des Praktikums durch die Schule hilfreich?

5 Notiere zu jedem Gliederungspunkt die Buchstaben der dazu passenden Fragen von Aufgabe 4.
Hinweis: Nicht alle Fragen sind geeignet.

1 Wichtige persönliche Erfahrungen (Was habe ich gelernt?): ____________________

2 Persönliche Auswertung (Wurden meine Erwartungen erfüllt?): ____________________

3 Kritik/Verbesserungsvorschläge (Was ist gut / weniger gut gelaufen?): ____________________

4 Auswirkungen auf mein Ausbildungsziel (Kann ich mir vorstellen, in diesem Beruf zu arbeiten?): ____________________

6 Verfasse im Heft eine Reflexion für Zeras Praktikumsmappe: Lies zuerst den folgenden Dialog und unterstreiche alle für die Auswertung sinnvollen Aussagen.
Hinweis: Achte beim Schreiben auf eine sachliche Sprache.

> Achte auch in der kritischen Beurteilung auf **genaue und angemessene Formulierungen,** also z. B. nicht: „Das Praktikum war echt locker", sondern: „Ich konnte meine Aufgaben in der verfügbaren Zeit gut bewältigen."

Linus: Hallo, Zera, wie war dein Praktikum?

Zera: Hi, insgesamt voll gut. Mein Betreuer war supernett und auch die anderen Mitarbeiter waren echt lässig. Ich hatte immer was zu tun und konnte alles fragen, was mir unklar war.

Linus: Super. Ja, das war bei mir auch so. Nur die ersten paar Tage war ich total gestresst. Der einzige Jugendliche zu sein, fiel mir echt schwer. In der Schule hänge ich halt immer mit meinen Freunden zusammen. Aber dann haben mich vor allem die verschiedenen Datenverarbeitungsprogramme mega fasziniert.

Zera: Ja, mich auch. Obwohl ich auch gemerkt habe, dass ich in Geometrie ziemliche Lücken habe. Und insgesamt war mir vor meinem Praktikum nicht klar, wie viel IT-Wissen man als Bauzeichnerin so braucht. Ich hatte nur überlegt, dass man da viel zeichnet. Stimmt ja auch! Gelernt habe ich, wie man mit Kunden spricht. Das hat mir Spaß gemacht.

Linus: Spannend. Das habe ich leider gar nicht mitbekommen. Ich war nur am Computer oder draußen bei den Vermessungen. Aber ich weiß jetzt jedenfalls, dass der Job was für mich wäre.

Zera: Ich bin mir noch nicht so sicher. Ich mach vielleicht noch ein Praktikum ganz woanders.

Teste dich!

Sich bewerben, einen Tagesbericht schreiben

1 Was gehört zu einer vollständigen Bewerbung? Kreuze Zutreffendes an. (3 P.)

Eine vollständige Bewerbung umfasst

- ☐ das Bewerbungsschreiben
- ☐ den Einstellungstest des Arbeitsamtes
- ☐ die Empfehlung des Berufsberaters
- ☐ den Lebenslauf mit Passbild
- ☐ die Kopie des letzten Zeugnisses
- ☐ Bescheinigungen (z. B. über soziales Engagement, Praktika)

2 Max bewirbt sich für eine Ausbildung zum Einzelhandelskaufmann in einem Sportgeschäft.
a Beurteile den Auszug aus seinem Bewerbungsschreiben mithilfe der Kriterien unten. (3 P.)
b Verbessere die unterstrichenen Stellen und schreibe das Anschreiben verbessert in dein Heft. (4 P.)

Mich interessiert der Beruf des Einzelhandelskaufmanns, weil er sehr vielseitig und abwechslungsreich ist. Außerdem ist es eine Tätigkeit, bei der ich mit vielen Menschen zusammenkomme. Ich bin zudem begeisterter Fußballer und werde die Kunden sicher bestens beim Kauf von Sportartikeln beraten. Mit Zahlen kann ich auch extrem gut umgehen, was Sie an meiner Note in Mathematik ja sehen können.

Das Bewerbungsschreiben ...

- ☐ geht genau auf die Berufsanforderungen ein.
- ☐ besteht zu großen Teilen aus Allgemeinplätzen.
- ☐ zeigt, dass Max genaue Vorstellungen hat.
- ☐ ist durchgehend sachlich.
- ☐ enthält Übertreibungen.
- ☐ enthält nur wichtige Informationen.

3 Worauf musst du beim Schreiben eines Tagesberichts achten? Kreuze an. (5 P.)

Bei einem Tagesbericht muss ich ...	zutreffend	nicht zutreffend
sachlich schreiben.	☐	☐
Umgangssprache verwenden.	☐	☐
Fachbegriffe aufgreifen und erklären.	☐	☐
auf die Reihenfolge der Ereignisse achten.	☐	☐
möglichst viel wörtliche Rede verwenden.	☐	☐
durchgehend im Präteritum schreiben.	☐	☐
Zusammenhänge durch Verknüpfungen deutlich machen.	☐	☐
die Satzanfänge immer gleich gestalten.	☐	☐

Vergleiche deine Ergebnisse mit dem Lösungsheft. Für jede richtige Antwort erhältst du einen Punkt.

☺ 15–13 Punkte	😐 12–8 Punkte	☹ 7–0 Punkte
Gut gemacht!	Gar nicht schlecht, aber lies dir die Merkkästen auf den Seiten 11, 14 und 16 noch einmal genau durch.	Arbeite die Seiten 11 bis 18 noch einmal sorgfältig durch.

Einen Prosatext beschreiben

Methode **Leitfragen für die Analyse eines literarischen Textes**

1 **Thema/Inhalt:**
   – Was ist das **Thema** des Textes? Gibt es zentrale Motive?

2 **Aufbau der Handlung:**
   – Wie sind Ausgangssituation und Schluss (offen/geschlossen) gestaltet?
   – Gibt es einen Höhe- bzw. Wendepunkt (Pointe)? Wird Spannung erzeugt?
   – Wird linear erzählt oder gibt es Rückblenden und/oder Vorausdeutungen (Zeitgestaltung)?

3 **Figuren:**
   – Welche **Figuren** kommen vor? Wie werden sie charakterisiert? In welcher Beziehung stehen sie zueinander? Erfahrt ihr etwas über die Gedanken und Gefühle (innere Handlung) der Figuren oder liegt der Schwerpunkt auf der Darstellung der äußeren Handlung?

4 **Erzähler:**
   – Welche **Erzählperspektive** (Ich-Erzähler/-in oder Er/Sie-Erzähler/-in) liegt vor? Wie wirkt dies?
   – Welches **Erzählverhalten** (auktorial oder personal) liegt vor? Wie wirkt dies?

5 **Sprachlich-stilistische Auffälligkeiten:**
   – Gibt es Besonderheiten im **Satzbau,** z. B. einfache, kurze Sätze (Parataxe) oder längere Satzgefüge (Hypotaxe)?
   – Werden Sätze oder Wörter **wiederholt?** Gibt es ein **Leitmotiv?**
   – Gibt es Besonderheiten bei der Sprache/Wortwahl (z. B. Jugendsprache, sachliche Sprache)?
   – Werden **sprachliche Bilder** (Personifikationen, Metaphern, Vergleiche) gebraucht?

Besonderheiten: Gibt es Textstellen, die **Andeutungen** enthalten, **Fragen** aufwerfen? Welche Fragen bleiben ungeklärt? Ergeben sich **Deutungsmöglichkeiten** daraus?
Die Analyse und Beschreibung einer Kurzgeschichte kann Aufgabe in einer Klassenarbeit sein.

Die Kurzgeschichte verstehen

1 **Lies die Kurzgeschichte „Die Tochter“ von Peter Bichsel. Notiere im Heft deine ersten Leseeindrücke.**

Peter Bichsel

Die Tochter (1964)

Abends warteten sie auf Monika. Sie arbeitete in der Stadt, die Bahnverbindungen sind schlecht. Sie, er und seine Frau, saßen am Tisch und warteten auf Monika. Seit sie in der Stadt arbeitete, aßen sie erst um halb acht. Früher hatten sie eine Stunde eher gegessen. Jetzt warteten sie täglich eine Stunde am gedeckten Tisch, an ihren Plätzen, der Vater oben, die Mutter auf dem Stuhl nahe der Küchentür, sie warteten vor dem leeren Platz Monikas. Einige Zeit später dann auch vor dem dampfenden Kaffee, vor der Butter, der Marmelade.

Sie war größer gewachsen als sie, sie war auch blonder und hatte die Haut, die feine Haut der Tante Maria. „Sie war immer ein liebes Kind“, sagte die Mutter, während sie warteten.

In ihrem Zimmer hatte sie einen Plattenspieler, und sie brachte oft Platten mit aus der Stadt, und sie wusste, wer darauf sang. Sie hatte einen Spiegel und verschiedene Fläschchen und Döschen, einen Hocker aus marokkanischem Leder, eine Schachtel Zigaretten.

Der Vater holte sich seine Lohntüte auch bei einem Bürofräulein. Er sah dann die vielen Stempel auf ei-

nem Gestell, bestaunte das sanfte Geräusch der Rechenmaschine, die blondierten Haare des Fräuleins, sie sagte freundlich „Bitte schön“, wenn er sich bedankte. Über Mittag blieb Monika in der Stadt, sie aß eine Kleinigkeit, wie sie sagte, in einem Tearoom[1]. Sie war dann ein Fräulein, das in Tearooms lächelnd Zigaretten raucht.

Oft fragten sie sie, was sie alles getan habe in der Stadt, im Büro. Sie wusste aber nichts zu sagen.

Dann versuchten sie wenigstens, sich genau vorzustellen, wie sie beiläufig in der Bahn ihr rotes Etui[2] mit dem Abonnement[3] aufschlägt und vorweist, wie sie den Bahnsteig entlanggeht, wie sie sich auf dem Weg ins Büro angeregt mit Freundinnen unterhält, wie sie den Gruß eines Herrn lächelnd erwidert.

Und dann stellten sie sich mehrmals vor in dieser Stunde, wie sie heimkommt, die Tasche und ein Modejournal unter dem Arm, ihr Parfum; sie stellten sich vor, wie sie sich an ihren Platz setzt, wie sie dann zusammen essen würden.

Bald wird sie sich in der Stadt ein Zimmer nehmen, das wussten sie, und dass sie dann wieder um halb sieben essen würden, dass der Vater nach der Arbeit wieder seine Zeitung lesen würde, dass es dann kein Zimmer mehr mit Plattenspieler gäbe, keine Stunde des Wartens mehr. Auf dem Schrank stand eine Vase aus blauem, schwedischem Glas, eine Vase aus der Stadt, ein Geschenkvorschlag aus dem Modejournal.

„Sie ist wie deine Schwester“, sagte die Frau, „sie hat das alles von deiner Schwester. Erinnerst du dich, wie schön deine Schwester singen konnte?“

„Andere Mädchen rauchen auch“, sagte die Mutter.

„Ja“, sagte er, „das habe ich auch gesagt.“

„Ihre Freundin hat kürzlich geheiratet“, sagte die Mutter.

Sie wird auch heiraten, dachte er, sie wird in der Stadt wohnen. Kürzlich hatte er Monika gebeten: „Sag mal etwas auf Französisch.“ – „Ja“, hatte die Mutter wiederholt, „sag mal etwas auf Französisch.“ Sie wusste aber nichts zu sagen. Stenografieren[4] kann sie auch, dachte er jetzt. „Für uns wäre das zu schwer“, sagten sie oft zueinander. Dann stellte die Mutter den Kaffee auf den Tisch. „Ich habe den Zug gehört“, sagte sie.

1 Tearoom: kleines, nur tagsüber geöffnetes Lokal, in dem es eine große Auswahl an Tee gibt
2 Etui (hier:) Schutzhülle zum Aufbewahren von kostbaren oder empfindlichen Gegenständen
3 Abonnement: Bezug von Zeitungen, Eintrittskarten, Mittagessen etc. für einen bestimmten Zeitraum, hier: Zeitfahrkarte
4 stenografieren: in Kurzschrift schreiben

2 **Welche Aussage passt zum Text? Wähle aus.**

- [ ] Im Mittelpunkt der Kurzgeschichte steht eine junge Frau, die sich von ihren Eltern löst.
- [ ] Zentrales Thema der Kurzgeschichte ist das Auseinanderleben eines älteren Ehepaars.

3 **Verschaffe dir einen Überblick über den Text.**
a **Unterteile den Text in Sinnabschnitte. Trage entsprechende Markierungen in den Text ein.**
b **Fasse den Inhalt der Abschnitte als Überschrift oder in einem Satz zusammen. Schreibe im Präsens.**

Z. 1–11: Die Eltern warten am gedeckten Tisch auf ihre berufstätige Tochter.

Z. 12– :

Z. – :

Z. – :

Z. – :

Z. – :

Z. – :

4 **Was erfährst du über die Figuren?**
a **Markiere im Text alle Informationen über Monika und ihre Eltern in unterschiedlichen Farben.**
b **Wähle die passenden Aussagen über die Figuren aus, indem du die falschen Anmerkungen streichst.**

Monika arbeitet in der Stadt / auf dem Land, die Eltern leben in der Stadt / auf dem Land und erwarten die Tochter zurück. Monika ähnelt vom Äußeren mit ihrer Größe, den blonden Haaren und der feinen Haut ihrer Mutter / ihrer Tante. Die Eltern wissen genau / wissen nicht, wie sich das Alltagsleben ihrer Tochter gestaltet. Am Abend bei der Heimkehr erzählt Monika alles / nichts über ihr Leben. Die Eltern bewundern / verachten die Tochter.

5 **In welcher Beziehung stehen Eltern und Tochter? Welche Einstellung haben sie zueinander? Was erfahren wir über die Beziehung zwischen Eltern und Tochter?**
a **Beschreibe in Stichworten die Beziehung der Figuren zueinander.
Zeichne verschiedene Arten von Pfeilen in unterschiedlichen Farben ein.**

Vater ______________________________

____

Mutter ______________________________

____

Tochter ______________________________

____

keine Beziehung
interessiert an, bemüht um
Auseinandersetzung
desinteressiert, ausweichend
unverbindliche Beziehung

**b Welche Begriffe kennzeichnen die Beziehung zwischen den Figuren?
Wähle die passendsten Begriffe aus und begründe deine Entscheidung.**

Wortspeicher

Liebe • Entfremdung • Kälte • Nähe • zusammenleben • nebeneinander leben • mangelnde Kommunikation

**6 Warum sagt Monika nichts, als sie von ihren Eltern gefragt wird, was sie alles getan habe, in der Stadt, im Büro?
Ergänze den Lückentext mit den passenden Begriffen aus dem Wortspeicher.**

Die Tochter weiß vermutlich auf Fragen ihrer Eltern in Bezug auf ihre Lebenswelt ______________ zu sagen, weil sie sich von ihren Eltern ______________ hat. Die Eltern möchten mit dem gemeinsamen Abendessen ein Ritual aufrechterhalten, das über die ______________ Lebenswelten hinwegtäuschen soll: Die Eltern leben ______________, die Tochter arbeitet ______________. Die Tochter sieht jedoch keine Möglichkeit, die Entfremdung zu überwinden, was sich in der ______________ zeigt.

Wortspeicher

steigenden Kommunikation • auf dem Land • entfremdet • nichts • viel • angenähert • in der Stadt • unterschiedlichen • mangelnden Kommunikation

7 Untersuche die Gestaltung des Textes.

a Markiere im Text die Wörter, die häufig wiederholt werden. Beschreibe die Wirkung dieser Wiederholungen.

**b Untersuche die Verwendung der wörtlichen Rede im Text: Worüber sprechen die Eltern?
Welche Gedanken gehen ihnen durch den Kopf?**

c Untersuche den Satzbau in der Kurzgeschichte. Wähle die passenden Aussagen aus.

☐ Der Text besteht aus vielen Hauptsätzen und Nebensätzen (Hypotaxe).

☐ Der Text besteht vor allem aus Hauptsätzen (Parataxe) und vielen Aufzählungen.

☐ Dadurch wirkt die Stimmung gleichbleibend und wenig abwechslungsreich.

☐ Dadurch wirkt die Stimmung abwechslungsreich, so wie das Leben von Monika.

Stärken stärken: Die Kurzgeschichte beschreiben

Methode **Schreibplan für die Interpretation eines literarischen Textes**

Aufbau:
- Nenne in der **Einleitung** den Namen des Autors / der Autorin, den Titel, die Textsorte (z. B. Kurzgeschichte, Erzählung) und das Thema bzw. die Kernaussage des Textes.
- Lege im **Hauptteil** die Ergebnisse deiner Texterschließung dar und stütze alle Aussagen mit geeigneten Textbelegen (Zitieren ▸ S. 100). Je nach Aufgabenstellung solltest du eingehen auf:
  - Inhalt und Aufbau der Geschichte (Handlung chronologisch?, auch: äußere, innere Handlung),
  - Figuren und ihre Beziehungen zueinander,
  - Erzähler und Erzähltechnik, sprachlich-stilistische Gestaltung,
  - evtl. Besonderes im Hinblick auf die Textsorte (z. B. Kurzgeschichte, Parabel).
- Nimm am **Schluss** kurz Stellung zum Text (z. B. Inhalt, Problem) oder bewerte persönlich.

Verfasse die Analyse im **Präsens** und drücke dich fachlich angemessen aus (Fachbegriffe).

●○○ 1 **Formuliere eine Einleitung zu deiner Textbeschreibung in deinem Heft. Nutze dazu den Wortspeicher rechts.**

Wortspeicher

handelt von / geht es um • Kurzgeschichte • Peter Bichsel • „Die Tochter"

●○○ 2 **Gib im Hauptteil deiner Textbeschreibung zunächst Inhalt und Aufbau wieder, indem du die folgenden Lücken ? in deinem Heft schließt. Verwende hierzu auch deine Ergebnisse von Aufgabe 3 (▸ S. 22).**

Die Kurzgeschichte beginnt unvermittelt mit dem Satz „ ? ". Ein namentlich nicht genanntes Elternpaar wartet wie jeden Tag am ? . Die äußere Handlung beschränkt sich somit auf das statische Warten ? am Esstisch und ein spärliches ? zwischen den beiden. Während die Eltern warten, versuchen sie, sich ? vorzustellen – ihre Arbeit ? . Sie stellen sich Monikas Zukunft und damit Monikas ? für sich und ihre eigene ? . Durch die Wiedergabe dieser inneren Handlung erfährt der Leser, dass die Tochter sich ? . Gleichzeitig zeigt sie die ? der Eltern untereinander. Am Ende wird deutlich, dass die Tochter ? , während ihre Eltern sich ? .

●○○ 3 **Setze nun den Hauptteil mit der Charakterisierung der Hauptfiguren fort. Nur eine der folgenden beiden Überleitungen zur Charakterisierung der Hauptfiguren ist gelungen. Kreuze sie an und begründe anschließend deine Wahl in deinem Heft.**

A ☐ *Schon der erste Satz „Abends warteten sie auf Monika" (Z. 1) macht deutlich, dass sich in den Gedanken der Eltern alles um die Tochter Monika dreht. Dies wird auch durch die Überschrift „Die Tochter" bestätigt. Während Vater und Mutter nur als Wartende in Erscheinung treten, erhalten die Leser/-innen Einblick in Monikas Leben, indem die Eltern über sie sprechen. Der Austausch von kurzen, einfachen Sätzen in wörtlicher Rede ist eher ein Aneinander-vorbei-Reden ...*

B ☐ *Ich charakterisiere jetzt die Personen in dem Text. Ich beginne mit der Figur der Tochter, denn um sie dreht sich eigentlich alles. Sie ist berufstätig und kehrt abends gegen halb acht zum Abendessen heim. Sie lebt also noch bei den Eltern.*
Vater und Mutter warten jeden Abend eine Stunde auf die Tochter. Manchmal sprechen sie miteinander, man hat aber den Eindruck, ...

●○○ **4** **Stelle nun einen Bezug her zwischen deinen Beobachtungen zu den sprachlichen Mitteln im Text und der inhaltlichen Aussage.**
Worauf können folgende sprachliche Mittel verweisen? Ordne zu.

Beobachtung: sprachliches Mittel
häufige Verwendung der Wortes „warten" (▸ Z. 1–15)
Aneinanderreihung kurzer Hauptsätze; Stilmittel der Parataxe
wörtliche Rede, ohne dass ein richtiges Gespräch entsteht (▸ z. B. Z. 51–56)

Deutung
Die Figuren leben aneinander vorbei. Eine echte Auseinandersetzung findet nicht statt.
Durch das untätige Sitzen wird deutlich, dass ihr Leben erst durch die Tochter Bedeutung gewinnt.
Die unverbunden aneinandergereihten Sätze lassen auf nicht gelingende Kommunikation schließen.

●○○ **5** **Welche Merkmale von Kurzgeschichten weist der Text von Peter Bichsel auf?**
Wähle die passende Aussage aus.

☐ Der Text weist nur wenige Merkmale der Kurzgeschichte auf. Es fehlen z. B. der Höhepunkt sowie der offene Schluss.

☐ Der Text weist fast alle Merkmale der Kurzgeschichte auf. Lediglich die Spannungskurve mit dem Höhepunkt ist untypisch „flach" ausgeprägt.

●○○ **6** **Schließe deine Textbeschreibung mit einer kurzen Stellungnahme ab. Du kannst dafür auf deine ersten Leseeindrücke (▸ Aufgabe 1, Seite 20) zurückgreifen und die Fragen aus dem Tippkasten nutzen.**
Beginne so: *In der Kurzgeschichte wird deutlich, wie schwer es manchen Eltern fällt, …*

- Inwiefern ist die dargestellte Situation typisch für Familien?
- Kannst du dich in die Figur der Tochter hineinversetzen?
- Gelingt es dem Autor, den Konflikt in der Familie überzeugend darzustellen?

●○○ **7** **Formuliere nun eine vollständige Beschreibung der Kurzgeschichte „Die Tochter" von Peter Bichsel in deinem Heft. Beachte die Informationen zum Schreibplan auf Seite 24 und verwende alle Ergebnisse deiner Textuntersuchung von den Seiten 22–25.**

●○○ **8** **Überarbeite deinen eigenen Text zunächst anhand der Checkliste zum Inhalt einer Textbeschreibung auf Seite 29 unten. Prüfe deinen Text dann in sprachlicher Hinsicht (abwechslungsreicher Satzbau, sprachliche und gedankliche Überleitungen, Präsens).**

Stärken stärken: Die Kurzgeschichte beschreiben

Methode **Schreibplan für die Interpretation eines literarischen Textes**

Aufbau:
- Nenne in der **Einleitung** den Namen des Autors / der Autorin, den Titel, die Textsorte (z. B. Kurzgeschichte, Erzählung) und das Thema bzw. die Kernaussage des Textes.
- Lege im **Hauptteil** die Ergebnisse deiner Texterschließung dar und stütze alle Aussagen mit geeigneten Textbelegen (Zitieren ▶ S. 100). Je nach Aufgabenstellung solltest du eingehen auf:
  - Inhalt und Aufbau der Geschichte (Handlung chronologisch?, auch: äußere, innere Handlung),
  - Figuren und ihre Beziehungen zueinander,
  - Erzähler und Erzähltechnik, sprachlich-stilistische Gestaltung,
  - evtl. Besonderes im Hinblick auf die Textsorte (z. B. Kurzgeschichte, Parabel).
- Nimm am **Schluss** kurz Stellung zum Text (z. B. Inhalt, Problem) oder bewerte persönlich.

Verfasse die Analyse im **Präsens** und drücke dich fachlich angemessen aus (Fachbegriffe).

●●○ **1** **Formuliere eine Einleitung zu deiner Textbeschreibung in deinem Heft. Nutze dazu den Wortspeicher rechts.**

Wortspeicher

handelt von / geht es um • Kurzgeschichte • Peter Bichsel • „Die Tochter“

●●○ **2** **Gib im Hauptteil deiner Textbeschreibung zunächst Inhalt und Aufbau wieder, indem du die folgenden Satzanfänge zu Ende führst. Verwende hierzu auch deine Ergebnisse von Aufgabe 3 (▶ S. 22).**

Die Kurzgeschichte beginnt unvermittelt mit dem Satz „ ? “. Ein namentlich nicht genanntes Elternpaar wartet wie jeden Tag am ? . Die äußere Handlung beschränkt sich somit auf ? . Während die Eltern warten, ? Durch die Wiedergabe dieser inneren Handlung erfährt der Leser, dass ? . Am Ende wird deutlich, dass ? .

●●○ **3** **Setze nun den Hauptteil mit der Charakterisierung der Hauptfiguren fort.**

a **Nur eine der folgenden beiden Überleitungen zur Charakterisierung der Hauptfiguren ist gelungen. Kreuze sie an und begründe anschließend deine Wahl in deinem Heft.**

b **Setze die Charakterisierung der Hauptfiguren in deinem Heft fort. Verwende deine Vorarbeiten aus den Aufgaben 4 und 5 auf Seite 22 und stütze deine Aussagen durch geeignete Textbelege (Zitieren ▶ S. 100).**

A ☐ *Schon der erste Satz „Abends warteten sie auf Monika“ (Z. 1) macht deutlich, dass sich in den Gedanken der Eltern alles um die Tochter Monika dreht. Dies wird auch durch die Überschrift „Die Tochter“ bestätigt. Während Vater und Mutter nur als Wartende in Erscheinung treten, erhalten die Leser/-innen Einblick in Monikas Leben, indem die Eltern über sie sprechen. Der Austausch von kurzen, einfachen Sätzen in wörtlicher Rede ist eher ein Aneinander-vorbei-Reden ...*

B ☐ *Jch charakterisiere jetzt die Personen in dem Text. Jch beginne mit der Figur der Tochter, denn um sie dreht sich eigentlich alles. Sie ist berufstätig und kehrt abends gegen halb acht zum Abendessen heim. Sie lebt also noch bei den Eltern.*
Vater und Mutter warten jeden Abend eine Stunde auf die Tochter. Manchmal sprechen sie miteinander, man hat aber den Eindruck, ...

4 **Stelle nun einen Bezug her zwischen deinen Beobachtungen zu den sprachlichen Mitteln im Text und der inhaltlichen Aussage.**
Worauf können folgende sprachliche Mittel verweisen? Ordne zu.

Beobachtung: sprachliches Mittel
häufige Verwendung der Wortes „warten" (▸ Z. 1–15)
Aneinanderreihung kurzer Hauptsätze; Stilmittel der Parataxe
wörtliche Rede, ohne dass ein richtiges Gespräch entsteht (▸ z. B. Z. 51–56)

Deutung
Die Figuren leben aneinander vorbei. Eine echte Auseinandersetzung findet nicht statt.
Durch das untätige Sitzen wird deutlich, dass ihr Leben erst durch die Tochter Bedeutung gewinnt.
Die unverbunden aneinandergereihten Sätze lassen auf nicht gelingende Kommunikation schließen.

5 **Untersuche, welche Merkmale von Kurzgeschichten der Text von Peter Bichsel aufweist.**
Kreuze sie in der Checkliste unten an.

Die Kurzgeschichte „Die Tochter" …

- [ ] zeigt eine Momentaufnahme aus einem Alltagsgeschehen.
- [ ] beginnt ohne Einleitung mit der Darstellung des Geschehens.
- [ ] strebt in ihrer Handlung zielgerichtet auf einen Höhe- oder Wendepunkt zu.
- [ ] hat einen offenen Schluss, der viele Deutungsmöglichkeiten zulässt.

6 **Schließe deine Textbeschreibung mit einer kurzen Stellungnahme ab. Du kannst dafür auf deine ersten Leseeindrücke (▸ Aufgabe 1, Seite 20) zurückgreifen und die Fragen aus dem Tippkasten nutzen.**
Beginne so: *In der Kurzgeschichte wird deutlich, wie schwer es manchen Eltern fällt, …*

- Inwiefern ist die dargestellte Situation typisch für Familien?
- Kannst du dich in die Figur der Tochter hineinversetzen?
- Gelingt es dem Autor, den Konflikt in der Familie überzeugend darzustellen?

7 **Formuliere nun eine vollständige Beschreibung der Kurzgeschichte „Die Tochter" von Peter Bichsel in deinem Heft. Beachte die Informationen zum Schreibplan auf Seite 25 und verwende alle Ergebnisse deiner Textuntersuchung von Seite 22–24.**

8 **Überarbeite deinen eigenen Text zunächst anhand der Checkliste zum Inhalt einer Textbeschreibung auf Seite 29 unten. Prüfe deinen Text dann in sprachlicher Hinsicht (abwechslungsreicher Satzbau, sprachliche und gedankliche Überleitungen, Präsens).**

Stärken stärken: Die Kurzgeschichte schriftlich interpretieren

●●● 1 **Lies zunächst den Methodenkasten auf Seite 26.**

●●● 2 **Formuliere eine Einleitung zu deiner Textbeschreibung. Nutze dazu den Wortspeicher rechts.**

Wortspeicher

handelt von / geht es um • Kurzgeschichte • Peter Bichsel • „Die Tochter“

●●● 3 **Gib im Hauptteil deiner Textbeschreibung zunächst Inhalt und Aufbau wieder, indem du die folgenden Satzanfänge zu Ende führst. Verwende hierzu auch deine Ergebnisse von Aufgabe 3 (▶ S. 22).**

Die Kurzgeschichte beginnt unvermittelt mit dem Satz ...; Ein namentlich nicht genanntes Elternpaar wartet wie jeden Tag am ...; Die äußere Handlung beschränkt sich somit auf ...; Während die Eltern warten, ...; Durch die Wiedergabe dieser inneren Handlung erfährt der Leser, dass ...; Am Ende wird deutlich, dass ...

●●● 4 **Setze nun den Hauptteil mit der Charakterisierung der Hauptfiguren fort.**

a **Nur eine der beiden Überleitungen zur Charakterisierung der Hauptfiguren auf Seite 26 ist gelungen. Welche? Begründe deine Wahl.**

b **Setze die Charakterisierung der Hauptfiguren in deinem Heft fort. Verwende deine Vorarbeiten aus den Aufgaben 4 und 5 auf Seite 22 und stütze deine Aussagen durch geeignete Textbelege (Zitieren ▶ S. 100).**

●●● 5 **Stelle nun einen Bezug her zwischen deinen Beobachtungen zu den sprachlichen Mitteln im Text und der inhaltlichen Aussage.**

a **Worauf können folgende sprachliche Mittel verweisen? Ordne zu.**

Beobachtung: sprachliches Mittel
häufige Verwendung der Wortes „warten“ (▶ Z. 1–15)
Aneinanderreihung kurzer Hauptsätze; Stilmittel der Parataxe
wörtliche Rede, ohne dass ein richtiges Gespräch entsteht (▶ z. B. Z. 51–56)

Deutung
Die Figuren leben aneinander vorbei. Eine echte Auseinandersetzung findet nicht statt.
Durch das untätige Sitzen wird deutlich, dass ihr Leben erst durch die Tochter Bedeutung gewinnt.
Die unverbunden aneinandergereihten Sätze lassen auf nicht gelingende Kommunikation schließen.

b **Finde weitere sprachliche Besonderheiten im Text und deute sie in Bezug auf den Inhalt in deinem Heft.**

●●● 6 **Weise für die einzelnen Merkmale der Kurzgeschichte (unvermittelter Einstieg, Alltagssituation und -sprache, Wendepunkt, offener Schluss) nach, dass sie auf „Die Tochter“ zutreffen oder nicht zutreffen. Belege deine Nachweise mit Textstellen.**

●●● 7 **Schließe deine Textbeschreibung mit einer kurzen Stellungnahme ab. Du kannst dafür auf deine ersten Leseeindrücke (▶ Aufgabe 1, Seite 20) zurückgreifen und die folgenden Fragen verwenden.**
Inwiefern ist die dargestellte Situation typisch für Familien? Kannst du dich in die Figur der Tochter hineinversetzen? Gelingt es dem Autor, den Konflikt in der Familie überzeugend darzustellen?

●●● 8 **Formuliere nun eine vollständige Beschreibung der Kurzgeschichte von Peter Bichsel in deinem Heft. Beachte die Informationen zum Schreibplan auf Seite 25 und verwende alle Ergebnisse deiner Textuntersuchung von den Seiten 22–25.**

●●● 9 **Überarbeite deinen eigenen Text zunächst anhand der Checkliste zum Inhalt einer Textbeschreibung auf Seite 29 unten. Prüfe deinen Text dann in sprachlicher Hinsicht (Zeitform, Satzbau, Verknüpfungen).**

Teste dich!

Einen Prosatext beschreiben

Irmela Brender

Eine (1983)

Eine drehte sich um nach ihm, als alle anderen die Köpfe schon wieder über die Bücher beugten. Er nahm das den anderen nicht übel, er wusste, ein Neuer in der Klasse ist nicht so interessant, dass man ihn die ganze Stunde hindurch anstarren könnte, schließlich ging der Unterricht weiter, und er musste eben da sitzen und sich eingewöhnen. Aber die eine im blauen Kleid sah immer wieder hin zu ihm, nicht neugierig, noch nicht einmal lächelnd. Das Profil, das sie ihm zeigte, manchmal auch noch ein bisschen Wangenfläche dazu, war ernst und aufmerksam, als habe sie über ihn nachzudenken. Das halbe Klassenzimmer lag zwischen ihnen, und er konnte die Augenfarbe nicht erkennen. Braun, schätzte er, und ein paar Sommersprossen auf der Nase, und das ganze Gesicht ein bisschen zu mager. Die gehörte nicht zu den Niedlichen, dachte er, die sich um einen Neuen kümmern, weil das so gut passt zu ihrer Niedlichkeit und weil sie dann noch einen haben, der sie nett findet. Die gehört vielleicht noch nicht mal zu den Netten. Eine Struppige ist das, überlegte er, eine, die kicken kann, fast wie ein Junge, und plötzlich wegläuft, wenn man glaubt, sie sei ein Kumpel. Eine, die nicht mit Freundinnen kichert und tuschelt, sondern viel allein herumläuft, nicht spazieren geht, sondern eben herumläuft, und die allerhand kennt in der Stadt. Eine, von der man manches erfahren kann, aber nicht unbedingt das, was zählt. Es fiel ihm ein, dass er sich irren könnte, aber er glaubte es nicht. Ich werde ihr ein Zeichen geben, sagte er sich, und wenn sie reagiert, dann habe ich mich nicht geirrt. Dann ist sie eine, die ich mögen könnte, zumindest mögen. Als sie sich wieder umsah, lächelte er. Da stand sie auf und brachte ihm ihr Buch. Fast unfreundlich legte sie es vor ihn auf den Tisch; er sah dabei, dass sie magere Finger hatte mit ganz kurzen Nägeln, das passte auch. „Danke, ich geb's dir nachher wieder", sagte er schnell, bevor sie etwas sagen konnte. Sie nickte und ging zurück an ihren Platz. Alle beugten die Köpfe über die Bücher, er auch. Aber er gab acht, dass er den Augenblick nicht verpasste, in dem sie sich noch einmal nach ihm umschaute und beinah lächelte.

1
a **Welche Informationen gehören in die Einleitung deiner Textbeschreibung? Streiche unpassende Punkte durch: Stilmittel, Name des Autors / der Autorin, Aufbau des Textes, Titel, eigene Bewertung, Erzählhaltung, Textsorte, Thema bzw. Kernaussage des Textes. (1 P.)**
b **Unterteile den Text in Sinnabschnitte und fasse den Inhalt der Abschnitte als Überschrift oder in einem Satz zusammen. (2 P.)**
c **Markiere weitere Textstellen, die deutlich machen, was der Neue an dem Mädchen wahrnimmt, mit blau und welches Bild er sich von ihr macht rot. (2 P.)**
d **Verfasse nun eine vollständige Textbeschreibung zu Irmela Brenders Kurzgeschichte „Eine". Kontrolliere deinen Text anhand der Checkliste. (10 P.)**

Checkliste

Fit für eine Textbeschreibung? ☺ ☹

- Enthält deine **Einleitung** alle wichtigen Informationen?
- Gibst du im **Hauptteil** zunächst den **Inhalt** wieder und beschreibst den **Textaufbau?**
- Setzt du **den Inhalt** in Bezug zu **sprachlichen Besonderheiten** und zum Aufbau?
- **Belegst du** deine Aussagen mit **Beispielen aus dem Text?**
- Beziehst du zum Schluss **Stellung** zum Text und **begründest deine Meinung?**

Vergleiche deine Ergebnisse mit dem Lösungsheft. Für jede richtige Antwort erhältst du einen Punkt.

☺ 15–10 Punkte	😐 9–5 Punkte	☹ 4–0 Punkte
Gut gemacht!	Gar nicht schlecht, aber lies dir die Merkkästen auf den Seiten 20 und 24/26 noch einmal genau durch.	Arbeite die Seiten 20 bis 28 noch einmal sorgfältig durch.

Ein Gedicht beschreiben

Methode | **Ein Gedicht erschließen**

Für eine Gedichtbeschreibung ist es zunächst wichtig, zu verstehen, wovon das Gedicht handelt und wer darin spricht. Leitfragen für die erste Erschließung des Textes sind:

- Worum geht es in dem Gedicht? Wird eine Handlung, eine Situation beschrieben oder werden Gefühle, Eindrücke, Gedanken oder eine Stimmung dargestellt?
- Was bedeutet der Titel des Gedichts? Welchen Bezug hat er zum Gedicht?
- Verwendet der Sprecher im Gedicht das Wort „ich“ (oder „mein“, „mir“ usw.) und wird so als lyrisches Ich greifbar oder tritt er ganz hinter dem Gesagten zurück?
- Wendet sich das Gedicht an einen Adressaten / eine Adressatin?

Schritt 1: Den Inhalt eines Gedichts erschließen

1 a **Notiere nach dem ersten Lesen des Gedichts von Erich Kästner spontan deine Eindrücke.**
b **Markiere unverständliche Wörter und mache dir Notizen zur deren möglicher Bedeutung.**

Erich Kästner	Reimform	Notizen
Repetition des Gefühls (1929)		*Repetition = Wiederholung Durch das Fremdwort wirkt die Wiederholung des Gefühls sehr sachlich.*

	Reimform	Notizen
Eines Tages war sie wieder da …	*a*	*zufällig? unerwartet?*
Und sie fände ihn bedeutend blässer.	*b*	*Wer spricht? indirekte Rede*
Als er dann zu ihr hinübersah,	*a*	*(Konjunktiv) → Distanz*
meinte sie, ihr gehe es nicht besser.	*b*	

Morgen Abend wolle sie schon weiter.
Nach dem Allgäu oder nach Tirol.
Anfangs war sie unaufhörlich heiter.
Später sagte sie, ihr sei nicht wohl.

Und er strich ihr müde durch die Haare. — *Unsicherheit?*
Endlich fragte er dezent: „Du weinst?“
Und sie dachten an vergangne Jahre.
Und so wurde es zum Schluss wie einst.

Als sie an dem nächsten Tag erwachten,
waren sie einander fremd wie nie.
Und so oft sie sprachen oder lachten,
logen sie.

Gegen Abend musste sie dann reisen.
Und sie winkten. Doch sie winkten nur.
Denn die Herzen lagen auf den Gleisen,
über die der Zug ins Allgäu fuhr.

2 **Halte neben dem Text fest, was dir beim weiteren intensiven Lesen auffällt.**
a **Ergänze hierzu die Anmerkungen zur ersten Strophe mit weiteren eigenen Überlegungen.**
b **Verfahre mit allen Strophen entsprechend.**

3 **Gib kurz den Inhalt jeder Strophe wieder: Die Formulierungen im Wortspeicher helfen dir dabei.**

Wortspeicher

Wiedersehen eines Mannes und einer Frau • Erinnerung an gemeinsame Zeiten • der Stimmung der Frau im Laufe der Begegnung • Fremdheit am nächsten Tag • trauriger Abschied • sie kann nur einen Tag bleiben

Die erste Strophe schildert das unerwartete ______________________________

______________________. Die Frau findet den Mann blass und auch ihr selbst geht es nicht gut.

Gleich zu Beginn der zweiten Strophe teilt sie ihm mit, dass ______________________

______________________. Das Ende der Strophe zeigt den Wechsel ______________________

____.

In der dritten Strophe entsteht durch die ______________________________

Nähe. Diese Verbundenheit wird in der vierten Strophe aufgehoben: Beim Erwachen ______________

____.

Schließlich findet in der fünften Strophe ein ______________________________ statt.

4 **Stelle einen Bezug zwischen Inhalt und Titel her. Kreuze die passende Erläuterung an.**

Der Titel „Repetition des Gefühls“ verweist auf ...

- A ☐ das Wiedererwachen einer großen Liebe zwischen einem Mann und einer Frau.
- B ☐ den vergeblichen Versuch eines einstigen Liebespaares, an vergangene Gefühle anzuknüpfen.
- C ☐ die Möglichkeit, auch nach Jahren eine vergangene Liebe fortzusetzen.

5 **Untersuche den Sprecher im Gedicht. Lies dazu den folgenden Text und streiche, was nicht zutrifft.**

Es gibt ein lyrisches Ich, das dem Leser entgegentritt. / Der Sprecher im Gedicht tritt nicht direkt in Erscheinung, denn nirgendwo werden die Pronomen *ich, mein, mir* oder *wir, uns* verwendet. Der Sprecher ist ein Beobachter/ Mitfühlender, der seine Wahrnehmung genau schildert. Die Haltung des Sprechers im Gedicht ist berichtend/ preisend und ziemlich distanziert.

Schritt 2: Sprache und Form des Gedichts untersuchen

Methode **Ein Gedicht untersuchen**

In einem zweiten Schritt untersuchst du den formalen Aufbau und die sprachlichen Mittel.

Formaler Aufbau
- Ist das Gedicht in Strophen (regelmäßig/unregelmäßig) und Verse gegliedert?
- Ist das Gedicht gereimt? Liegt eine besondere Reimform vor?
- Ist ein Metrum erkennbar (z. B.: Jambus, Trochäus, Daktylus)? Gibt es Abweichungen?

Sprachliche Mittel
- Welche sprachlichen Bilder (Metaphern, Personifikationen, Vergleiche) werden verwendet?
- Liegen besondere Stilfiguren vor, z. B.: Alliteration (Wiederholung von Anfangsbuchstaben), Parallelismus (paralleler Satzbau) oder Anapher (Wiederholung von Wörtern am Versanfang)?
- Welche Wörter oder Wortarten fallen auf? Gibt es Wörter, die wiederholt werden?

1 **Untersuche, welche formalen Gestaltungsmittel das Gedicht aufweist.**
- **Notiere Strophen- und Verszahl.**
- **Welche Reimform liegt vor? Setze die auf Seite 30 begonnene Kennzeichnung fort.**
- **Bestimme das Metrum, indem du die Wörter in Silben liest und die Betonungszeichen setzt, z. B.:**
  „Eines Tages war sie wieder da …"

Strophen (Anzahl): ______________ Verse je Strophe: ______________

Reimform: ______________ Metrum: ______________

2 **Welche Aussage zur Wirkung der formalen Gestaltung passt am besten zum Gedicht? Kreuze an.**

☐ Durch die regelmäßige Form wirkt das Gedicht sehr heiter, wie ein Lied. Dies passt zu der unbeschwerten Stimmung zwischen Mann und Frau im Text.

☐ Die Form des Gedichts betont, wie zerrissen sich der Mann und die Frau wegen ihrer Entfremdung fühlen.

☐ Die formale Regelmäßigkeit vermittelt ein Gefühl von Gelassenheit, das eine Distanz zur schmerzlichen Erfahrung der Figuren herstellt.

3 **Untersuche die sprachlichen Mittel im Gedicht. Setze sie in Bezug zum Inhalt und beschreibe ihre Wirkung. Notiere zu den folgenden Aspekten (▸ Aufgaben a bis f) jeweils Stichworte.**

a **Markiere alle Personalpronomen im Gedicht. Wähle jeweils verschiedene Farben für Singular und Plural, für weiblich und männlich. Notiere, was dir auffällt.**

In den Versen 1 bis 10 werden die Personalpronomen „sie" und „er" im Singular verwendet. Ab Vers 11 bis Vers 16 …

____

Ab Vers 17 …

Dies passt zum Inhalt des Gedichts:

____

b Unterscheide die Adjektive im Gedicht. Beschreibe, welche Bedeutung sie für die Aussage des Gedichts haben (Stichworte).

„unaufhörlich heiter" (V. 7) ↔ „ihr sei nicht wohl" (V. 8) ...

„blässer" (V. 2) ↔ „nicht besser" (V. 4) ...

c Zeitangaben: Markiere die Zeitangaben. Welche Wirkung erzeugen sie?

„Eines Tages" (V. 1): plötzlicher Einstieg ...

„Anfangs" (V. 7), „Später" (V. 8)

Wirkung: Entwicklung der Beziehung zwischen dem Mann und der Frau wie im Zeitraffer

d Anapher:

„Und er strich ihr müde [...]" (V. 9), „Und sie dachten [...]" (V. 11), Satzanfänge sind ...

Wirkung:

e formale Auffälligkeit bei Vers 16:

Auffälligkeit: Der Vers ist auffällig ... (nur zwei Hebungen)

Wirkung:

f Metapher in den Versen 19 und 20:

Erläuterung der Metapher und Bedeutung für die Aussage des Gedichts:

4 Beurteile zuletzt Sprache und Stil des Gedichts. Kreuze dazu die richtigen Aussagen an:

- ☐ Das Gedicht enthält sehr viele ausschmückende und genau beschreibende Adjektive und Adverbien.
- ☐ Vorherrschende Wortarten im Gedicht sind Nomen, Personalpronomen und Verben.
- ☐ Die Sprache im Gedicht ist eher sachlich und nüchtern. Situationen und Figuren werden schnörkellos vorgestellt.
- ☐ Der Satzbau ist ausladend und zeichnet sich durch viele erklärende Nebensätze aus. (Hypotaxen)
- ☐ Kurze, knappe Hauptsätze kennzeichnen das Gedicht. (Parataxen)

Stärken stärken: Eine Gedichtbeschreibung verfassen (3. Schritt)

Information Schreibplan für eine Gedichtbeschreibung

Aufbau:
- In der **Einleitung** nennst du die Art des Textes, den Titel, den Namen des Autors / der Autorin, das Entstehungsjahr und das Thema des Textes.
- Im **Hauptteil** fasst du die wichtigsten Ergebnisse deiner Analyse in einer geordneten Reihenfolge zusammen: Beginne mit einer **kurzen Inhaltsangabe** (am besten Strophe für Strophe). Beschreibe dann den **formalen Aufbau** des Gedichts (Strophen, Verse, Reimform, Metrum) und die **sprachlichen Gestaltungsmittel.** Erläutere die Funktion und die Wirkung der Gestaltungsmittel.
  Wichtig: Stelle immer wieder einen Bezug zum Inhalt und zur Aussage des Gedichts her.
- Fasse zum **Schluss** die Gesamtaussage des Gedichts zusammen oder beschreibe, wie das Gedicht auf dich wirkt oder was zum Nachdenken anregt.

Die Textbeschreibung steht immer im **Präsens.**

●○○ 1 **Schreibe eine Einleitung zu deiner Textbeschreibung in dein Heft. Nutze dazu die folgenden Formulierungsbausteine:**

Nenne in der **Einleitung** die Art des Textes, den Titel, den Namen des Autors / der Autorin, das Entstehungsjahr und das Thema des Textes.

Formulierungsbausteine

Das Gedicht „...“ von ... aus dem Jahr ... • In dem Gedicht mit dem Titel „...“ von ... aus dem Jahr ... • beschreibt ... • geht es um ... • thematisiert ... • beschäftigt sich mit dem Thema ...

●○○ 2 **Zu Beginn des Hauptteils fasst du den Inhalt des Gedichts zusammen. Ergänze den Lückentext in deinem Heft mit den passenden Begriffen aus dem Wortspeicher.**

Die erste Strophe schildert das unerwartete ? . Beide nehmen sich als ? wahr. Bereits am nächsten Tag will ? weiterreisen. Im Verlauf ihrer Zusammenkunft verändern sich ? der beiden Personen. Während die Frau zu Beginn noch recht fröhlich erscheint, geht es ihr im weiteren Verlauf schlechter und sie weint schließlich. Als die beiden jedoch ? denken, kehren sie für eine Nacht wieder zu ihren alten Gefühlen zurück. Am Morgen des nächsten Tages jedoch sind sie sich fremd und ? . Am Ende des Gedichts reist die Frau ab, und noch während die beiden sich zuwinken, deutet sich ? an.

Wortspeicher

belügen sich über ihre Gefühle • die Gefühlslagen • das Ende ihrer Liebesbeziehung • äußerst blass • Wiedersehen eines Mannes und einer Frau • die Frau • an vergangene Jahre

●○○ 3 **Die folgende Gedichtbeschreibung zu Kästners „Repetition des Gefühls“ stellt Bezüge zwischen Inhalt, Form und sprachlicher Gestaltung her. Kennzeichne diese Bezüge im Text unten. Markiere dazu mit unterschiedlichen Farben: formale Aspekte blau, inhaltliche Aussagen grün, Textbelege orange.**

Im **Hauptteil** bringst du die Ergebnisse deiner Untersuchung auf den Punkt.
Fasse kurz den Inhalt zusammen, beschreibe den formalen Aufbau und die sprachlichen Gestaltungsmittel. Stelle einen Bezug zum Inhalt her.

Das Gedicht „Repetition des Gefühls" beschreibt die Wiederbegegnung einer Frau und eines Mannes, die einmal ein Liebespaar waren. Der Sprecher des Gedichts ist nicht Teil des Geschehens, er beobachtet von außen und verhält sich dabei distanziert. Dies zeigt sich an der mehrfachen Verwendung von Konjunktivformen, so z. B. in der ersten Strophe: „Und sie fände ihn bedeutend blässer" (V. 2), „ihr gehe es nicht besser" (V. 4). Die Sprache des Gedichts ist sachlich. Dies wird schon im Titel des Gedichts deutlich. Das Fremdwort „Repetition" drückt aus, dass die Wiederbegegnung wie eine Wiederholung der früheren Beziehung der beiden verläuft. Das Metrum (Trochäus) entspricht dem Inhalt, weil ein eher monotoner Rhythmus entsteht, der die leidenschaftslose Wiederbegegnung unterstreicht.
Der formale Aufbau des Gedichts geht mit der inhaltlichen Aussage einher: Annäherung einer namentlich nicht benannten „sie" (V. 1) und eines ebenso wenig benannten „er" (V. 3) in den ersten beiden Strophen, die in der dritten Strophe zu einer gemeinsamen Liebesnacht führt. Hier verbinden sich die Personalpronomen der 3. Person Singular zu der Pluralform „sie" (V. 14). Die Anapher in den Versen 9, 11 und 12, das wiederholte „Und", unterstreicht die Bedeutung, inhaltlich wird dies durch die Wortwahl bestätigt: „Und sie dachten an vergangne Jahre. / Und so wurde es zum Schluss wie einst." (V. 11, 12)

4 a Ergänze den folgenden Lückentext in deinem Heft durch die Angaben im Wortspeicher.

Schon in der ? deutet sich an, dass eine „Repetition des Gefühls" (? des Gedichts) nur ein Wunsch bleibt. Stehen die ? im ersten Vers noch für die Hoffnung, es könnte sich das Gefühl von einst wiederholen, zeigt sich schon bald dass „er" dem ? nicht standhält: „Und sie fände ihn bedeutend blässer" (V. 2). Der Konjunktiv der indirekten Rede „fände" (V. 2), der sich auch im letzten Vers der ersten Strophe noch einmal wiederholt (?), ist ein deutlicher Hinweis auf innere Distanzierung. Der ? im Gedicht beobachtet distanziert. Die kurzen, hintereinander folgenden ? in der zweiten Strophe bestätigen als stilistisches Mittel einer Hypothese diesen Eindruck.

Belege die Ergebnisse deiner Untersuchung mit **Zitaten.** Sieh dir auf Seite 100 noch einmal die Hinweise zum richtigen Zitieren an. Gib die Verszeile an und setze die Formulierung in Anführungszeichen. Wenn du etwas weglässt oder einfügst, musst du eine eckige Klammer setzen, z. B.: So erfährt der Leser, dass es „ihr […] nicht besser" (V. 4) geht.

Wortspeicher

Erinnerungsbild • ersten Strophe • Sprecher • Titel • Hauptsätze • Auslassungszeichen • „ihr gehe es nicht besser", V. 4

b Setze die Textbeschreibung zu den Strophen 2 bis 4 in deinem Heft fort.
Nutze dazu deine Ergebnisse von den Seiten 32/33. Die folgenden Satzbausteine helfen dir.

Satzbausteine

In der zweiten Strophe, die mit der Ankündigung der baldigen Abfahrt beginnt … • Die Unsicherheit, die von „ihm" empfunden wird, zeigt sich in der dritten Strophe … • Die vierte Strophe unterscheidet sich …

5 Formuliere nun selbst in deinem Heft einen Schluss, indem du Stellung nimmst zu dem Gedicht.
Verwende dabei geeignete Formulierungen (z. B.: „Zusammenfassend kann man sagen, dass …").

6 Verfasse im Heft eine vollständige Gedichtbeschreibung.

7 a Formuliere den Schreibplan im Informationskasten auf Seite 34 in Fragen für eine Checkliste zur Textbeschreibung um, z. B.: *Habe ich in der Einleitung auf alle notwendigen Angaben geachtet?* **Schreibe ins Heft.**
b Nutze die Checkliste anschließend, um deine Gedichtbeschreibung zu überarbeiten.

Stärken stärken: Eine Gedichtbeschreibung verfassen (3. Schritt)

●●○ 1 **Lies den Infokasten auf der Seite 34 durch.**

●●○ 2 **Schreibe eine Einleitung zu deiner Textbeschreibung. Nutze dazu die folgenden Formulierungsbausteine:**

Formulierungsbausteine

Das Gedicht „…“ von … aus dem Jahr … • In dem Gedicht mit dem Titel „…“ von … aus dem Jahr … • beschreibt … • geht es um … • wird … dargestellt • handelt von … • Der Autor … schrieb das Gedicht „…“ im Jahr … • Das von … verfasste Gedicht „…“ ist dem Stil … zuzuordnen • thematisiert … • beschäftigt sich mit dem Thema …

____

____

____

Nenne in der **Einleitung** die Art des Textes, den Titel, den Namen des Autors / der Autorin, das Entstehungsjahr und das Thema des Textes.

●●○ 3 **Zu Beginn des Hauptteils fasst du den Inhalt des Gedichts zusammen. Ergänze den Lückentext in deinem Heft mit den passenden Begriffen. Nutze die Ergebnisse aus Aufgabe 3 von Seite 31.**

Die erste Strophe schildert das unerwartete ? . Beide nehmen sich als ? wahr. Bereits am nächsten Tag will ? weiterreisen. Im Verlauf ihrer Zusammenkunft verändern sich ? der beiden Personen. Während die Frau zu Beginn noch recht fröhlich erscheint, geht es ihr im weiteren Verlauf schlechter und sie weint schließlich. Als die beiden jedoch ? denken, kehren sie für eine Nacht wieder zu ihren alten Gefühlen zurück. Am Morgen des nächsten Tages jedoch sind sie sich fremd und ? . Am Ende des Gedichts reist die Frau ab, und noch während die beiden sich zuwinken, deutet sich ? an.

●●○ 4 **Die folgende Gedichtbeschreibung zu Kästners „Repetition des Gefühls“ stellt Bezüge zwischen Inhalt, Form und sprachlicher Gestaltung her. Kennzeichne diese Bezüge im Text unten. Markiere dazu mit unterschiedlichen Farben: formale Aspekte blau, inhaltliche Aussagen grün, Textbelege orange.**

Im **Hauptteil** bringst du die Ergebnisse deiner Untersuchung auf den Punkt.
Fasse kurz den Inhalt zusammen, beschreibe den formalen Aufbau und die sprachlichen Gestaltungsmittel. Stelle einen Bezug zum Inhalt her.

Das Gedicht „Repetition des Gefühls“ beschreibt die Wiederbegegnung einer Frau und eines Mannes, die einmal ein Liebespaar waren. Der Sprecher des Gedichts ist nicht Teil des Geschehens, er beobachtet von außen und verhält sich dabei distanziert. Dies zeigt sich an der mehrfachen Verwendung von Konjunktivformen, so z. B. in der ersten Strophe: „Und sie fände ihn bedeutend blässer“ (V. 2), „ihr gehe es nicht besser“ (V. 4).
Die Sprache des Gedichts ist sachlich. Dies wird schon im Titel des Gedichts deutlich. Das Fremdwort „Repetition“ drückt aus, dass die Wiederbegegnung wie eine Wiederholung der früheren Beziehung der beiden verläuft. Das Metrum (Trochäus) entspricht dem Inhalt, weil ein eher monotoner Rhythmus entsteht, der die leidenschaftslose Wiederbegegnung unterstreicht.
Der formale Aufbau des Gedichts geht mit der inhaltlichen Aussage einher: Annäherung einer namentlich nicht benannten „sie“ (V. 1) und eines ebenso wenig benannten „er“ (V. 3) in den ersten beiden Strophen, die in der dritten Strophe zu einer gemeinsamen Liebesnacht führt. Hier verbinden sich die Personalpronomen der 3. Person Singular zu der Pluralform „sie“ (V. 14). Die Anapher in den Versen 9, 11 und 12, das wiederholte „Und“, unterstreicht die Bedeutung, inhaltlich wird dies durch die Wortwahl bestätigt: „Und sie dachten an vergangne Jahre. / Und so wurde es zum Schluss wie einst.“ (V. 11, 12)

5 a Ergänze den folgenden Lückentext durch die Angaben im Wortspeicher. Das sind passende Zitate, Fachausdrücke oder Deutungen.

Schon in der ______________________ deutet sich an, dass eine „Repetition des Gefühls" (______________________) nur ein Wunsch bleibt. Stehen die ______________________ im ersten Vers noch für die Hoffnung, es könnte sich das Gefühl von einst wiederholen, zeigt sich schon bald dass „er" dem ______________________ nicht standhält: „Und sie fände ihn bedeutend blässer" (V. 2). Der Konjunktiv der indirekten Rede „fände" (V. 2), der sich auch im letzten Vers der ersten Strophe noch einmal wiederholt (______________________), ist ein deutlicher Hinweis auf innere Distanzierung. Der ______________________ beobachtet distanziert. Die kurzen, hintereinander folgenden ______________________ in der zweiten Strophe bestätigen als stilistisches Mittel einer Hypotaxe diesen Eindruck.

Belege die Ergebnisse deiner Untersuchung mit **Zitaten.** Sieh dir auf Seite 100 noch einmal die Hinweise zum richtigen Zitieren an. Gib die Verszeile an und setze die Formulierung in Anführungszeichen. Wenn du etwas weglässt oder einfügst, musst du eine eckige Klammer setzen, z. B.: So erfährt der Leser, dass es „ihr [...] nicht besser" (V. 4) geht.

Wortspeicher

Erinnerungsbild • ersten Strophe • Titel des Gedichts • Auslassungszeichen • Hauptsätze • „ihr gehe es nicht besser", V. 4 • Sprecher im Gedicht

b Setze die Textbeschreibung zu den Strophen 2 bis 4 in deinem Heft fort. Nutze dazu die Ergebnisse von den Seiten 32 und 33. Die folgenden Satzbausteine helfen dir.

Satzbausteine

In der zweiten Strophe, die mit der Ankündigung der baldigen Abfahrt beginnt, ... • Die Unsicherheit, die von „ihm" empfunden wird, zeigt sich in der dritten Strophe ... • Die vierte Strophe unterscheidet sich ...

6 Formuliere nun selbst einen <u>Schluss</u> in deinem Heft, indem du Stellung nimmst zu dem Gedicht „Repetition des Gefühls". Verwende dabei geeignete Formulierungen aus dem Wortspeicher.

Wortspeicher

Zusammenfassend kann man sagen, dass das Gedicht ... • Auffallend ist, dass ... • Insgesamt wird deutlich, dass in dem Gedicht ... • Wie oben gezeigt, unterstreichen die sprachlichen Bilder ... • Meiner Meinung nach wird in dem Gedicht ... • Das Gedicht lässt sich auch heute noch auf ... übertragen, denn ...

7 Verfasse im Heft eine vollständige Gedichtbeschreibung.

8 a Formuliere den Schreibplan im Informationskasten auf Seite 34 in Fragen für eine Checkliste zur Textbeschreibung um, z. B.: *Habe ich in der Einleitung auf alle notwendigen Angaben geachtet?* **Schreibe ins Heft.**

b Nutze die Checkliste anschließend, um deine Gedichtbeschreibung zu überarbeiten.

Stärken stärken: Eine Gedichtbeschreibung verfassen (3. Schritt)

●●● 1 **Lies den Infokasten auf der Seite 34 durch.**

●●● 2 a **Lies die Kurzinformation über den Autor Erich Kästner.**
b **Unterstreiche Stichworte, die dir wichtig erscheinen.**

Erich Kästner (1899–1974) arbeitete zunächst als Journalist. Bekannt wurde er in den 1920er-Jahren als Theaterkritiker und Autor von Gedichten.
Sein Stil ist durch die „Neue Sachlichkeit" geprägt (ca. 1920–1932), die sich einer möglichst genauen Wiedergabe der Realität verpflichtet fühlt und in sachlicher, nüchterner Sprache von meist tatsächlichen und alltäglichen Geschehnissen berichtet. Oft steht dabei der einzelne Mensch im Vordergrund.
Kästners Bücher wurden am 10. Mai 1933 von den Nationalsozialisten öffentlich verbrannt und dem Autor wurde ein Schreibverbot erteilt. Die Zeit während der NS-Diktatur (1933 bis 1945) verbrachte Kästner zurückgezogen in Deutschland.
Nach dem Krieg erhielt er für seine Kinderbücher (z. B.: „Emil und die Detektive", „Pünktchen und Anton", „Das fliegende Klassenzimmer") im In- und Ausland Anerkennung und Preise.
Das Gedicht „Repetition des Gefühls" erschien 1929 in dem Gedichtband „Lärm im Spiegel".

●●● 3 **In dem kurzen Text zu Erich Kästner ist auch die Rede vom Stil der „Neuen Sachlichkeit".**
a **Schreibe in Stichworten auf, was diesen Stil kennzeichnet.**

– *zeitliche Einordnung: 1920 bis 1932*
–
–
–
–

b **Zeige anhand von Textbelegen, inwieweit Kästners Gedicht „Repetition des Gefühls" dem Stil der „Neuen Sachlichkeit" zuzuordnen ist. Schreibe in dein Heft.**

möglichst genaue Wiedergabe der Realität: Die Entfremdung zwischen dem einstigen Paar wird ohne Beschönigung dargestellt, insbesondere in Strophe 4: „waren sie einander fremd wie nie" (V. 14), „logen sie" (V. 16). Sachliche …

●●● 4 **Schreibe eine Einleitung zu deiner Textbeschreibung in dein Heft. Nutze dazu die folgenden Formulierungsbausteine:**

Formulierungsbausteine

Das Gedicht „…" von … aus dem Jahr … • beschreibt … •
In dem Gedicht mit dem Titel „…" von … aus dem Jahr … •
geht es um … • wird … dargestellt • handelt von … •
Der Autor … schrieb das Gedicht „…" im Jahr … •
Das von … verfasste Gedicht „…" ist dem Stil … zuzuordnen •
thematisiert … • beschäftigt sich mit dem Thema …

Nenne in der **Einleitung** die Art des Textes, den Titel, den Namen des Autors / der Autorin, das Entstehungsjahr und das Thema des Textes.

●●● 5 **Bearbeite nun die Aufgaben 3 bis 8 auf den Seiten 36 und 37.**

Teste dich!

Ein Gedicht beschreiben

Erich Kästner

Sachliche Romanze (1929)

Als sie einander acht Jahre kannten
(und man darf sagen: Sie kannten sich gut),
kam ihre Liebe plötzlich abhanden.
Wie andern Leuten ein Stock oder Hut.

Sie waren traurig, betrugen sich heiter,
versuchten Küsse, als ob nichts sei,
und sahen sich an und wussten nicht weiter.
Da weinte sie schließlich. Und er stand dabei.

Vom Fenster aus konnte man Schiffen winken.
Er sagte, es wäre schon Viertel nach vier
und Zeit, irgendwo Kaffee zu trinken. –
Nebenan übte ein Mensch Klavier.

Sie gingen ins kleinste Café am Ort
und rührten in ihren Tassen.
Am Abend saßen sie immer noch dort.
Sie saßen allein, und sie sprachen kein Wort
und konnten es einfach nicht fassen.

1 a **Lies das Gedicht. Welche Aussage trifft am besten das Thema des Gedichts? (2 P.)**

In dem Gedicht „Sachliche Romanze“ von Erich Kästner geht es um …

☐ ein Liebespaar, das bereits seit acht Jahren eine glückliche Beziehung führt.

☐ das sprachlose Ende einer langjährigen Liebesbeziehung.

☐ irgendwelche Probleme innerhalb einer Beziehung.

b **Begründe deine Entscheidung im Heft mit passenden Textbelegen. (2 P.)**

2 **Setze den Titel des Gedichts in Beziehung zu seinem Inhalt. Schreibe in dein Heft. Gehe dabei auch auf die Gegensätzlichkeit ein, die im Titel und Gedicht zum Ausdruck kommt. (3 P.)**

3 **Verbinde die Zitate links mit der jeweils zutreffenden Überlegung rechts. (4 P.)**

A „Sachliche Romanze“

B „kam ihre Liebe plötzlich abhanden. / Wie andern Leuten ein Stock oder Hut.“

C „Da weinte sie schließlich. Und er stand dabei.“

D „Vom Fenster aus konnte man Schiffen winken.“

1 Vorausdeutung: Das Bild des Schiffes, das sich entfernt, nimmt den Abschied vorweg.

2 Hilflosigkeit zeigt sich in unverbunden nebeneinanderstehenden Hauptsätzen (Parataxe).

3 Sprachliches Bild des Vergleichs verweist auf Nachlässigkeit im Alltag.

4 widersprüchliche Verbindung zweier Gegensätze (Verstand und Gefühl)

Vergleiche deine Ergebnisse mit dem Lösungsheft. Für jede richtige Antwort erhältst du einen Punkt.

☺ 11–9 Punkte	😐 8–5 Punkte	☹ 4–0 Punkte
Gut gemacht!	Gar nicht schlecht, aber lies dir die Informationen auf den Seiten 30 bis 34 noch einmal genau durch.	Arbeite die Seiten 30 bis 38 noch einmal sorgfältig durch.

Begründet Stellung nehmen

Methode **Einen argumentativen Sachtext untersuchen**

Ein **Sachtext** verfolgt meist eine Aussageabsicht (Intention), z. B.: informieren, werten oder beeinflussen. Untersuche (analysiere) folgende Aspekte des Textes:

1 Thema/Inhalt und Gedankengang (Argumentationsaufbau)
- Auf welches Thema konzentriert sich der Text? Was sind die Hauptaussagen (Thesen)?
- Welche Argumente werden genannt? Ist die Argumentation schlüssig?
- Werden Gegenargumente berücksichtigt?

2 Aussageabsicht (Intention)
- Will der Autor / die Autorin informieren, aufklären, beschwichtigen, zum Handeln aufrufen?

3 Sprachliche Gestaltungsmittel und ihre Wirkung
- Wortwahl, z. B.: auf- oder abwertende Formulierungen, Anglizismen, Fachbegriffe
- rhetorische Stilmittel, z. B.: Vergleiche, Wiederholungen, rhetorische Fragen, Personifikationen

Schritt 1: Die Texte lesen und verstehen

1 **Zum Rahmenthema „Ernährung – Was essen wir morgen?“ erhältst du am Schuljahresbeginn die folgende Mind-Map. Was weißt du bereits über das Thema?**
Vervollständige die Mind-Map mit weiteren Ober- und Unterbegriffen, die dir dazu einfallen.

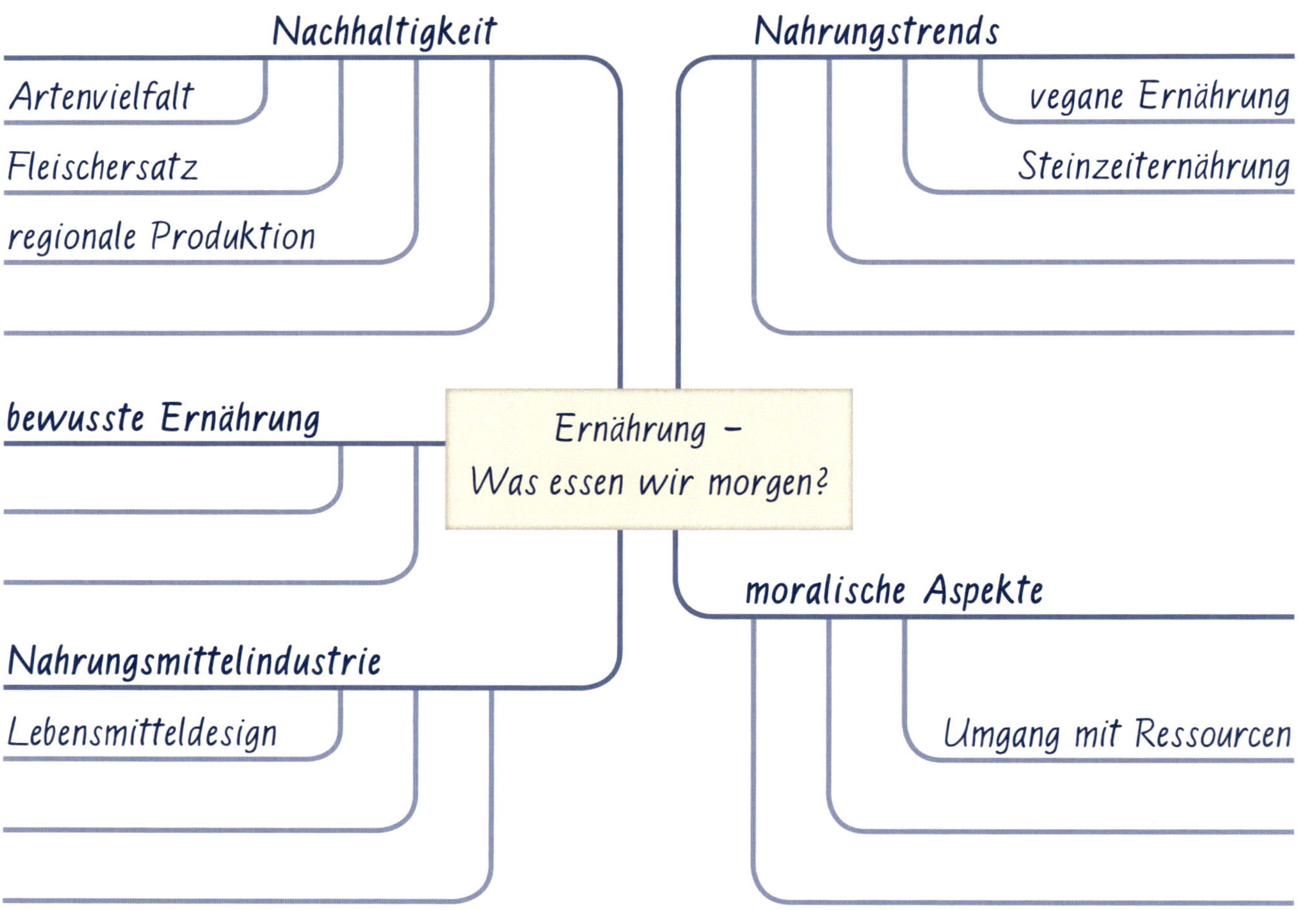

2 a **Lies die Überschrift, die Zwischenüberschriften und den Vorspann von Text 1.**
b **Formuliere kurz, mit welchem Thema sich die Autorin befasst. Schreibe ins Heft.**

Text 1 Heuschrecken zum Frühstück

Die Weltbevölkerung wächst und Fleisch wird zum Luxusgut. Unsere Ernährung wird sich in den kommenden Jahrzehnten verändern – deshalb könnten bald Insekten, Algen und sogar Laborfleisch auf unseren Tellern landen.

Proteinsnacks aus Heuschreckenmehl stehen neben Müsliriegeln mit Schokoüberzug. Chips aus Seetang neben Kartoffelchips. Und im Kühlregal machen Würstchen aus Insekten den Wienern Konkurrenz. Glaubt man Wissenschaftlern und Trendforschern, könnte das in einigen Jahren im Supermarkt Realität sein. Sicher ist, dass sich unsere Nahrung verändern wird. Das hat nicht nur etwas mit neuen Trends und sich verändernden Essgewohnheiten zu tun. Eine UN-Studie aus dem Jahr 2013 prognostiziert, dass die Weltbevölkerung bis zum Jahr 2050 auf 9,6 Milliarden Menschen anwachsen wird. Schon heute steigt der Fleischkonsum vor allem in Schwellenländern wie Indien und China stark. Acker- und Weideflächen sind dagegen begrenzt. Auf der Internationalen Grünen Woche in Berlin beschäftigt sich deshalb das „Global Forum for Food and Agriculture" mit der wachsenden Nachfrage nach Nahrung. Wie also werden die Lebensmittel unserer Zukunft aussehen?

Eiweiß

Behauptung 1

Begründung 1

„Fleisch könnte in den nächsten Jahrzehnten zum Luxusprodukt werden", sagt die britische Wissenschaftlerin Morgaine Gaye, die seit Jahren zu Nahrungsmitteltrends forscht. „Wenn die Preise hochgehen, schauen sich die Leute nach einer Alternative um." Die Ernährungs- und Landwirtschaftsorganisation der Vereinten Nationen FAO weist seit Längerem und immer wieder auf die Vorzüge von Insekten hin. Diese sind sehr proteinreich. In vielen Ländern stehen die Tierchen längst auf dem Speiseplan. Auch in Nordamerika wird derzeit besonders die Heuschrecke gesellschaftsfähig – einige Unternehmen haben das Insekt bereits für sich entdeckt. So produzieren die Next Millenium Farms in Kanada Mehl aus Heuschrecken sowie geröstete Heuschrecken und Mehlwürmer, erhältlich in den Geschmacksrichtungen BBQ, Honig-Senf oder marokkanisch. Auch die US-Firma All Things Bugs hat Heuschreckenpulver im Angebot. Und das Unternehmen Exo vertreibt Proteinriegel aus Heuschreckenmehl. Diese sind nicht nur frei von Gluten, Soja und Milch, sondern auch für Anhänger der Paleo-Diät, also der Steinzeiternährung, geeignet.

Steinzeiternährung

Der Ekel-Faktor als Problem

Das klingt skurril, doch der Verzehr von Insekten kann tatsächlich eine Alternative zum Fleischkonsum darstellen. Ihre Zucht ist weit umweltfreundlicher als die von Schweine- oder Rindfleisch. „Insekten emittieren relativ wenig Treibhausgase und erfordern weniger Wasser als die Viehzucht", heißt es im FAO-Bericht von 2013. Verarbeitet zu Burgern oder Würsten dürften Insekten auch für Fleischliebhaber interessant werden. Bleibt der Ekel-Faktor als Problem. „Viele Leute können sich jetzt noch nicht vorstellen, Insekten zu essen. Wenn wir aber die Sprache ändern und andere Worte dafür benutzen, steigt die Akzeptanz", erklärt Gaye.

Behauptung 2

ausgeben, aussenden, in die Luft blasen

Ein weiteres Problem der kommenden Zeit ist, dass die weltweiten Anbauflächen weitgehend konstant bleiben, während die Bevölkerung wächst. Das sagt Lothar Hövelmann, Geschäftsführer des Fachzentrums für Landwirtschaft bei der Deutschen Gesellschaft für Landwirtschaft (DLG). „Wir brauchen also Ausweichmöglichkeiten. In Zukunft werden deshalb viel mehr Nahrungsmittel aus dem Wasser kommen." Das könnten etwa Fische aus Netzgehegen und Aquakulturen in Fjorden sein, aber auch Shrimps – und Algen. „Algen sehen wir derzeit als sehr großes Thema", erklärt Hövelmann. Sie sind voll von ungesättigten Fettsäuren, Vitaminen und Mineralien. Auch Seegras ist proteinreich. In Suppen und Salate gemischt, könne es zudem Salz ersetzen, erklärt Wissenschaftlerin Gaye. Seegrassnacks haben schon einen Markt gefunden. Die amerikanische Firma Halo hat beispielsweise bläuliche Chips auf den Markt gebracht. „Viele andere Unternehmen werden versuchen aufzuspringen“, sagt Gaye.

Bulette aus künstlichem Fleisch

Während Heuschrecken- und Seetangprodukte in anderen Teilen der Welt bereits marktfähig sind, wird es bis zur Einführung eines anderen Nahrungsmittels noch dauern: Noch immer sind Forscher mit der Herstellung von Laborfleisch beschäftigt. 2013 präsentierten sie die erste Bulette aus künstlichem Fleisch. Angeblich bewegte sie sich geschmacklich „nahe am Fleisch“, wie Testesser bestätigten. Doch die Forscher waren nur in der Lage, tierische Muskelzellen herzustellen, mit Fettzellen taten sie sich schwer. Auch waren die Streifen von Muskelgewebe zu klein, um daraus ein Steak herzustellen. Der niederländische Mediziner Mark Post, der die Kuhzellen im Labor züchtete, glaubt an marktreifes Kunstfleisch in zehn bis zwanzig Jahren. Vom Fleisch echter Kühe dürfte es dann schwer zu unterscheiden sein.
Auch andere Veränderungen in unserem Essen werden wir nicht unbedingt bemerken. „In sehr trockenen Gebieten gibt es teilweise das Problem der Bodenversalzung. Die Wissenschaft arbeitet deshalb schon seit Längerem an der züchterischen Entwicklung salztoleranter Sorten“, sagt Hövelmann. Gleiches gelte für krankheits- und dürreresistente Pflanzensorten. Dabei kommt auch Gentechnik zum Einsatz. „Das ist natürlich ein Thema, das Widerstände hervorruft“, räumt Hövelmann ein. Was tatsächlich in einigen Jahren auf unserem Teller landet, weiß auch er nicht. Nicht zuletzt ist es Geschmacksache.

Behauptung 3

Maria Fiedler

Der Tagesspiegel, 10.01.2015

Text 2 UN-Organisation wirbt für Insekten als Mahlzeit

Kampagne für einen neuen Speiseplan: Ernährungsexperten wollen im Kampf gegen Ressourcenknappheit proteinreiche Insekten schmackhaft machen.

Leckere Larven, Grillen vom Grill, dazu geröstete Termiten oder ein Palmrüsselkäfer-Barbecue – steht all das auf der Speisekarte der Welt von morgen?
Für zahllose Menschen in Afrika, in Asien und Lateinamerika gehören Insekten schon zu den alltäglichen Nahrungsmitteln – vor allem dort, wo Fleisch und Fisch rar sind. Weil knapp eine Milliarde Menschen weltweit hungern und es auch sonst gute Gründe dafür gibt, kommt die UN-Organisation für Ernährung und Landwirtschaft (FAO) auf die etwa 1000 essbaren Insektenarten auf der Erde zurück. Sie hat eine Kampagne gestartet, um diese eiweißreichen Tiere auf leere Teller zu bringen. Ob auch in Europa bald die frittierte Wasserwanze das Steak ersetzt? Wohl eher nicht.
„Die Thais essen Maden, Heuschrecken, Kakerlaken und einiges andere mehr, als Snack, meist frittiert und dann zum Bier“, berichtet der deutsche Geschäftsmann Moritz Janosch (30) aus Indien von seinen reichhaltigen asiatischen Erfahrungen. Ihm selbst hat man solche Kleintiere zum Abendessen nicht richtig schmackhaft machen können, „denn so abenteuerlich bin ich nun auch wieder nicht“.

Hanns-Jochen Kaffsack

Die Welt, 16.11.2010

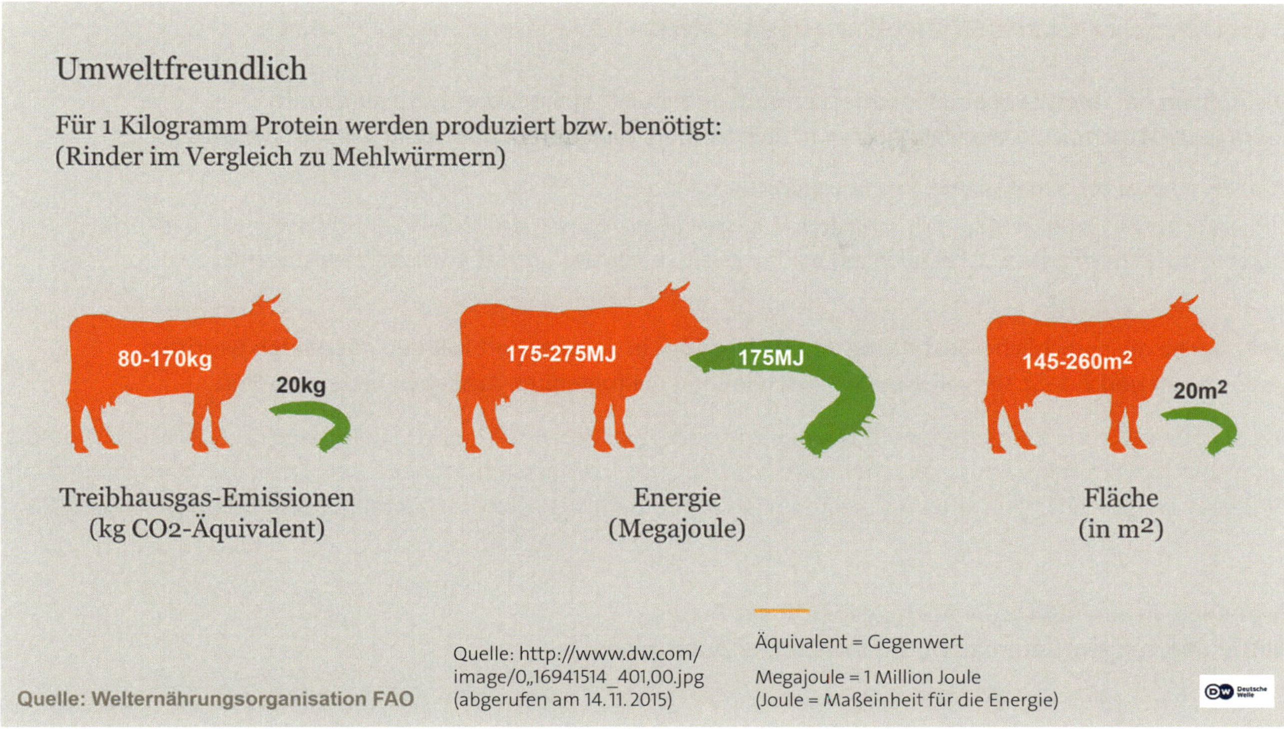

3 a **Lies Text 1 auf den Seiten 41 bis 42 gründlich. Markiere dabei Schlüsselwörter und aussagekräftige Textstellen.**
b **Kreise unbekannte Begriffe ein und kläre ihre Bedeutung. Schreibe die Erklärungen in die Randspalte.**

Arbeite mit dem Text: Unterstreiche oder markiere wichtige Informationen. Nutze die Randspalte für Notizen.

4 **Erschließe die Bedeutung der folgenden Fremdwörter und Fachbegriffe wo möglich aus dem Textzusammenhang. Ziehe Verbindungslinien zur richtigen Erklärung.**

A prognostizieren (▸ Z. 10)

B skurril (▸ Z. 33)

C Gentechnik (▸ Z. 71)

D Mineralien (▸ Z. 50)

1 seltsam, sonderbar

2 einen Verlauf vorhersagen

3 in der Erdkruste vorkommende anorganische Substanzen

4 Technik zur Erforschung und Manipulation der Erbanlagen

5 **Kreuze an, welche Position die Autorin Maria Fiedler zum Thema „Ernährung in der Zukunft" einnimmt.**

A ☐ Die Autorin warnt vor künftigen Lebensmitteln wie Insekten und Algen.
B ☐ Die Autorin plädiert aufgrund der wachsenden Weltbevölkerung für eine fleischlose Ernährung.
C ☐ Die Autorin ist der Überzeugung, dass man über Alternativen zum Fleischkonsum nachdenken muss.
D ☐ Die Autorin vertritt die Ansicht, dass sich Essgewohnheiten auch in Zukunft nicht ändern werden.

Schritt 2: Die Sachtexte analysieren

1 **Die Autorin hat ihren Artikel „Heuschrecken zum Frühstück" in Sinnabschnitte eingeteilt. Fasse jeden Abschnitt in eigenen Worten in deinem Heft zusammen. Orientiere dich am Beispiel.**

Z. 4–16 Warum wird sich unsere Ernährung verändern?
Die Autorin führt neue Trends, sich verändernde Essgewohnheiten, die steigende Weltbevölkerung und begrenzte Acker- und Weideflächen als Faktoren an, die für eine Veränderung unserer Nahrung sorgen werden.

2 **Untersuche die sprachliche Gestaltung des Textanfangs in deinem Heft mit den passenden Begriffen (▸ Vorspann und Z. 1–5). Vervollständige anschließend die folgenden Aussagen in deinem Heft.**

Die Autorin verwendet das Personalpronomen „unsere", weil sie durch das Wir-Gefühl die Leser ? und weil klar wird, dass hier ein Thema angesprochen wird, das ? . Die Aufmerksamkeit des Lesers / der Leserin gewinnt Maria Fiedler in den ersten Zeilen, indem sie eine für viele ? Zukunftsvision so darstellt, als sei sie bereits eine ? .

3 **Formuliere in einem Satz die Aussageabsicht des Textes. Will er überzeugen/unterhalten/beschwichtigen/informieren?**

4 **Im Text werden drei zentrale Behauptungen vertreten (▸ S. 45 f.). Diese sind im Text blau markiert.**

a **Eine Begründung zur ersten Behauptung ist ebenfalls markiert. Finde im Text zwei weitere Begründungen, die die Behauptung 1 stützen, unterstreiche sie in Grün und trage sie auf der Seite 45 ein.**

b **Ordne die folgenden Beispiele der passenden Begründung zu und trage sie ebenfalls ein.**

Beispiele

Fleischkonsum in Indien und China ansteigend, Acker- und Weideflächen aber begrenzt • Functional Food, bewusste Ernährung • vegane Ernährung, Paleo-Diät

c **Finde nun drei Begründungen und drei Beispiele zu Behauptung 2. Behauptung 2: „[...] der Verzehr von Insekten kann tatsächlich eine Alternative zum Fleischkonsum darstellen."** (▸ Z. 33 f.)

d **Ab Z. 67 findest du eine weitere Behauptung der Autorin: „Auch andere Veränderungen im Essen werden wir nicht unbedingt bemerken." Finde drei Begründungen und drei Beispiele zu dieser Behauptung im Text, markiere sie und notiere sie in gleicher Weise in deinem Heft.**

5 a **Formuliere die folgende Behauptung mit Begründungen und Beispielen in eigenen Worten, indem du die Lücken mit den passenden Begriffen füllst. Schreibe in dein Heft.**

b **Welche Zitierweisen werden in diesem Beispiel genutzt? Markiere die entsprechenden Stellen.**

Maria Fiedler ist sich sicher, „dass sich unsere Nahrung verändern wird" (▸ Z. 8). Eine wichtige Begründung, die diese Aussage stützt, ist die Tatsache, dass die ? laut einer ? aus dem Jahr 2013 weiter ? wir (vgl. Z. 9 ff.). Der wachsenden ? nach Nahrung stehen aber begrenzte ? gegenüber. Gefragt sind zukünftig also Alternativen zum ? , bei deren Produktion u. a. weniger ? benötigt wird.

Zitate

- Setze **wörtliche (direkte) Zitate** in Anführungszeichen und gib die Zeilen an, z. B.: Maria Fiedler ist sich sicher, „dass sich unsere Nahrung verändern wird" (▸ Z. 8).
- Formuliere **sinngemäße (indirekte) Zitate** mit eigenen Worten, z. B.: Die Autorin entwirft ein Zukunftsbild, bei dem sich exotisch anmutende Lebensmittel in den Supermarktregalen finden (vgl. Z. 4 ff.).
- **Äußerungen Dritter** können auch in der indirekten Rede wiedergegeben werden, z. B.: Viele Leute könnten sich jetzt noch nicht vorstellen, Insekten zu essen, meint die britische Wissenschaftlerin Morgaine Gaye.

Behauptung 1: „Sicher ist, dass sich unsere Nahrung verändern wird.“ (▸ Z. 8)

Begründung 1: neue Trends (Z. 9)

Beispiel: vegane Ernährung, Paleo-Diät

Begründung 2: ______

Beispiel: ______

______

Begründung 3: ______

Beispiel: ______

6 a Lies Text 2.
b Welche Behauptung, Begründungen und Beispiele werden in Text 2 genannt? Streiche nicht Zutreffendes durch.

Behauptung: Es gibt keine vernünftigen Gründe, Insekten zu essen. / Es gibt gute Gründe, Insekten zu essen.
Begründung: Kampf gegen den weltweiten Hunger, Ressourcenknappheit / Insekten weltweit alltägliches Nahrungsmittel, Ressourcenvielfalt
Beispiel: In Europa gehören Insekten zu den alltäglichen Lebensmitteln. / In Afrika, Asien und Lateinamerika gehören Insekten zu den alltäglichen Lebensmitteln.

7 Betrachte das Schaubild auf S. 43 und werte es aus.
a Entscheide, ob die nachfolgenden Aussagen zutreffen oder nicht. Kreuze an.
b Berichtige die falschen Aussagen in deinem Heft.

	richtig	falsch
A Als Quelle für die angegebenen Daten wird die Welternährungsorganisation genannt.	☐	☐
B Das Schaubild zeigt, dass Rindfleischkonsum im Vergleich zum Verzehr von Mehlwürmern umweltfreundlicher ist.	☐	☐
C Die benötigte Energie für 1 kg Protein ist bei Rindern mehr als doppelt so hoch wie bei Mehlwürmern.	☐	☐
D Die entstehenden Treibhausgasemissionen sind bei Mehlwürmern deutlich geringer.	☐	☐
E Rinder und Mehlwürmer benötigen bei der Aufzucht gleich viel Fläche.	☐	☐
F Das Schaubild vergleicht Rinder und Mehlwürmer hinsichtlich der Produktion von einem Kilogramm Protein.	☐	☐

Grafiken entschlüsseln
- Stelle fest, worum es in der Grafik geht.
- Untersuche, was die Grafik darstellt, z. B.: einen Vorgang oder eine Situation.
- Prüfe, ob die Grafik Farben, Beschriftungen, Symbole enthält, die du klären musst.
- Setze angegebene Zahlen zueinander in Bezug, z. B.: Maximal-, Minimalwerte.
- Schreibe auf, worüber die Grafik informiert.

8 Welche Aussage des Textes 1 (▸ S. 41 f.) wird durch das Schaubild belegt? Ergänze den Text und notiere die Textstelle.

Das Schaubild belegt, dass Insekten relativ wenig ______ emittieren (Z. ______ f.). Bei der Produktion von 1 kg ______ aus Rinderfleisch entstehen 80–170 kg ______ -Emissionen, bei der gleichen Menge Insektenprotein lediglich ______ kg.

Stärken stärken: Eine Materialsammlung anlegen (3. Schritt)

Methode **Eine Materialsammlung anlegen**

Um die Ergebnisse von Textauswertungen z. B. für ein Referat oder eine schriftliche Arbeit verfügbar zu haben, musst du die Informationen in einer übersichtlichen Form zusammenfassen.

- Lege einen **Ordner** an, in dem du die von dir bearbeiteten Materialien abheftest.
- Achte darauf, dass du zu jedem Originaltext die **Quellenangabe** notierst.
- Werte die Materialien aus und erstelle eine **Textzusammenfassung** mit den wichtigsten Informationen.
- Nummeriere deine Texte fortlaufend und erstelle ein **Inhaltsverzeichnis** mit Seitenangaben, das dir das Auffinden der Materialien erleichtert.

●○○ 1 **Erstelle zum Beitrag von Hanns-Jochen Kaffsack (▸ S. 42) eine Materialsammlung. Ergänze dazu die Angaben unten.**

Text 2

Titel	
Autor/-in	
Quelle	
Textart	
Thema	
Kernaussage	*Es gibt gute Gründe für den Verzehr von Jnsekten.*
Inhalt / Zentrale Aussagen	*– Lösung ...* *–*
Wichtige Zitate (wörtlich, direkt)	*„Für zahlreiche Menschen ...*
Anmerkung	

●●○ 1 **Erstelle nach dem Muster eine Materialsammlung für die Texte 1 und 2.**

●●● 1 **Erstelle nach dem Muster eine Materialsammlung für die Texte 1, 2 und das Schaubild.**

Stärken stärken: Einen Leserbrief oder Blogbeitrag verfassen (4. Schritt)

Information **Schreibplan für einen argumentierenden Leserbrief/Blogbeitrag**

- Nenne in der **Einleitung** Titel, Verfasser/-in und Datum des Artikels. Formuliere den Anlass deines Leserbriefs oder Blogbeitrags (persönlicher Bezug) und leite dann zum Hauptteil über.
- Im **Hauptteil** formulierst du deinen Standpunkt und nennst hierfür Argumente. Für deine Argumentation führst du treffende Beispiele an, z. B. einen Beleg aus der Zeitung, ein Zitat von einer Expertin / einem Experten oder ein Beispiel aus deinem Erfahrungsbereich. Entkräfte mögliche Gegenargumente.
- Zum **Schluss** wiederholst du deinen Standpunkt und formulierst einen Appell, eine Forderung oder einen Vorschlag.

Deine Schreibaufgabe lautet:
Schreibe einen Leserbrief oder Blogbeitrag, in dem du auf den Artikel von Hanns-Jochen Kaffsack (Text 2) eingehst. Du befürwortest die UN-Kampagne und nennst zwei Argumente, warum Insekten als Nahrung eine mögliche Alternative zu anderen Fleischsorten darstellen. Entkräfte auch ein mögliches Gegenargument.

●○○ 1 **Gliedere deinen Leserbrief oder Blogbeitrag und lege fest, welche Argumente du ausführen möchtest. Beziehe dabei auch die Auswertungen auf den Seiten 44–46 ein. Ergänze die Übersicht in Stichworten.**

Begründung 1:	*Zucht von Jnsekten umweltfreundlicher als die von Rindern*
Beispiel:	
Begründung 2:	
Beispiel:	*Jnsekten als Snacks, Proteinriegel, Würstchen*
Gegenbegründung:	*Es ist zwar richtig, dass ein gewisser Ekel-Faktor bleibt.*
	Ansprechende …

●○○ 2 a **Mache in der Einleitung zunächst allgemeine Angaben zum Artikel, auf den sich dein Leserbrief oder Blogbeitrag bezieht. Vervollständige dazu den Lückentext.**

Der Zeitungsbericht ? (Titel) von ? (Autor/-in) vom ? (Datum) informiert über ? (Thema).

b **Jannis hat den Anlass für seinen Leserbrief verdeutlicht, indem er einen persönlichen Bezug hergestellt hat. Ergänze seine Ausführungen mit den passenden Begriffen in deinem Heft.**

Als überzeugter Anhänger einer umweltbewussten ? achte ich schon seit Langem darauf, woher meine ? kommen und unter welchen ? sie produziert werden. Der Kauf von ? -Milch, ? -Bananen, ? -Eiern ist für mich selbstverständlich, wohingegen der Genuss von ? meiner umweltbewussten Ernährung eigentlich widerspricht.

●○○ 3 **Verdeutliche zu Beginn des Hauptteils deinen eigenen Standpunkt. Schreibe in dein Heft. Du kannst dabei auf die folgenden Formulierungen zurückgreifen:**

Wortspeicher

Ich bin der Auffassung/Meinung/Ansicht, dass … • Ich befürworte die Forderung … • Mein Standpunkt ist …

**●○○ 4 Jannis hat seine Begründungen für den Hauptteil ausgeführt.
Fülle die Lücken mit den passenden Ergänzungen aus dem Wortspeicher.**

Ein weiterer wichtiger Aspekt zur im Artikel eingeführten ____________ der gewohnten Fleischsorten, der für den ____________ von Insekten spricht, ist die Tatsache, dass die ____________ von Insekten wesentlich umweltfreundlicher ist als die von ____________. Laut einer Veröffentlichung der FAQ entstehen beispielsweise bei der Insektenzucht deutlich weniger ____________-Emissionen. Bei der Herstellung von 1 kg ____________ aus Rindfleisch entstehen ca. 80–170 kg Treibhausgase, bei der gleichen Menge Insektenproteine jedoch nur ca. ____ kg. Für die Umweltfreundlichkeit der Insektenzucht spricht zudem auch die benötigte ____________, die bei der Rinderzucht ca. das Zehnfache beträgt.

Besonders wichtig sind auch die vielfältigen ____________ von Insekten, die den Verzehr interessant machen. So gibt es z. B. geröstete ____________ und Mehlwürmer in verschiedenen Geschmacksrichtungen. Nicht zuletzt können Experimentierfreudige auch zu ____________ greifen, nicht aus Rindfleisch, sondern eben aus Insekten.

Wortspeicher

Fläche • Protein • Zucht • Heuschnecken • Rindern • Verarbeitungsmöglichkeiten • Treibhausgas • Knappheit • Würstchen • 20 • Verzehr

**●○○ 5 Jannis entkräftet eine mögliche Gegenbegründung.
Markiere die Gegenbegründung und die entkräftende Begründung mit unterschiedlichen Farben.**

Jannis:
Obwohl es viele gute Gründe gibt, künftig auch Insekten zu essen, steht dem doch die kulturelle Prägung im Wege. Die Vorstellung, Mehlwürmer, Heuschrecken oder Ähnliches auf dem Teller zu finden, ist für viele einfach eklig. Findige Unternehmer setzen deshalb auf Produkte, denen nicht anzusehen ist, dass sie aus Insekten hergestellt sind. So produziert z. B. die Firma Exo Proteinriegel aus Heuschreckenmehl.

Wortspeicher

Satzanfänge: Eine Begründung für ... • Besonders wichtig ist ... • Zunächst ist ... zu nennen • Für ... spricht außerdem ... • Ein weiterer wichtiger Aspekt ist ... • Der wichtigste Punkt ist ...
Verknüpfungshilfen: folglich • deshalb • demzufolge • weiterhin • schließlich • zudem • infolgedessen

**●○○ 6 Formuliere einen Appell, eine Forderung oder einen Vorschlag, mit dem / mit der du deinen Leserbrief beenden willst, in deinem Heft.
Du kannst so beginnen:**
„Liebe Leser, unterstützen Sie die UN-Kampagne und ...“

●○○ 7 Schreibe den vollständigen Leserbrief in dein Heft.

Stärken stärken: Einen Leserbrief oder Blogbeitrag verfassen (4. Schritt)

Information **Schreibplan für einen argumentierenden Leserbrief/Blogbeitrag**

- Nenne in der **Einleitung** Titel, Verfasser/-in und Datum des Artikels. Formuliere den Anlass deines Leserbriefs oder Blogbeitrags (persönlicher Bezug) und leite dann zum Hauptteil über.
- Im **Hauptteil** formulierst du deinen Standpunkt und nennst hierfür Argumente. Für deine Argumentation führst du treffende Beispiele an, z. B. einen Beleg aus der Zeitung, ein Zitat von einer Expertin / einem Experten oder ein Beispiel aus deinem Erfahrungsbereich. Entkräfte mögliche Gegenargumente.
- Zum **Schluss** wiederholst du deinen Standpunkt und formulierst einen Appell, eine Forderung oder einen Vorschlag.

Deine Schreibaufgabe lautet:
Schreibe einen Leserbrief oder Blogbeitrag, in dem du auf den Artikel von Hanns-Jochen Kaffsack (Text 2) eingehst. Du befürwortest die UN-Kampagne und nennst zwei Argumente, warum Insekten als Nahrung eine mögliche Alternative zu anderen Fleischsorten darstellen. Entkräfte auch ein mögliches Gegenargument.

1 Gliedere deinen Leserbrief oder Blogbeitrag und lege fest, welche Argumente du ausführen möchtest. Beziehe dabei auch die Auswertungen auf den Seiten 44–46 ein. Ergänze die Übersicht in Stichworten.

Begründung 1: *Zucht von Insekten umweltfreundlicher als die von Rindern*

Beispiel: ______

Begründung 2: ______

Beispiel: *Insekten als Snacks ...*

Gegenbegründung: *Es ist zwar richtig, dass*

2 a Mache in der Einleitung zunächst allgemeine Angaben zum Artikel, auf den sich dein Leserbrief oder Blogbeitrag bezieht. Vervollständige dazu den Lückentext.

Der Zeitungsbericht ______ von ______ vom ______ informiert über ______.

b Verdeutliche im Anschluss den Anlass für deinen Leserbrief, indem du einen persönlichen Bezug herstellst. Wähle einen der folgenden Satzanfänge und ergänze ihn in deinem Heft.

Wortspeicher

Als überzeugter Anhänger einer umweltbewussten Ernährung ... • Die neuesten Trends und Entwicklungen, auch im Bereich der Ernährung, ... • Diesen Artikel habe ich mit großem Interesse gelesen, da ... • Da ich selbst möglichst wenig Fleisch esse, ...

3 Verdeutliche zu Beginn des Hauptteils deinen eigenen Standpunkt. Schreibe in dein Heft. Du kannst dabei auf die folgenden Formulierungen zurückgreifen:

Wortspeicher

Ich bin der Aufassung/Meinung/Ansicht, dass ... • Ich befürworte die Forderung ... • Mein Standpunkt ist ...

4 Formuliere deine Begründungen aus Aufgabe 1, Seite 49 in deinem Heft aus. Nutze auch die Formulierungshilfen im Wortspeicher unten auf der Seite. Du kannst z. B. so beginnen:

Ein weiterer wichtiger Aspekt zur im Artikel angeführten Knappheit der gewohnten Fleischsorten, der für den Verzehr von Jnsekten spricht, ist die Tatsache, dass die Zucht von Jnsekten wesentlich umweltfreundlicher ist als die von Rindern. Laut einer Veröffentlichung der ... Besonders wichtig sind auch die vielfältigen Verarbeitungsmöglichkeiten ... Nicht zuletzt können Experimentierfreudige ...

5 Tim und Jannis entkräften in ihren Leserbriefen eine mögliche Gegenbegründung. Beurteile die beiden Textausschnitte. Arbeite in deinem Heft.

Tim:
Sicher kann man nun einwenden, dass der Verzehr von Jnsekten eklig ist. Wenn es gelingt, den Ekel-Faktor zu reduzieren, wird die UN-Kampagne auch erfolgreich sein.

Jannis:
Obwohl es viele gute Gründe gibt, künftig auch Jnsekten zu essen, steht dem doch die kulturelle Prägung im Wege. Die Vorstellung, Mehlwürmer, Heuschrecken oder Ähnliches auf dem Teller zu finden, ist für viele einfach eklig. Findige Unternehmer setzen deshalb auf Produkte, denen nicht anzusehen ist, dass sie aus Jnsekten hergestellt sind. So produziert z.B. die Firma Exo Proteinriegel aus Heuschreckenmehl.

Wortspeicher

Satzanfänge: Eine Begründung für ... • Besonders wichtig ist ... • Zunächst ist ... zu nennen • Für ... spricht außerdem ... • Ein weiterer wichtiger Aspekt ist ... • Der wichtigste Punkt ist ...
Verknüpfungshilfen: folglich • deshalb • demzufolge • weiterhin • schließlich • zudem • infolgedessen

a Notiere die Gegenbegründung, auf die sich Tim und Jannis beziehen.
b Erläutere, auf welche Weise die Gegenbegründung jeweils entkräftet wird.
c Begründe, welche Vorgehensweise du überzeugender findest.

6 Notiere einen Appell, eine Forderung oder einen Vorschlag, mit dem / mit der du deinen Leserbrief beenden willst.

7 Schreibe den vollständigen Leserbrief in dein Heft.

Teste dich!

Einen Leserbrief überarbeiten

Im Artikel „Heuschrecken zum Frühstück“ wagt Maria Fiedler einen Blick in die Zukunft und zeigt Alternativen zum heutigen Fleischkonsum auf. Neben Insekten und Algen als möglicher Nahrung geht sie auch auf die Herstellung von künstlichem Fleisch ein. Für Fleisch aus dem Labor spricht zuerst der geringe Verbrauch von Ressourcen.
So werden z.B. für die Rinderzucht große Weideflächen benötigt. Laut Welternährungsorganisation FAO benötigt man für die Herstellung von einem Kilogramm Protein aus Rindfleisch 145–206 m² Nutzfläche. Kunstfleisch aus dem Reagenzglas benötigt keine Weideflächen. Es gäbe auch keine Tiere, die Wasser verbrauchen und gefüttert werden müssen. Für Kunstfleisch sprechen außerdem auch ethische Gründe. Nicht zuletzt ist die Herstellung von Laborfleisch wesentlich umweltschonender als die herkömmliche Zucht. Hohe Treibhausgasemissionen, wie sie bei der Rinderzucht entstehen, gäbe es im Labor nicht. Pro Kilo Protein könnte man laut FAO ca. 80–170 kg Treibhausgasemissionen vermeiden. Zu bedenken ist sicherlich, dass Fleisch aus dem Reagenzglas von den Verbrauchern zunächst nicht akzeptiert würde. Man müsste ihnen nahebringen, dass das Laborfleisch aus nichts anderem besteht als jenes vom Metzger. Es wird aus tierischen Muskelzellen gezüchtet.

1 Überarbeite Lukas' Leserbrief.
- a **Kennzeichne am Rand Einleitung und Hauptteil. (1 P.)**
- b **Markiere Begründungen, Beispiele/Belege und Gegenbegründung. (3 P.)**
- c **Notiere in der Randspalte Überarbeitungstipps. Wo fehlt etwas? (4 P.)**
- d **Schreibe den überarbeiteten Leserbrief in dein Heft. (7 P.)**

Checkliste

Fit für eine Textbeschreibung?

	☺	☹
▪ Nennst du in der Einleitung Titel, Verfasser/-in und Datum des Artikels?		
▪ Formulierst du den Anlass deines Leserbriefs/Blogbeitrags?		
▪ Gibt es eine Überleitung zwischen Einleitung und Hauptteil?		
▪ Führst du im Hauptteil drei Begründungen an und erläuterst diese mit guten Beispielen?		
▪ Entkräftest du eine mögliche Gegenbegründung?		
▪ Bekräftigst du zum Schluss deinen Standpunkt?		
▪ Formulierst du zuletzt einen Appell, eine Forderung oder einen Vorschlag?		

Vergleiche deine Ergebnisse mit dem Lösungsheft.

☺ 15–12 Punkte	😐 11,5–6 Punkte	☹ 5,5–0 Punkte
Gut gemacht!	Gar nicht schlecht, aber lies dir den Merkkasten auf Seite 47 noch einmal genau durch.	Arbeite die Seiten 47 bis 50 noch einmal sorgfältig durch.

Produktiver Umgang mit Texten

Information **Figuren zum Sprechen bringen**

Eine Möglichkeit, sich genauer in Figuren eines Textes einzufühlen, besteht darin, sie in einer bestimmten Situation zum Sprechen zu bringen. Dies gelingt z. B. in Form eines **inneren Monologs, eines Gesprächs, eines Tagebucheintrags** oder **eines Briefes.**
Für alle produktiven Schreibformen gilt:

1 Die äußere Situation klären: In welcher Situation befinden sich die Figuren? Wie kam es dazu? Welche Figuren sind an der Situation beteiligt? Was hast du über sie erfahren?
2 Die innere Situation klären: Was denkt oder fühlt die Figur? In welcher Stimmung befindet sie sich? Welche Möglichkeiten hat sie?

1 **Lies die folgende Szene aus William Shakespeares Drama „Romeo und Julia".**

Einen Dramenauszug erschließen

Der Schauplatz von „Romeo und Julia" ist die mittelalterliche Stadt Verona in Italien. Die Handlung spielt im 16. Jahrhundert. Im Mittelpunkt stehen zwei junge Liebende: Romeo Montague und Julia Capulet, deren adlige Familien seit Generationen verfeindet sind.
Zu Beginn des 1. Aktes (1. Szene) geraten auf einem großen Platz in Verona einige Mitglieder der verfeindeten Familien in einen heftigen Streit. Der Fürst von Verona, Prinz Escalus, verlangt daraufhin unter Androhung der Todesstrafe, dass die Familien Frieden halten. Capulet, Julias Vater, und Paris, ein Verwandter des Prinzen, kommen ins Gespräch. Später trifft Romeo auf seinen Cousin Benvolio. Der versucht, ihn zu trösten, denn Romeo ist zu diesem Zeitpunkt unglücklich in Capulets Nichte Rosaline verliebt.

William Shakespeare

Romeo und Julia 1. Akt, 2. Szene (1597)

Eine Straße
Capulet, Graf Paris (Verwandter des Prinzen) und ein Bedienter kommen.

Capulet: Montague ist genau wie ich vom Fürsten verwarnt worden. Wir würden sonst beide bestraft. Und so hoffe ich, dass es für uns alte Männer nicht schwer sein wird, Frieden zu halten.
Paris: Sie haben beide einen guten Ruf. Zu schade, dass Sie sich schon so lange streiten. – Aber jetzt, Mylord, sprechen wir von etwas anderem: Was sagen Sie zu meinem Heiratswunsch?
Capulet: Was ich schon immer gesagt habe: Meine Tochter hat noch keine Lebenserfahrung, sie ist ja kaum vierzehn Jahre alt. Warten Sie noch zwei Jahre, dann ist sie reif genug, um eine Braut zu werden.
Paris: Schon jüngere Mädchen als sie sind glückliche Mütter geworden.
Capulet: Und sind deshalb auch schneller gealtert. Das Mädchen ist meine einzige Hoffnung geblieben.

Lieber Graf, versuchen Sie, ihr Herz zu erobern. Wenn sie einverstanden ist, dann werde ich es auch sein. Sie muss sich entscheiden. –
Übrigens, ich veranstalte heute wieder ein Fest. Dazu habe ich viele liebe Gäste eingeladen, auch Sie sind mir sehr willkommen.
Schöne Frauen werden dort leuchten wie die Sterne am dunklen Himmel. Meine Tochter wird auch da sein.
Kommen Sie und sehen Sie sich alle an.
zum Diener: Lade überall in Verona die Leute ein, deren Namen ich auf diesen Zettel geschrieben habe.
Sag ihnen, mein Haus steht ihnen offen, Sie können sich bei mir vergnügen.
Capulet und Paris verlassen die Bühne.

Diener: Ich soll die Leute einladen, deren Namen auf diesem Zettel stehen? Mich mit Weibern amüsieren – das könnte ich, aber lesen?
Wie soll ich die Leute alle finden? Ich brauche jemanden, der lesen kann, und zwar bald.
Benvolio und Romeo treten auf.

Benvolio: Ach, Romeo, ein Feuer vernichtet das andere, ein Schmerz wird durch einen neuen gemildert, ein neues Leid verringert das alte.

Romeo: Was soll das alles?
Ich bin nicht verrückt, aber ich fühle mich wie ein Verrückter, wie in einer Zwangsjacke, im Gefängnis eingesperrt, ohne Nahrung, ausgepeitscht und gefoltert.
zum Diener: Grüß dich, Bursche.

Diener: Ich grüße Sie, Sir. Bitte, Sir, können Sie lesen?

Romeo: Ja, wenn ich die Buchstaben und die Sprache kenne. Gib den Zettel her, ja, ich kann lesen.
Er liest den Brief vor.
„Herr Martino und seine Frau und Töchter – Graf Anselm und seine schönen Schwestern. – Die verwitwete Lady Vitruvio. – Herr Placentio und seine hübschen Nichten. – Mercutio und sein Bruder Valentin. – Mein Onkel, seine Frau und Töchter. – Meine schöne Nichte Rosaline. – Livia. – Herr Valentio und sein Vetter Tybalt. – Lucio und die lebhafte Helena.“ Das ist ja eine schöne Gesellschaft.
Wohin sollen sie denn kommen?

Diener: Hierher.

Romeo: Wohin?

Diener: In unser Haus. Zum Abendessen.

Romeo: In wessen Haus?

Diener: Ins Haus meines Herrn. – Mein Herr ist der große, reiche Capulet!
Und wenn Sie kein Montague sind, können Sie auch kommen und ein Glas Wein trinken.
Diener geht weiter.

Benvolio: Hast du gehört, auch die schöne Rosaline ist auf dem Fest, die du so über alle Maßen liebst.
Und noch viele andere Schönheiten sind da.
Geh hin und du kannst dort Rosaline mit ihnen vergleichen, und ich garantiere dir, dein Schwan wird dir wie eine Krähe vorkommen!

Romeo: Wenn ich je so falsch empfinden sollte, werden sich meine Tränen in Feuer verwandeln.
Eine andere, schöner als die geliebte Rosaline?
Die Sonne hat seit dem Beginn der Welt noch nie eine schönere Frau gesehen als sie!
Ich komme zu dem Fest – aber nicht, um Rosaline mit anderen zu vergleichen, sondern um mich an ihrem Glanz zu erfreuen.
Sie verlassen die Bühne.

2 **Welchen Eindruck hast du nach dem ersten Lesen? Notiere deine Gedanken oder auch Fragen.**

3 a **Lies den Text erneut und unterteile ihn in Sinnabschnitte.**
b **Trage in die folgende Tabelle für jeden Sinnabschnitt die Zeilen, die handelnden Figuren und den Inhalt ein.**

Auch offene Schreibaufgaben setzen eine genaue Textkenntnis voraus.

Sinnabschnitte	handelnde Figuren	Inhalt des Sinnabschnitts
Z. 1–27	Capulet, Paris	Capulet erklärt Paris, dass er und Montague künftig Frieden halten wollen.
Z. 28–		
Z.		
Z.		
Z.		
Z.		

4 **Die folgenden Leitfragen helfen dir, den Text zu verstehen. Antworte zusammenfassend.**

Wann und wo spielt die Handlung des Dramas?

Was erfährst du über die Beziehung zwischen den Capulets und den Montagues?

Wer trifft in der 2. Szene des 1. Aktes an welchem Ort aufeinander?

Stärken stärken: Einen Dialog schreiben

Methode | **Einen Dialog schreiben**

Das Verfassen eines Gesprächs zwischen zwei Figuren hilft, ihre Situation besser zu verstehen. Beachte dabei Folgendes:

1. Kläre die **äußere Situation:** In welcher Lage befinden sich die Figuren?
2. Kläre die **innere Situation:** Was denkt die Figur? Wie fühlt sie sich?
3. Schreibe den Dialog wie im Drama in **wörtlicher Rede** (ohne Anführungszeichen), ergänze **Regieanweisungen** in Klammern, z. B.: *Romeo (packt Benvolio am Arm): Hör mir zu!*
   Benvolio (will ihn besänftigen): Beruhige dich doch!

1. Akt, 5. Szene

Der Festsaal im Hause Capulet. Die Capulets veranstalten ein Kostümfest zu Ehren Julias und des Grafen Paris, der für sie als Ehemann ausersehen ist. Romeo mischt sich verkleidet unter die Gäste.

ROMEO *erblickt Julia. Zu einem Diener:* Wer ist die Dame dort, die jetzt dem Ritter ihre Hand reicht?
DIENER: Ich weiß es nicht, Sir.
ROMEO *voller Bewunderung:* Sie leuchtet heller als alle Fackeln, ihre Schönheit strahlt mehr als ein Diamant am Ohr einer dunklen Schönen. Sie ist wie eine schneeweiße Taube inmitten ihrer Begleiterinnen, die wie Krähen wirken neben ihr. Ich will aufpassen, wo sie nach dem Tanz Platz nimmt. Ich will mit meiner plumpen Hand ihre zarte Hand berühren. Mein Herz, hast du je geliebt, dann vergiss es! Erst heute Abend sehe ich – die wahre Schönheit!

●○○ **1** **a** **Welche grundsätzlichen Konflikte überschatten die Begegnung zwischen Romeo und Julia? Nutze zur Beantwortung der Frage den Wortspeicher.**

Wortspeicher

Haus der Familie Capulet • verfeindete Familie Montague • Verlobungsfest • fasziniert von Julia

b **Notiere in Stichpunkten, welche Verwicklungen aus dieser Begegnung entstehen könnten. Denke dabei auch an Rosaline und die Tatsache, dass Graf Paris zur Herrscherfamilie gehört.**

●○○ 2 **Romeo kehrt verwirrt und rettungslos verliebt vom Fest zurück. Er sucht das Gespräch mit seinem Freund Benvolio. Entscheide dich für einen möglichen Verlauf des Gesprächs.**

	möglich	unwahrscheinlich
A Benvolio macht Romeo Vorwürfe und erinnert ihn an seine Gefühle zu Rosalie.	☐	☐
B Benvolio erkundigt sich genauer und wägt Romeos Chancen bei Julia ab.	☐	☐
C Benvolio bestärkt seinen Freund in seinen Gefühlen.	☐	☐
D Die Freunde diskutieren, ob die Liebe trotz des Familienkonflikts eine Chance hat.	☐	☐
E Benvolio will nichts von Romeos Gefühlen wissen und informiert dessen Familie.	☐	☐

●○○ 3 **Erstelle einen Schreibplan für den von dir gewählten Gesprächsverlauf.**
Notiere darin in Stichworten, wie sich das Gespräch entwickeln soll.

> Lies noch einmal die Szenen auf den Seiten 52 f. und 57 und unterstreiche in unterschiedlichen Farben, was du über Romeo und Benvolio erfährst.

Ausgangssituation	*Romeo ganz unter dem Eindruck der Begegnung mit Julia*	*Eine Taube unter Krähen, so etwas Schönes habe ich noch nie gesehen. Ich muss sie wiedersehen ...*
Verlauf	*Romeo weiht Benvolio in seine Gefühle ein ...*	
Schluss		

●○○ 4 **Was musst du beachten, wenn du einen eigenen Dialog zwischen Romeo und Benvolio schreiben willst? Kreuze richtige Aussagen an.**

A ☐ In meinem Text muss die Sprechweise von Romeo und Benvolio zu ihrem Wesen passen.
B ☐ Die Art und Weise, wie die Figuren sprechen, kann ich selbst festlegen.
C ☐ Wichtig ist, dass die Figuren lange Monologe halten.
D ☐ Nachfragen und Einwände machen den Dialog lebendig.
E ☐ Ich wähle ohne Ausnahme das Präsens als Tempus für das Gespräch.
F ☐ Ich verwende Regieanweisungen.

●○○ 5 **Schreibe nun einen Dialog, den Romeo und Benvolio nach dem Fest führen könnten, in dein Heft. Beachte dabei die Hinweise in der Checkliste auf Seite 59.**

Stärken stärken: Einen inneren Monolog schreiben

Methode **Eine Szene gestaltend interpretieren**

Auch das **Verfassen eines Dialogs** zwischen zwei Figuren hilft dir, ihre Situation besser zu verstehen.
- Kläre die **äußere Situation:** In welcher Lage befinden sich die Figuren?
- Kläre die **innere Situation:** Was denkt, was fühlt die Figur?
- Schreibe den Dialog in **wörtlicher Rede** (ohne Anführungszeichen) und ergänze **Regieanweisungen** in Klammern.

1 **Markiere alle Textstellen, in denen du etwas über Romeo erfährst. In welcher Gefühlslage befindet er sich am Ende des Gesprächs mit Benvolio? Kreuze die richtige Lösung an.**

		richtig	falsch
A	Romeo ist selbstverständlich zu dem Fest eingeladen.	☐	☐
B	Zu dem Zeitpunkt ist Romeo in die schöne Rosaline verliebt.	☐	☐
C	Romeo geht zu dem Fest, um Julia kennenzulernen.	☐	☐
D	Benvolio drängt Romeo, zu dem Fest zu gehen.	☐	☐
E	Benvolio hofft, dass sich Romeo in eine andere Frau verliebt.	☐	☐
F	Romeo hat Zweifel daran, dass er Rosaline nach dem Fest noch lieben wird.	☐	☐

2 **Versuche, dich in Romeo hineinzuversetzen. Was könnte in ihm vorgehen? In welcher Stimmung ist er? Welche Rolle spielt seine Beziehung zum Gastgeber Capulet? Ergänze die Mind-Map in deinem Heft.**

Romeo

Gedanken an Vergangenes
- Dieser alte Familienkonflikt …
- Wie glücklich waren Rosaline und ich …
- …

innerer Konflikt
- Soll ich tatsächlich …
- …
- …

Stimmungen/Gefühle
- so ruhelos …
- …

Zukunft
- Wie wird sich Rosaline auf dem Fest verhalten?
- …
- …

3 **Forme die folgenden Überlegungen Romeos in deinem Heft in Wünsche oder Fragen um:**

A: „Auf dem Fest sehe ich vielleicht Rosaline."
B: „Ich weiß nicht, was ich ohne Rosaline mache."

4 **Lies die beiden Entwürfe eines inneren Monologs Benvolios. Prüfe anhand des Methodenkastens auf Seite 55, welcher besser gelungen ist.**

Der Diener erzählt interessante Neuigkeiten. Das Fest bei dem alten Capulet ist eine gute Gelegenheit, Kontakte zu knüpfen. Sicher ist so manche Schönheit vor Ort – da wär ich auch gern dabei! Romeo findet dort sicher seine Rosaline, aber ich würde mir an seiner Stelle auch die anderen Damen mal ansehen …

Oh, was hat der Diener eben gesagt? Ein Fest bei den Capulets?! Na dann! – Da sollten wir unbedingt …, oder etwa nicht? Was zögert Romeo noch? Ich versteh das einfach nicht! Rosaline? Ja klar, die wird auch dort sein, aber ich würde mich auch nach den anderen Schönheiten umsehen … Warum nicht? …

5 **Was könnte Romeo durch den Kopf gehen? Kreuze an.**

	wahrscheinlich	unwahrscheinlich
A der alte Familienstreit zwischen den Capulets und den Montagues	☐	☐
B seine unglückliche Liebe zu Rosaline	☐	☐
C die Hoffnung, auf dem Fest eine andere schöne Frau zu finden	☐	☐
D sein freundschaftliches Verhältnis zu Benvolio	☐	☐
E die Sorge, keinen guten Eindruck zu machen	☐	☐

6 **Entscheide, mit welchem Gedanken du Romeos inneren Monolog beginnen möchtest. Mit welcher Überlegung könnte er schließen? Notiere in deinem Heft.**

7 **Romeo entschließt sich, auf das Fest zu gehen. Formuliere aus seiner Sicht einen inneren Monolog. Schreibe ins Heft und nutze die Teilergebnisse aus den vorausgegangenen Aufgaben. Die folgenden Satzanfänge können dir helfen:**

Benvolio meint …, aber ich …
Aber wie soll das gehen? Die Familien …
Benvolio, du bist mir ein schöner Freund …
Oh, Rosaline, ich bin verzweifelt …

8 **a** **Romeo besucht das Fest der Capulets. Lies die 5. Szene (▸ S. 55).**
b **Romeo kehrt verwirrt und liebestrunken vom Fest zurück. Er sucht das Gespräch mit seinem Freund Benvolio. Entscheide dich für einen möglichen Verlauf des Gesprächs.**

	möglich	unwahrscheinlich
A Benvolio macht Romeo Vorwürfe und erinnert ihn an seine Gefühle zu Rosalie.	☐	☐
B Benvolio erkundigt sich genauer und wägt Romeos Chancen bei Julia ab.	☐	☐
C Die Freunde diskutieren, ob die Liebe trotz des Familienkonflikts eine Chance hat.	☐	☐

9 **Was musst du beachten, wenn du einen eigenen Dialog zwischen Romeo und Benvolio schreiben willst? Kreuze richtige Aussagen an.**

A ☐ In meinem Text muss die Sprechweise von Romeo und Benvolio zu ihrem Wesen passen.
B ☐ Die Art und Weise, wie die Figuren sprechen, kann ich selbst festlegen.
C ☐ Nachfragen und Einwände machen den Dialog lebendig.
D ☐ Ich verwende Regieanweisungen.

Teste dich!

Einen Dialog schreiben

1 **Der folgende Dialog ist noch nicht gelungen. Überarbeite den Text mithilfe der Anmerkungen am Rand und schreibe ihn verbessert in dein Heft.
Prüfe anschließend anhand der Checkliste, ob du alle Vorgaben berücksichtigt hast. (12 P.)**

Text	Anmerkungen
Romeo kehrt völlig aufgewühlt vom Fest zurück. Er rennt ins Schlafzimmer von Benvolio und rüttelt ihn wach …	*Ausdruck!*
ROMEO *eifrig:* Benvolio, Benvolio mein Freund … wach auf, wach auf! Mir ist Unglaubliches passiert!	*Regieanweisung?*
BENVOLIO *blinzelt:* Wie geht's?	
ROMEO: Läuft! Ich muss Ihnen dringend erzählen, was ich heute Abend erlebt habe. Stellen Sie sich vor. Ich bin ja nur auf die Feier, weil mich meine Eltern gezwungen haben. Aber dort sah ich eine so schöne Dame, dass es ganz um mich geschehen war! Sie leuchtete heller als alle Fackeln, wie Krähen sahen ihre Begleiterinnen neben ihr aus.	*Umgangssprache, Anrede?* *inhaltlich falsch* *Regieanweisung!*
BENVOLIO: Aha …	*Rolle des Gesprächspartners?*
ROMEO: Ich muss sie sofort ansprechen. Ich muss beim Tanz den Platz neben ihr bekommen. Mein Herz schlägt höher, noch nie habe ich solche Liebe gespürt. Was für eine Schönheit. Ja, ich glaube, ich bin über beide Ohren verliebt, ich muss es gestehen. Du als mein Freund wirst das sicher verstehen … Nun ja, sie ist eine Capulet, aber das Familienproblem werde ich schon lösen. Erst gewinne ich ihre Liebe, dann sehen wir weiter. Gut, dass du mich auf dieses Fest geschickt hast, ich war sehr skeptisch … Wie auch immer … Es tut gut, mit dir zu sprechen. *Romeo klopft Benvolio freundschaftlich auf die Schulter und verlässt den Raum.*	*Zeitform!* *einseitiger Monolog Romeos, Benvolio kommt nicht zu Wort* *inhaltlich falsch*

Checkliste

Fit für eine Textbeschreibung? ☺ ☹

- Passen die Figuren mit dem, was sie tun und sagen, zum übrigen Drama?
- Bringen Nachfragen des Gesprächspartners den Dialog voran?
- Werden Einwände und Zweifel formuliert?
- Ist das Ende des Dialogs stimmig mit Blick auf die Textvorgabe?
- Wurden die passenden Zeitformen gewählt?
- Sind Ausdruck und sprachliche Gestaltung angemessen?
- Gibt es aussagekräftige Regieanweisungen?

Vergleiche deine Ergebnisse mit dem Lösungsheft.

☺ 12–10 Punkte	😐 9–5 Punkte	☹ 4–0 Punkte
Gut gemacht!	Gar nicht schlecht, aber lies dir die Merkkästen auf den Seiten 52 bis 57 noch einmal genau durch.	Arbeite die Seiten 52 bis 57 noch einmal sorgfältig durch.

Was kannst du schon? – Grammatik

1 **a** Unterstreiche in den folgenden Sätzen alle Präpositionen. (7 P.)
b Markiere Nomen im Genitiv grün, Nomen im Dativ blau und Nomen im Akkusativ gelb. (12 P.)

Gut zu wissen: Tischsitten

Nicht nur für den Umgang mit dem Essbesteck gibt es Tischregeln. Auch das Gespräch bei Tisch unterliegt bestimmten Konventionen. Dass man während des Essens seinen Tischnachbarn keinen Einblick in die voranschreitende Zermalmung der Nahrung durch den Kauapparat zumuten sollte, besagt die Regel: „Mit vollem Munde spricht man nicht!“

2 **a** Bestimme das Tempus der unterstrichenen Verben. (6 P.)

Nachdem er sich eine Weile mit seiner hübschen Tischnachbarin 1 unterhalten hatte, 2 gefiel ihm

1 ______ 2 ______

das Familientreffen gleich viel besser. Während er jetzt nach Hause 3 geht, 4 denkt er bei sich:

3 ______ 4 ______

„Gut, dass wir unsere Handynummern 5 ausgetauscht haben. Morgen 6 werde ich sie anrufen.“

5 ______ 6 ______

b Trage in jeden Satz das markierte Verb im vorgegebenen Tempus ein. (2 P.)

A Nachdem ich die SMS abschicken (Plusquamperfekt)______, überkamen mich Zweifel.

B Aber während ich die Antwort lesen (Plusquamperfekt) ______, lösten sich diese Zweifel sogleich auf.

3 **Forme Satz A ins Passiv und Satz B ins Aktiv um. (2 P.)**

A Der Redner ignorierte das störende Handyklingeln.

______

B Die junge Frau wurde vom Saaldiener gebeten, das Handy auszuschalten.

______

4 **Kreuze für die unterstrichenen Verben an: Indikativ, Konjunktiv I oder Konjunktiv II? (4 P.)**

	Indikativ	Konjunktiv I	Konjunktiv II
A Die Mutter erklärt Karina, sie finde ihr Verhalten unhöflich.	☐	☐	☐
B Karina hatte nämlich beim Abendessen zum Handy gegriffen.	☐	☐	☐
C „Könntest du dann bitte in dein Zimmer gehen?“, bittet ihre Mutter.	☐	☐	☐

5 **a** **Unterstreiche in jedem Satzgefüge den Nebensatz. (3 P.)**
b **Setze die fehlenden Kommas an die richtige Stelle. (4 P.)**
c **Kreuze jeweils an, um welche Art von Nebensatz es sich handelt. (3 P.)**

VORSICHT FEHLER!

Stilsicher bewerben

A Einem Aushang in Ihrer Boutique in der Konstanzer Münzgasse habe ich entnommen dass Sie einen Ausbildungsplatz für Modedesign anbieten.

☐ Relativsatz ☐ Subjektsatz ☐ Objektsatz

B Da ich selbst modebewusst bin und gern zeichne bewerbe ich mich um diesen Ausbildungsplatz.

☐ Modalsatz ☐ Kausalsatz ☐ Konditionalsatz

C Die Art von Kleidung die Sie in Ihren Modeläden anbieten entspricht genau meinem Stil.

☐ Subjektsatz ☐ Relativsatz ☐ Modalsatz

6 **a** **Markiere die Nebensätze.**
b **Unterstreiche in den folgenden Nebensätzen die Personalform des Verbs. (4 P.)**
c **Füge je eine der Konjunktionen aus dem Wortspeicher passend ein. (4 P.)**
d **Ergänze die fehlenden Kommas. (4 P.)**

Wortspeicher

indem • weil • obwohl • nachdem

VORSICHT FEHLER!

A ______________________ diese Kleidung für ein Vorstellungsgespräch ungewöhnlich war kombinierte Charles Parseval sein gelbes Lieblingshemd mit der leuchtend grünen Hose.

B Er wollte seinen eigenen Stil betonen ______________________ er sich für etwas Auffallendes entschied.

C Außerdem hatte er dieses Outfit gewählt ______________________ er sich darin besonders wohlfühlte.

D ______________________ Charles Parseval die Werbeagentur betreten hatte erstarrte er: Alle anderen Bewerberinnen und Bewerber trugen Schwarz.

7 **a** **Unterstreiche in den folgenden Satzgefügen die Relativsätze. (3 P.)**
b **Setze die fehlenden Kommas. (4 P.)**

A Ich hoffe auf Ihr Interesse für diese Bewerbung der ich einige Entwürfe beigelegt habe.

B Meinen Lebenslauf den ich handgeschrieben habe lege ich ebenfalls bei.

C Ich würde gerne Genaueres über die Anforderungen die an die Ausbildung gestellt werden erfahren.

8 **a** **Überprüfe deine Lösungen mithilfe des Lösungsheftes. Für jede richtige Antwort bekommst du einen Punkt.**
b **Trage ein, wie du die Aufgaben bewältigt hast: ✓ = das meiste richtig ? = noch etwas unsicher**

Aufgabe	1 ☐	2 ☐	3 ☐	4 ☐	5 ☐	6 ☐	7 ☐
Weitere Übungen	Seite 62	Seiten 63–64	Seite 65	Seiten 66–69	Seiten 73–75	Seiten 73–75	Seite 76

Nomen und ihre Begleiter

Stärken stärken: Der Kasus nach Präpositionen

Information **Auf den Kasus nach Präpositionen achten**

Präpositionen bestimmen den **Kasus (Fall)** von **Nomen, Pronomen, Artikeln** und **Adjektiven.**
- Den **Akkusativ** fordern: *durch, für, gegen, ohne, um,* z. B.: *durch das Schreiben.*
- Den **Dativ** fordern z. B. *aus, bei, mit, nach, seit, von, zu,* z. B.: *aus diesem Grund.*
- Den **Genitiv** fordern z. B. *wegen, trotz, außerhalb, innerhalb, dank,* z. B.: *außerhalb der Schulzeit.*
- Manche Präpositionen können **mit Akkusativ und mit Dativ** stehen, z. B.: *in der Schule, in die Schule.*

●○○ **1** **Setze im folgenden Text die Präpositionen aus dem Wortspeicher an der richtigen Stelle ein.**

Wortspeicher

auf (3 x) • bei • durch (2 x) • im • in (2 x) • mit (2 x) • über • von • zum

Immer online! Nie mehr allein?

Smartphone, soziale Netzwerke, WhatsApp – die Technik ist __________ ständigen Begleiter __________ der Pubertät geworden. Die heutige Jugend ist die erste Generation, die __________ mobilem Internet und __________ sozialen Netzwerken aufwächst. __________ Sorge blickt die Elterngeneration __________ die jungen Leute. Ein Magazin erregt sich __________ die „Versklavung" __________ Smartphones. Ein Hirnforscher sprach __________ der Gefahr der „digitalen Demenz": der geistigen Verödung der Jugend __________ die neuen Medien. Viele Schulen setzen nun __________ ein absolutes Handyverbot __________ Unterricht und __________ dem Pausenhof. __________ Verstoß droht der vorübergehende Entzug des Geräts.

●●○ **2** **Setze die Wörter in Klammern im richtigen Kasus ein. Schreibe in dein Heft.**

Immer wieder wird vor ? (das unberechenbare Internet) gewarnt. Bedenklich wird es bei ? (die Daten), die der Nutzer bei ? (jeder Internetbesuch) hinterlässt. Wenn Jugendliche ihre E-Mail-Adresse in ? (ein Forum), bei ? (Gewinnspiele) oder anderswo angeben, werden diese Adressen häufig zu ? (Werbezwecke) verkauft. Mit ? (die Weitergabe) der Adresse ist eine Fülle von ? (unerwünschte Werbung) verbunden. Wirkliche Gefahren entstehen mit ? (die Angabe) von ? (Bankverbindungen).

●●● **3** **Markiere falsche Kasusformen sowie falsche Präpositionen und schreibe den Text verbessert in dein Heft. Notiere jeweils in Klammern, welchen Kasus die Präposition nach sich zieht.**

VORSICHT FEHLER!

Soziale Netzwerke haben für viele Jugendliche einen positiven Effekt. Viele Teenager geben an, wegen den Kontakten in den Netzwerken selbstbewusster geworden zu sein. Doch trotz dem Einsatz von SMS und Voicemail bevorzugen die Jugendlichen die Kommunikation von Angesicht zu Angesicht. Vereinsamung und soziale Isolation dank neue Technik? Wohl kaum, denn nach wie vor wird in dem engen persönlichen Kontakt ein Vorteil gesehen – trotz durchschnittlich 179 Minuten tägliches Verweilen im Internet.

Rund ums Verb

Stärken stärken: Die Tempora im Blick haben

Information **Mit Temporalsätzen Zeitverhältnisse ausdrücken**

Wenn ein **Ereignis in der Vergangenheit** liegt, wird schriftlich in der Regel das **Präteritum** verwendet, z. B.: *Großmutter hatte* (Präteritum) *früher einige Verehrer.* **Temporalsätze** in Satzgefügen geben dabei an, **in welchem zeitlichen Verhältnis** ein Geschehen zu dem steht, was im Hauptsatz geschieht.
Geschah etwas **vor einem vergangenen Ereignis im Präteritum,** wird das **Plusquamperfekt** verwendet, z. B.: *Nachdem Großmutter die Küche aufgeräumt hatte* (Plusquamperfekt), *erzählte* (Präteritum) *sie aus ihrem Leben.* Dies nennt man **Vorzeitigkeit.**
Verläuft das Ereignis im Temporalsatz gleichzeitig mit dem im Hauptsatz, nennt man das **Gleichzeitigkeit,** z. B.: *Während ich meiner Mutter zuhörte* (Präteritum), *strickte* (Präteritum) *ich an meinem Schal weiter.*

1 **a Füge in den folgenden Text die markierten Infinitive im vorgegebenen Tempus (▸ Klammern) ein.**
b Markiere die Sätze, bei denen die Temporalsätze eine Vorzeitigkeit des Geschehens ausdrücken.

Briefe von Oma: So war es früher

Meine Großmutter *beschreibt* beschreiben (Präsens) mir oft, wie es in ihrer Jugend *gewesen ist* sein (Präsens). „Wenn ich mit Freundinnen zum Tanz ________ gehen (Präteritum)", notierte Oma neulich, „________ kleiden (Präteritum) ich mich gern chic. Aber der Ausschnitt am Kleid ________ dürfen (Präteritum) nicht zu tief sein, damit Mutter mich gehen ________ lassen (Präteritum). Sie ________ verbieten (Präteritum) mir mehrfach sogar auszugehen, weil ich mich ________ schminken (Plusquamperfekt). Aber nachdem ich um die nächste Ecke ________ biegen (Plusquamperfekt), ________ geben (Präteritum) mir meine Freundin ihren Lippenstift."

2 **Streiche in den folgenden Sätzen jeweils die falsche Tempusform durch.**

Und heute? Ähnliche Diskussionen zwang / zwingt meine Mutter mir auch auf, wenn ich ausging / ausgehe, und meine Tricks waren / sind dieselben. Allerdings war / ist meine Großmutter deutlich älter, als es um diese Fragen ging / geht. Nachdem ich das verstanden hatte / habe, mochte / mag ich Großmutters Geschichten noch mehr.

3 **In jedem Satz ist die markierte Tempusform falsch. Schreibe die Sätze verbessert auf.**
Hinweis: Die angegebene Zeitenfolge rechts hilft dir.

A Nachdem die Großeltern sich vorstellten, gingen sie gleich zum Du über. ________ Vorzeitigkeit

____

B Als der junge Mann sich höflich vorbeugte, fallen ihm seine ungeputzten Schuhe auf. ________ Gleichzeitigkeit

____

Stärken stärken: Die Tempora im Blick haben

Information | **Mit Temporalsätzen Zeitverhältnisse ausdrücken**

Temporalsätze geben an, in welchem zeitlichen Verhältnis ein Geschehen zu dem steht, was im Hauptsatz geschieht. Dabei kann zwischen **Vorzeitigkeit, Gleichzeitigkeit** und **Nachzeitigkeit** unterschieden werden.

- Bei **Vorzeitigkeit** liegt das Ereignis im Temporalsatz vor dem Ereignis im Hauptsatz, z. B.: *Nachdem Großmutter die Küche aufgeräumt hatte* (Plusquamperfekt), *erzählte* (Präteritum) *sie aus ihrem Leben.*
- Bei **Gleichzeitigkeit** verläuft das Ereignis im Temporalsatz gleichzeitig mit dem im Hauptsatz, z. B.: *Während ich meiner Großmutter zuhörte* (Präteritum), *strickte* (Präteritum) *ich an meinem Schal weiter.*
- Bei **Nachzeitigkeit** findet das Ereignis im Temporalsatz nach dem Ereignis im Hauptsatz statt, z. B.: *Bevor sie ihren Mann kennenlernte* (Präteritum), *hatte Großmutter einige Verehrer gehabt* (Plusquamperfekt).

1 a Füge in den folgenden Text die markierten Infinitive im richtigen Tempus ein.
b Vorzeitigkeit, Gleichzeitigkeit oder Nachzeitigkeit? Für welches Zeitverhältnis stehen die Sätze in A, B und C? Trage die Buchstaben passend ein.

Vorzeitigkeit: ☐ Gleichzeitigkeit: ☐ Nachzeitigkeit: ☐

Briefe von Oma: So war es früher

Meine Großmutter *beschreibt* beschreiben mir oft, wie es in ihrer Jugend gewesen ____________ sein.

A „Wenn ich mit Freundinnen zum Tanz ____________ gehen", notierte Oma neulich, „____________ kleiden ich mich gern chic. Aber der Ausschnitt am Kleid ____________ dürfen nicht zu tief sein, damit Mutter mich gehen ____________ lassen. B Sie ____________ verbieten mir mehrfach sogar auszugehen, weil ich mich ____________ schminken. C Aber nachdem ich um die nächste Ecke ____________ biegen, ____________ geben mir meine Freundin ihren Lippenstift."

2 a In jedem Satz ist die markierte Tempusform falsch. Schreibe die Sätze verbessert auf.
b Verbinde jeden der Sätze mit der dazu passenden Zeitenfolge.

VORSICHT FEHLER!

A Nachdem die Großeltern sich vorstellten, gingen sie gleich zum Du über.

____

B Bevor sie zusammen ausgingen, stellt Großvater sich Großmutters Eltern vor.

____

____

C Als der junge Mann sich höflich verbeugte, fallen ihm seine ungeputzten Schuhe auf.

____

____

1 Vorzeitigkeit

2 Gleichzeitigkeit

3 Nachzeitigkeit

Aktiv und Passiv

Information **Aktiv und Passiv**

1 In **Aktivsätzen** wird der **Handlungsträger** (Handelnde) betont, z. B.:
Touristen verletzen manchmal unwissentlich landestypische Höflichkeitsregeln.

2 In **Passivsätzen** wird die **Handlung** / der Vorgang betont, z. B.:
Landestypische Höflichkeitsregeln werden manchmal unwissentlich verletzt.
- Im Passivsatz kann der Handlungsträger ergänzt werden, z. B.: *Die Regeln werden von Touristen verletzt.*
- Umwandlung eines Aktivsatzes in einen Passivsatz:
  Der Bundespräsident begrüßt den Staatsgast. → *Der Staatsgast wird vom Bundespräsidenten begrüßt.*
  (den Staatsgast = Akkusativobjekt; Der Staatsgast = Subjekt)

1 **a** **Markiere in den Aktivsätzen das Akkusativobjekt.**
b **Formuliere die Aktivsätze in Passivsätze um.**

Den Charme der Nachbarländer entdecken

A Die Deutschen schätzen die Niederlande als besonders entspanntes Urlaubsland.

Die Niederlande werden ______________________________.

B Sie genießen häufig die kleinen, aber wichtigen Unterschiede in der Mentalität.

____

C Niederländer erledigen Einkäufe in der Stadt gern mit dem Fahrrad.

____

D Beim ersten Sonnenstrahl bevölkern sie die zahlreichen Straßencafés.

____

Information **Abwechslungsreich schreiben: Ersatzformen für das Passiv**

Verwende zur Abwechslung auch Ersatzformen mit aktiven Verbformen, die den Handlungsträger ebenfalls nicht nennen. Statt *„Das Ritual der Begrüßung wird nicht verändert"* z. B.:
- **man-Form:** *Man verändert das Ritual der Begrüßung nicht.*
- **„sein" + Infinitiv mit „zu":** *Das Ritual der Begrüßung ist nicht zu verändern.*
- **„sich lassen" + Infinitiv:** *Das Ritual der Begrüßung lässt sich nicht verändern.*

2 **a** **Der folgende Text wirkt sehr eintönig. Woran liegt das?**
b **Schreibe den Text verbessert in dein Heft. Verwende auch Ersatzformen für das Passiv.**

Bei der Begrüßung wird von Franzosen in der Regel „Bonjour!" gesagt. Von Jugendlichen und Bekannten wird das umgangssprachliche „Salut!" benutzt. Eine Freundin wird mit „bises" (Küsschen) auf beide Wangen begrüßt. Ein Mann wird von einem anderen Mann eher per Handschlag begrüßt. Das Begrüßungsritual wird dann mit der Frage nach dem Befinden fortgesetzt. Damit wird aber nicht wirklich das Befinden erkundet. Entsprechend wird nicht sogleich über die aktuellen Wehwehchen geklagt. Geantwortet wird vielmehr immer mit „Ça va bien, merci" („Es geht gut, danke").

Stärken stärken: Der Modus der Verben – Konjunktiv und Indikativ

Information | **Der Konjunktiv II (Irrealis) und die würde-Ersatzform**

Die **Verben** haben einen **Modus** (Aussageweise): Er zeigt an, wie wirklich und sicher eine Aussage ist. Wenn man eine Aussage als **unwirklich,** nur vorgestellt oder gewünscht kennzeichnen möchte, verwendet man den Konjunktiv II. Man bezeichnet den Konjunktiv II daher auch als **Irrealis.**

Bildung des Konjunktivs II
Der Konjunktiv II wird in der Regel **vom Präteritum Indikativ** abgeleitet. Bei unregelmäßigen Verben werden **a, o, u** im Wortstamm zu **ä, ö, ü,** z. B. (Infinitiv: *tun*): *er tat* → *er täte.*
Anstelle des Konjunktivs II wird die **würde-Ersatzform** verwendet, wenn

- der Konjunktiv II (im Textzusammenhang) **nicht vom Indikativ Präteritum zu unterscheiden** ist, z. B.: *Wir hießen sie willkommen.* → *Wir würden sie willkommen heißen.*
- die Konjunktiv-II-Form als besonders **ungebräuchlich** oder **unschön** empfunden wird, vor allem im mündlichen Sprachgebrauch, z. B.: *Er empfähle eine Zusage.* → *Er würde eine Zusage empfehlen.*

●○○ **1** **a** **Konjunktiv II oder würde-Ersatzform? Setze die Verben in der richtigen Form in die Fragen ein.**
b **Beantworte jede Frage in deinem Heft und verwende dabei den Konjunktiv II oder die würde-Ersatzform.**

Was wäre, wenn … – unwahrscheinliche Alltagserlebnisse

A Wie reagieren ______________ du ______________,

wenn dich jemand an den Haaren ziehen ______________?

Mögliche Antwort: *Ich bäte ihn/würde ihn bitten, …*

B Was antworten ______________ du ______________,

wenn ein älterer Herr dir im Bus seinen Platz anbieten ______________?

Mögliche Antwort: ______________________________

●○○ **2** **Formuliere die Imperative in höfliche Bitten um und verwende dabei „können“, „mögen“, „dürfen“ oder „werden“ im Konjunktiv II. Schreibe die Bitten in dein Heft.**

A Könnten Sie bitte …
B Würdest du …
C Dürfte …

3 Drei Schüler/-innen haben beschrieben, wie sie sich ihre Traumstadt vorstellen.
In drei Sätzen haben die Schüler/-innen fehlerhaft statt des Konjunktivs II den Indikativ Präsens eingesetzt.

a Unterstreiche in jedem Satz das Prädikat.

b Markiere die fehlerhaften Verbformen.

c Schreibe die Sätze unter dem Text richtig auf. Hinweis: Verwende die würde-Ersatzform, wenn der Konjunktiv II nicht vom Indikativ Präteritum zu unterscheiden ist.

VORSICHT FEHLER!

Martin, Hasan, Michael (Mörike-Realschule Mühlacker)

Meine Traumstadt

In meiner Traumstadt würden alle Autos fliegen und kein CO_2 ausstoßen. Auf den Dächern der Hochhäuser gibt es Sportanlagen, wo jeder kostenfrei Sport machen kann. Der Asphalt auf den Straßen wird durch Gras ersetzt, damit die Stadt freundlicher wirkt. In meiner Traumstadt würde man nur noch erneuerbare Energien nutzen und alle Atomkraftwerke abschaffen. Normale Schulen werden abgerissen, und die Kinder lernen über digitale Schulen. Aus den Lautsprechern an den Häusern käme gute Musik, damit die Bewohner meiner Traumstadt dauerhaft entspannt bleiben können. Mithilfe neuer Forschungen würden Bäume wachsen, an denen Süßigkeiten, Getränke, Döner und anderes wüchse, was allen Stadtbewohnern gehören würde.

4 Gib die folgenden Aussagen so wieder, dass du einen Zweifel an ihnen ausdrückst.

a Unterstreiche in jeder Aussage das Prädikat.

b Bilde zum Prädikat die Form im Konjunktiv II. Ergänze mit dem Konjunktiv II die Satzanfänge unten.

Nori: „Wir können sowieso nichts ändern!"
Philipp: „Träume von einer besseren Welt bringen sowieso nichts!"
Emma: „Niemand interessiert sich für meine Meinung!"

Nori behauptet, ______________________________.

Philipp meint, ______________________________.

Emma ist der Auffassung, ______________________________.

Der Konjunktiv I in der indirekten Rede

Information **Wörtliche Rede in indirekter Rede wiedergeben**

Äußerungen Dritter kannst du in der indirekten Rede wiedergeben.
Das Verb steht dann im **Konjunktiv I,** z. B.:

- **Indikativ:** *Der Knigge-Rat sagt: Gutes Benehmen verbessert die schulische Atmosphäre.*
- **Indirekte Rede mit Konjunktiv I:** *Man sagt, gutes Benehmen verbessere die schulische Atmosphäre.*

Bildung des Konjunktivs I:

Singular **Indikativ Präsens**	**Konjunktiv I**	**Plural** **Indikativ Präsens**	**Konjunktiv I**
ich empfehl-e *du empfiehl-st* *er/sie/es empfiehl-t*	*ich empfehl-e* *du empfehl-est* *er/sie/es empfehl-e*	*wir empfehl-en* *ihr empfehl-t* *sie empfehl-en*	*wir empfehl-en* *ihr empfehl-et* *sie empfehl-en*

1 **Gib die folgenden Empfehlungen des Deutschen Knigge-Rats für einen „Schüler-Knigge" in indirekter Rede wieder.**

a **Unterstreiche in den Texten unten die Personalform des Verbs.**

b **Wandle die direkte Rede in indirekte Rede um. Verwende den Konjunktiv I.**

A **Empfehlung: Bei jedem Zusammentreffen verbindlich grüßen**
Dazu der Deutsche Knigge-Rat: „In der Klasse geht die Begrüßung oft im Chaos unter. Das ist schade, denn später im Beruf wird zwingend erwartet, andere mit Respekt und Achtung zu begrüßen. Dabei ist es gleichgültig, wie man zu ihnen steht."

Der Deutsche Knigge-Rat merkt an, in der Klasse gehe die Begrüßung oft im Chaos unter. Das sei schade, denn ...

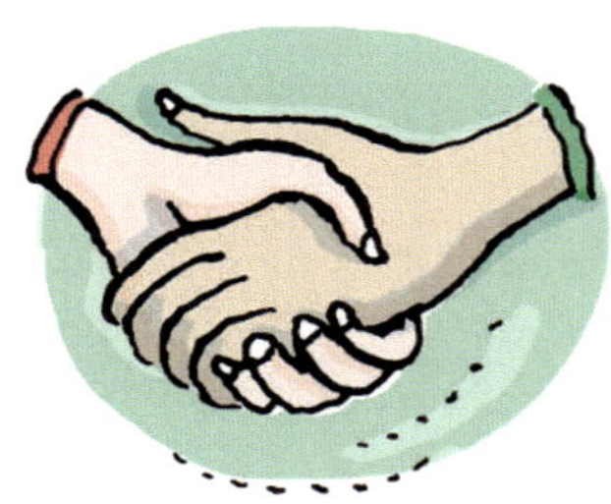

B **Empfehlung: Zuverlässig und pünktlich auftreten**
Dazu der Deutsche Knigge-Rat: „Sorgloses Verschlafen des Unterrichtsbeginns verärgert nicht nur Lehrer/-innen, sondern auch die Mitschüler/-innen. Es ist sehr rücksichtslos."

Der Deutsche Knigge-Rat hebt hervor, dass sorgloses Verschlafen des Unterrichtsbeginns ...

Information **Ersatzformen für den Konjunktiv I**

Wenn der **Konjunktiv I** (im Textzusammenhang) nicht vom Indikativ Präsens zu unterscheiden ist, wird der **Konjunktiv II** oder die **würde-Ersatzform** verwendet, z. B.:

Indikativ →	**Konjunktiv I** →	**Konjunktiv II** →	**würde-Ersatzform**
Er hebt hervor: „Alle profitieren davon."	*Er hebt hervor, alle profitieren davon.*	*Er hebt hervor, alle profitierten davon.*	*Er hebt hervor, alle würden davon profitieren.*

2 **Setze die folgende Empfehlung des Deutschen Knigge-Rats für einen „Schüler-Knigge" in die indirekte Rede. Achte auf den richtigen Einsatz von Konjunktiv I oder Konjunktiv II oder der würde-Ersatzform.**

a **Markiere die Personalform des Verbs.**

b **Verwende die richtigen Ersatzformen (Konjunktiv II oder würde-Ersatzform).**

Empfehlung: Auf die eigene Sprache achten

Dazu der Deutsche Knigge-Rat: „Primitive Redeweisen fallen vor allem auf den Redner selbst zurück. Sie wirken unsympathisch und abstoßend. Beleidigungen verletzen den anderen. Infolgedessen entstehen die meisten Streitfälle, bis hin zur Gewaltanwendung."

____

____

____

3 **Markiere in jedem der folgenden Sätze die richtige(n) Verbform(en).**

Unter der URL *http://www.knigge-rat.de/download/schueler_knigge.pdf* findet man im Internet Verhaltensempfehlungen für Schülerinnen und Schüler: Deren Sinn beschreiben die Vorbemerkungen folgendermaßen:

Nutze den Infokasten. Gehe von links nach rechts. Sind die Formen im Indikativ und Konjunktiv I gleich? Dann wähle den Konjunktiv II. Unterscheiden sich die Verben im Konjunktiv II nicht vom Indikativ Präteritum, musst die die würde-Ersatzform wählen.

A Von guten Umgangsformen in der Schule [profitieren / profitierten / würden] Schüler und Lehrer gleichermaßen [. / profitieren.]

B Denn diese [tragen / trügen / würden] zur Entspannung des Lehrer-Schüler-Verhältnisses [bei. / beitragen.]

C Nicht zuletzt die Lernatmosphäre [verbessere / verbesserte / würde] sich spürbar [. / verbessern.]

D Gute Umgangsformen [drücken / drückten / würden] Respekt und Höflichkeit, Toleranz und Wertschätzung [aus / ausdrücken] und [dienen / dienten / würden] keinem Selbstzweck [dienen], sondern [seien / wären / würden] wichtig für die Entwicklung [. / sein.]

E Gutes Benehmen [stärke / stärkte / würde] das Selbstvertrauen [. / stärken.]

Teste dich!

Rund ums Verb

1 **Schreibe den folgenden Text ab und verwende darin die unterlegten Verben in der richtigen Form. Die Klammern geben dir das zeitliche Verhältnis des Temporalsatzes zum Hauptsatz an. (2 P.)**

Kurzbericht über ein Vorstellungsgespräch für ein Praktikum im 5-Sterne-Restaurant

Ich bewarb mich für das Praktikum, nachdem ich mich über das Restaurant informieren. (Vorzeitigkeit) Ich wusste auch, wie man einen Tisch richtig deckt. Nachdem die Restaurantchefin erste Fragen mit mir besprechen (Vorzeitigkeit), bat sie mich auch tatsächlich, das Besteck auf einem Tisch richtig anzuordnen. Diese Aufgabe konnte ich zum Glück erfüllen.

2 **Unterstreiche die Verbformen im Aktiv blau und die Passivformen grün. (8 P.)**

Vor hundert Jahren wurden Kinder strenger erzogen. Es gab viel striktere Regeln. Wer sie nicht befolgte, wurde bestraft. Die Eltern wurden von ihren Kindern gesiezt. Zur Begrüßung machten Mädchen einen Knicks und Jungen verbeugten sich. Dabei wurde die Kappe vom Kopf gezogen.

3 **Im Jugendverband „Young Voice" machen es sich Jugendliche zur Aufgabe, Grundschüler auf dem Weg ins Leben zu begleiten. Selim und Tom äußern sich zu ihrer Arbeit. Forme ihre Aussagen in indirekte Rede um. (6 P.)**

Selin: „Es geht um eine Eins-zu-eins-Betreuung der Grundschulkinder durch Jugendliche. Mit den Kindern treffen wir uns einmal die Woche und unternehmen viel."
Baris: „Wenn ich anderen von dem Projekt erzähle, erkläre ich ihnen immer, dass ich so etwas wie die Rolle eines großen Bruders einnehme."

Selin sagt, es ________________

Sie erklärte weiterhin, sie ________________

Baris berichtet, wenn er anderen ________________

____

4 **In vielen Städten könnte man die Lebens- und Wohnqualitäten verbessern. Formuliere die Aussagen unten in Wünsche um. Verwende dazu den Konjunktiv II und schreibe ins Heft.**
Hinweis: Du kannst die Formulierungen im Wortspeicher verwenden. (3 P.)

A „Wir haben zu wenig Sportplätze."
B „Es gibt zu viel Verkehr in der Innenstadt."
C „Die Fahrradwege sind schlecht ausgebaut."

Wortspeicher

Es wäre gut, wenn ... • Schön wäre es, wenn ... • Wünschenswert wäre es, wenn ...

Vergleiche deine Ergebnisse mit dem Lösungsheft.

☺ 19–15 Punkte	😐 14–9 Punkte	☹ 8–0 Punkte
Gut gemacht!	Gar nicht schlecht, aber lies dir die Merkkästen auf den Seiten 63 bis 68 noch einmal genau durch.	Arbeite die Seiten 63 bis 68 noch einmal sorgfältig durch.

Texte überarbeiten mithilfe von Proben

Stärken stärken: Ein Bewerbungsanschreiben treffend formulieren

Methode **Umstellprobe, Weglassprobe, Ersatzprobe, Erweiterungsprobe**

Die Proben helfen dir, **genauer zu schreiben** und Texte **stilistisch zu verbessern:**

- **Gestalte Satzanfänge abwechslungsreich.** Wende dafür die Umstellprobe an, z. B.: *Mich | reizt | besonders | der Beruf des Anwalts. → Der Beruf des Anwalts … → Besonders reizt mich …*
- **Streiche überflüssige Wörter,** Wiederholungen oder umständliche Formulierungen. Nutze dazu die Weglassprobe, z. B.: *Mich reizt ~~eben gerade~~ besonders der Beruf des Anwalts.*
- **Vermeide Wortwiederholungen** und floskelhafte oder umgangssprachliche Wendungen durch die Ersatzprobe, z. B.: *Mich reizt besonders der Beruf des Anwalts. Der Beruf des Anwalts … → Dieser/Er …*
- **Formuliere genauer** mithilfe der Erweiterungsprobe. Füge einem Satz Objekte, adverbiale Bestimmungen oder Attribute hinzu, z. B.: *Mich reizt besonders der sehr interessante Beruf des Anwalts.*

1 Vermeide in Bewerbungsanschreiben monotone Satzanfänge mit „Ich“:
Wende die Umstellprobe an und notiere jeweils zwei Sätze mit unterschiedlichen Satzanfängen.

A Ich möchte mein zweiwöchiges Berufspraktikum sehr gern in Ihrem Unternehmen absolvieren.

____

____

____

B Ich interessiere mich seit der Teilnahme am Planspiel „Börse“ der Stadtbank für den Handel mit Wertpapieren.

____

____

____

2 Lies das folgende Bewerbungsschreiben. Markiere das Wort, das wiederholt wird.
Wende die Ersatzprobe an und schreibe den Text verbessert in dein Heft.

VORSICHT FEHLER!

Gern möchte ich mein Betriebspraktikum in der Stadtverwaltung machen, da die Stadtverwaltung für mich ein interessanter künftiger Arbeitgeber ist. Am liebsten würde ich mein Praktikum beim Kulturservice der Stadtverwaltung absolvieren, aber auch andere Bereiche der Stadtverwaltung wären für mich interessant. Ich verspreche mir von einem Praktikum in der Stadtverwaltung gute Einblicke in die organisatorischen Abläufe einer großen Verwaltung und einen Überblick über die unterschiedlichen städtischen Aufgaben, die in der Stadtverwaltung koordiniert werden müssen.

●○○ **3** ●●○ **Miriam hat eine Rückfrage des Praktikumsbetriebs zu knapp beantwortet. Nutze die Erweiterungsprobe, um mit den unten angebotenen Informationen eine aussagefähige Antwort zu verfassen.**

Der Praktikumsbetrieb bittet um Informationen über Zeitpunkt/Dauer, Inhalte und Betreuung des Praktikums.

Informationen zum Schulpraktikum
- Dauer: eine Woche, genauer Zeitpunkt: 21.–28.05.20XX
- Praktikumsinhalt: Kennenlernen eines Berufsbildes mit den typischen Tätigkeitsbereichen
- Betreuung: feste/-r Ansprechpartner/-in im Betrieb, Besuch durch Lehrkraft gegen Ende des Praktikums

Gerne würde ich mein Praktikum in Jhrem Betrieb absolvieren, da ich mich sehr für den Beruf der Zahntechnikerin interessiere. Jch würde mich freuen, die unterschiedlichen Tätigkeiten dieses Berufsbildes bei Jhnen kennenzulernen. Unsere Praktikumswoche findet vom ... bis zum ... statt.

Das einwöchige Praktikum, das vom 21. bis 25.05.20XX vorgesehen ist, würde ...

___

___

●●● **4** **Das folgende Bewerbungsanschreiben enthält mehrere Fehler. Überarbeite es:**

a **Trage für jeden Satz ein, welche Proben dir helfen, ihn zu verbessern: Umstellprobe = *U*, Weglassprobe = *W*, Ersatzprobe = *Es*, Erweiterungsprobe = *Ew*.**

b **Prüfe, ob das Anschreiben die folgenden Informationen enthält. Vermerke, was fehlt.**

Alter, Klasse, Schule, Ort • Datum und Zeitraum des Praktikums • Art der Praktikums

c **Arbeite im Heft ein verbessertes Bewerbungsanschreiben aus.**

Überarbeite Texte **mit einem Stift:** Streiche durch, unterstreiche oder notiere Ideen für Verbesserungen in der Randspalte.

Betreff: Bewerbung um ein Schülerpraktikum

Normaler Text | (gemischt) | B I U

VORSICHT FEHLER!

Sehr geehrte Frau Baumann,

A [*U*] [*Ew*] ich möchte sehr gern das einwöchige Berufspraktikum, das ✓ von unserer Schule durchgeführt wird, in Ihrem Ingenieurbüro absolvieren. *Wann? Wie lange?*

B [ ] [ ] Ich bin 15 Jahre alt und besuche die Schule. C [ ] [ ] Ich interessiere mich sehr für den Beruf der Bauzeichnerin und würde gern deren beruflichen Alltag näher kennenlernen, um bei meiner Berufsentscheidung sicherer zu werden. D [ ] [ ] Meine Lieblingsfächer in der Schule sind je nachdem Mathematik, Kunst und Sport. E [ ] [ ] Besonders faszinieren mich eher so schwierige Aufgaben in der Geometrie. F [ ] [ ] Im Betrieb meiner Mutter helfe ich seit einigen Jahren immer mal wieder ein bisschen im IT-Bereich aus und bin deshalb relativ sicher im Umgang mit dem Computer.

Über eine Zusage würde ich mich sehr freuen.

Mit freundlichen Grüßen
Sina Krone

Wiederholung: Nebensätze unterscheiden

Zusammenhänge herstellen mit Adverbialsätzen

Information | **Adverbialsätze: Logisch richtige Konjunktionen verwenden**

Nebensätze helfen, sich eindeutig und genau auszudrücken und abwechslungsreich zu formulieren. Adverbialsätze nehmen dabei die Stellung eines Adverbials ein, machen also genauere Angaben zu den Umständen eines Geschehens und stellen Zusammenhänge her.
Adverbialsätze werden mit einer **unterordnenden Konjunktion** (z. B.: *weil, als, nachdem, damit, obwohl, indem, wenn, falls, sodass*) eingeleitet und durch **Komma** vom Hauptsatz getrennt, z. B.:

***Nachdem** sie ihr Bewerbungsanschreiben sorgfältig überarbeitet hatte, schickte sie es ab.*
Adverbialsatz drückt eine Zeitfolge aus (temporal)

*Ich mache mir meine Stärken bewusst, **damit** ich meine Bewerbung überzeugend ausarbeiten kann.*
Adverbialsatz drückt eine Absicht aus (final)

Die **Frageprobe** hilft, den logischen Zusammenhang zu klären und die richtige Konjunktion auszuwählen.

1 **Trage zu jeder Art von Adverbialsatz eine passende Frageprobe ein.**

Art des Adverbialsatzes	Frageprobe	Konjunktionen
Kausalsatz (Grund, Ursache)	Warum?	*da, weil*
Konditionalsatz (Bedingung)	______________	*wenn, falls, sofern*
Finalsatz (Ziel, Absicht)	______________	*damit, dass*
Konsekutivsatz (Folge, Wirkung)	______________	*sodass (auch: so ..., dass)*
Konzessivsatz (Einräumung)	______________	*obwohl, obgleich, auch wenn*
Temporalsatz (Zeitpunkt/-dauer)	______________	*nachdem, als, während, bis, bevor, solange, sobald*
Modalsatz (Art und Weise)	______________	*indem, als ob*

2 **In den folgenden Satzgefügen fehlen die Verknüpfungen: Nutze die Frageprobe, um passende Konjunktionen auszuwählen, und trage diese ein.**

Auf dem Weg zur Berufswahl: Sich um ein Praktikum bewerben

______________ du schon immer wusstest, was du werden möchtest, ist die Wahl eines Ausbildungsplatzes natürlich einfach. Im Laufe der Schulzeit lernt man aber wenige Berufe wirklich kennen, ______________ für viele Schülerinnen und Schüler fraglich ist, was sie interessieren könnte. ______________ ein Praktikum auch Freizeit kostet, ermöglicht es wertvolle Erfahrungen. Einen ersten Überblick über mögliche Berufsfelder kann man sich erschließen, ______________ man Broschüren oder Erfahrungsberichte Dritter auswertet.

3 **Im folgenden Praktikumsbericht musst du einiges überarbeiten.**

a **Notiere wie im ersten Beispiel, mit welcher Konjunktion die Sätze sinnvoll zu Satzreihen oder Satzgefügen verknüpft werden können.**

b **Markiere den langen Schachtelsatz, der zu einzelnen Hauptsätzen umformuliert werden sollte.**

Praktikumsbericht	**Überarbeitung zu:**
Für mein erstes Praktikum habe ich mich bei einem Fernsehsender beworben. Ich interessiere mich für Medienberufe.	Satzgefüge mit „weil“
Am ersten Praktikumstag konnte ich den Fernsehsender kennenlernen.	
Mir wurden die verschiedenen Redaktionen vorgestellt.	
Anschließend wurde ich der Wetterredaktion zugeteilt. Hier ist der Einstieg für Berufsanfänger relativ einfach.	
Sofort durfte ich kleine Recherchearbeiten übernehmen. Ich nahm an einem Außentermin des Wetterredakteurs teil.	
Schließlich habe ich noch die Aufnahme von Wettertexten im Tonstudio mitverfolgt, sodass der erste Praktikumstag mit all seinen Erlebnissen für mich ein voller Erfolg war und ich mich in meinem Berufswunsch Tontechniker bestärkt sehe.	

c **Schreibe den Praktikumsbericht mithilfe deiner Notizen neu auf. Setze die nötigen Kommas.**
Hinweis: Du kannst abwechslungsreicher formulieren, wenn du manchmal bei Satzverknüpfungen den Nebensatz mit der Konjunktion an den Satzanfang stellst.

Für mein erstes Praktikum habe ich mich bei einem Fernsehsender beworben, weil ich mich für Medienberufe interessiere. Am ersten Praktikumstag

Methode **Texte überarbeiten: Nebensätze richtig verwenden**

Nebensätze können hinter oder vor einem Hauptsatz stehen, aber auch in ihn eingebettet sein.
Im Nebensatz steht die Personalform des Verbs immer an letzter Satzgliedstelle, z. B.:
Ich lasse mich bei der Berufswahl gern beraten, weil ich gar nicht alle Berufe kenne.
Weil die Erwachsenen in meinem Umfeld sehr unterschiedliche Berufe ausüben, können sie Tipps geben.
Verschiedene Praktika können, wenn sie vielfältige Einblicke in die Berufswelt ermöglichen, den Berufswunsch festigen.
Achtung, falsch: *Ich lasse mich gern beraten, ~~weil ich kenne ja gar nicht alle Berufe.~~*

4 **Korrigiere die Satzstellung in folgenden Aussagen und schreibe das verbesserte Satzgefüge auf.** VORSICHT FEHLER!

A Ich möchte eine Ausbildung zum Schreiner machen, weil ich stelle gern etwas Schönes aus Holz her.

B Ich interessiere mich für den Ausbildungsplatz als Industriekauffrau, weil mein Vater sagt mir immer, dass ich gut organisieren kann.

C Ich bewerbe mich als Zahnarzthelferin, weil mein Praktikum in der Zahnarztpraxis hat mir sehr gut gefallen.

5 **In den folgenden Satzgefügen ist der Nebensatz mit der Konjunktion „weil" nicht sinnvoll verknüpft.**
a **Schreibe die passende Frageprobe in die Randspalte.**
b **Notiere die besser geeignete Konjunktion.** VORSICHT FEHLER!

Ich suche einen technisch innovativen Beruf, ~~weil~~ ich mich später weiterentwickeln kann. — *Mit welcher Absicht? damit*

A Ich bewerbe mich um einen Praktikumsplatz in einer Kita, weil ich wenig Erfahrung mit kleinen Kindern habe.

B Bevorzugt möchte ich mein Praktikum bei der Polizei durchführen, weil ich mich über diesen Beruf besser informiere.

C Könnte ich mein Praktikum in die Ferien hinein verlängern, weil es eine sinnvolle längere Einsatzmöglichkeit gibt?

Relativsätze

Methode **Näher erklären mit einem Relativsatz**

Relativsätze sind Nebensätze, die ein vorausgehendes Bezugswort (Nomen oder Pronomen) näher erklären. Sie werden mit einem **Relativpronomen** eingeleitet, z. B.: *der, die, das* oder *welcher, welche, welches.*
Ein Relativsatz wird **immer** durch ein **Komma** vom Hauptsatz getrennt. Eingeschobene Relativsätze werden durch zwei Kommas abgetrennt, z. B.: *Eine Bewerbung, die viele Kommafehler enthält, wird keinen Erfolg haben.*

1 **Bilde aus den Hauptsätzen ein Satzgefüge mit Relativsatz. Schreibe es auf und beachte die Kommasetzung.**

Persönliche Stärken hervorheben

A Meine Schullaufbahn werde ich mit der Mittleren Reife beenden. Ich werde meine Schullaufbahn im Juli diesen Jahres abschließen.

Meine Schullaufbahn, die ich ______________________________

____.

B Ich nehme seit der siebten Klasse an der Englisch-AG der Schule teil. In der AG haben wir auch einen Schüleraustausch mit unserer Partnerschule in Birmingham organisiert.

____

____

C Im Informatikkurs habe ich Grundkenntnisse in der IT-Anwendung erworben. Sie umfassen neben Programmen zur Textverarbeitung auch die Tabellenkalkulation.

____

____

2 **a Unterstreiche in den folgenden Satzgefügen die Relativsätze.**
b Setze die fehlenden Kommas.

VORSICHT FEHLER!

Die Teilnahme an Austauschprogrammen die mich nach England geführt haben hat mein Interesse an einem internationalen Berufsumfeld gestärkt. Im Kontakt mit den Gastfamilien konnte ich meine Sprachkenntnisse erweitern welche ich gern in eine Ausbildung einbringen würde. Über eine Ausbildungsphase die mich in eine Ihrer Niederlassungen im Ausland führt würde ich mich freuen.

3 **Streiche jeweils die falsche Verknüpfung durch.**

Die Betreuung der E-Jugendmannschaft bei Fortuna e. V., die/wo ich bereits seit der Grundschule ausführe, hat inzwischen zur Ausbildung als Trainerin geführt. Zurzeit leite ich in dem Schwimmbad, das/wo ich selbst trainiert habe, eine Gruppe. Die Verantwortung, die/wo mir Freude macht, ist groß, weil die Kinder sehr jung sind.

Das **Adverb „wo“** wird in Relativsätzen in der Regel **nur in räumlicher Bedeutung** verwendet, z. B.: *In der Stadt, wo ich zur Schule gehe, gibt es viele Ausbildungsbetriebe.*

Teste dich!

Satzgefüge

1 **Verbinde jede Konjunktion mit der dazugehörenden Frageprobe (→ Satzart). (6 P.)**

Konjunktion	Frageprobe (→ Satzart)
A weil	a Mit welcher Absicht? → Finalsatz
B sodass	b Wie? Auf welche Weise? → Modalsatz
C damit	c Warum? Aus welchem Grund? → Kausalsatz
D obwohl	d Unter welcher Bedingung? → Konditionalsatz
E indem	e Mit welcher Folge? Mit welcher Wirkung? → Konsekutivsatz
F falls	f Trotz welcher Umstände? → Konzessivsatz

2 **Markiere im folgenden Text alle Nebensätze. Setze zwölf Kommas. (12 P.)**

VORSICHT FEHLER!

Immer mit der Ruhe!

Nachdem Julius seine Bewerbung eingeworfen hatte wurde er sich eines schlimmen Fehlers bewusst. Er machte sich Vorwürfe weil er vergessen hatte seinen Text auf Rechtschreibfehler durchzusehen. Obwohl er in der Rechtschreibung nicht sicher war fiel das nicht weiter ins Gewicht da sein Brief falsch adressiert war und deshalb wieder zurückkam. Als er den Brief öffnete fiel ihm ein weiterer grober Fehler auf: Das Zeugnis das er beigelegt hatte war das seines Bruders der gerade auch seine Bewerbungen vorbereitete. Von diesem Glück im Unglück ermutigt nutzte Julius seine zweite Chance und brachte alles in Ordnung bevor er die Bewerbung erneut in den Briefkasten warf. Tatsächlich bekam Julius den gewünschten Ausbildungsplatz als pharmazeutisch-technischer Assisent den er sich so sehr gewünscht hatte.

3 **Um welche Art von Neben- bzw. Gliedsätzen handelt es sich? Trage die Buchstaben ein. (7 P.)**

☐ ☐ Adverbialsatz des Grundes ☐ ☐ ☐ Relativsatz

☐ Adverbialsatz des Zwecks ☐ Adverbialsatz der Bedingung

Eine Bewerbung, A die zum Erfolg führt, muss nicht durch Originalität aufgefallen sein. Oftmals erhält man auch eine Ausbildungsstelle, B weil das Glück seine Finger mit im Spiel hat. C Da man dieses allerdings nicht erzwingen kann, empfiehlt sich eine sinnvolle Zusammenstellung der Bewerbungsunterlagen. D Wenn man Personalmanager überzeugen möchte, sollte man besonders auch auf formale Aspekte und auf die Angaben im Lebenslauf achten. Unternehmen wollen die Gründe nachvollziehen können, E die jemanden zur Bewerbung bewegt haben. Man sollte seine Interessen und auch außerschulische Aktivitäten herausstellen, F damit das persönliche Profil geschärft wird. Ein Schulzeugnis, G das durch gute Noten eine zuverlässige Arbeitshaltung nachweist, ist sehr vorteilhaft.

Vergleiche deine Ergebnisse mit dem Lösungsheft. Für jede richtige Antwort erhältst du einen Punkt.

☺ 25–18 Punkte	😐 17–11 Punkte	☹ 10–0 Punkte
Gut gemacht!	Gar nicht schlecht, aber lies dir die Merkkästen auf den Seiten 72 bis 76 noch einmal genau durch.	Arbeite die Seiten 72 bis 76 noch einmal sorgfältig durch.

Was kannst du schon? – Rechtschreibung

1 **a** **Unterstreiche im folgenden Text zehn Nominalisierungen. (10 P.)**
b **Vier Nominalisierungen werden nicht durch Begleitwörter angekündigt. Umkreise sie. (4 P.)**

Beim Rechtschreiben hilft kein Raten. Vielmehr sollte zunächst ein genaues Lesen der Regeln erfolgen. Nach dem Studieren der Regeln gilt es, Gelerntes in Ruhe anzuwenden und Unklares im Wörterbuch nachzuschlagen. Wenn ihr Gleichaltrigen Regelhaftes erklärt, haben alle eine gute Übung. Das Anlegen einer Rechtschreibkartei bzw. das Klären der eigenen Fehlerschwerpunkte ist außerdem sinnvoll.

2 **Prüfe: Sind die Wörter in Großbuchstaben Nominalisierungen? Kreuze an. (8 P.)**

	Nominalisierung	keine Nominalisierung
A Max hat sich ein NEUES Wörterbuch gekauft.	☐	☐
B In der Prüfung will er bis zum LETZTEN kämpfen.	☐	☐
C Er hat im Wörterbuch etwas NEUES erfahren.	☐	☐
D Den BLAU unterlegten Informationskasten muss man lernen.	☐	☐
E Beim Ankreuzen entscheidet er sich für das RICHTIGE.	☐	☐
F Das ist die LETZTE Stunde vor der Klassenarbeit.	☐	☐
G Max wendet die RICHTIGE Rechtschreibregel an.	☐	☐
H Nicht geübt – ein Mitschüler schreibt „das BLAUE vom Himmel".	☐	☐

3 **a** **Prüfe die Schreibweisen der mehrteiligen Eigennamen und Herkunftsbezeichnungen: Jeweils eine ist falsch geschrieben, unterstreiche sie. (6 P.)**

A das alte Testament – die frühe Neuzeit

B der blaue Planet – der blaue Montag

C das schwarze Meer – das schwarze Schaf

D das lyrische Ich – der berliner Lyriker

E das Drama der weimarer Klassik – das bürgerliche Trauerspiel

F der erste Weltkrieg – die Goldenen Zwanziger

b **Schreibe unterstrichene Wortgruppen verbessert auf. (6 P.)**

____

____

____

____

4 Zusammen oder getrennt? Trage richtig ein. (5 P.)

A Wortgruppen mit *sein* muss man ______ getrennt ? schreiben

B Rechtschreibregeln kann man schlecht ______ zusammen ? fassen

C Man sollte die verschiedenen Regeln ______ auswendig ? lernen

D Durch stete Wiederholung wird vieles im Gedächtnis ______ haften ? bleiben

E Dann wird man in der Klassenarbeit auch alles ______ richtig ? schreiben

5 Trage die Verbindung aus Adjektiv und Verb für jeden Satz richtig ein. (6 P.)

blau ? machen

A Sevda will einen roten Schal stricken, Diane will ihren ______

B Kevin sollte keinesfalls an einem Montag ______

richtig ? liegen

C Nina wird mit ihrer allzu einfachen Erklärung nicht ______

D Jonathan kann nur kreativ sein, wenn seine Stifte ______

richtig ? stellen

E Baris muss dringend seine Behauptung von gestern ______

F Carla hat den Tisch verschoben, sie muss ihn wieder ______

6 Wie lässt sich die Schreibweise der markierten Stellen in den unterstrichenen Wörtern klären? Schreibe neben jedes Wort die Nummer der geeigneten Probe. (9 P.)

1 = Verlängerungsprobe • 2 = Ableitungsprobe (+ Zerlegen) • 3 = „welches"-Probe • 4 = Probe: Nomenbegleiter ergänzen • 5 = im Wörterbuch nachschlagen

Armer Superschüler!

Von Timo wird im Unterricht ganz selbstverständlich A Bestes ☐ erwartet. Auch einmal B Lob ☐ zu bekommen, würde ihn freuen. Aber er lässt sich C äußerlich ☐ nichts anmerken. D Dass ☐ ihm die Anerkennung fehlt, ist E einleuchtend ☐. Das Lernen, F das ☐ ihm bisher immer G Spaß ☐ gemacht hat, H reißt ☐ ab. Timo beschließt, seine I Public Relations ☐ zu verbessern: Er meldet sich jetzt öfter einmal!

7 a Überprüfe deine Lösungen mithilfe des Lösungsheftes. Für jede richtige Antwort bekommst du einen Punkt.
b Trage ein, wie du die Aufgaben bewältigt hast: ✓ = das meiste richtig ? = noch etwas unsicher

Aufgabe	**1** ☐	**2** ☐	**3** ☐	**4** ☐	**5** ☐	**6** ☐
Weitere Übungen	Seiten 80–81	Seiten 80–81	Seite 82	Seite 85	Seite 85	Seiten 89–93

Großschreibung

Nominalisierungen

Information **Nominalisierungen**

Verben, Adjektive, Adverbien und Wörter anderer Wortarten schreibt man in der Regel groß, wenn sie im Satz als Nomen gebraucht werden. Du erkennst solche **Nominalisierungen** meist an ihren **Begleitwörtern.** Das kann z. B. sein:

- ein **Artikel,** z. B.: *das Neue, das Üben.*
- ein **Pronomen,** z. B.: *dieses Wissenswerte, etwas Verständliches.*
- ein **Adjektiv,** z. B.: *sorgfältiges Prüfen, langes Hin und Her.*
- eine **Präposition,** z. B.: *beim (bei + dem) Notieren, im (in + dem) Besonderen.*

Hinweis: Nicht jedes nominalisierte Wort wird durch einen Nomenbegleiter angekündigt. Mache die **Probe:** Wenn du einen **Nomenbegleiter** (z. B. einen Artikel) **ergänzen** kannst, schreibst du groß, z. B.: *Allerdings erfordert (das/richtiges) Nachschlagen im Wörterbuch eine gewisse Übung.*

1 **a Unterstreiche im folgenden Text die Nominalisierungen und umkreise die Nomenbegleiter.**
b In zwei Fällen fehlen Nomenbegleiter: Notiere jeweils den Buchstaben des Satzes. Wende die Probe an.

Etwas aus der Mode: Diktate!

Früher wurden im Deutschunterricht häufig Diktate geschrieben, um das Rechtschreiben zu üben.
A Auch in höheren Klassen wurde Schreiben durch das Diktieren von Texten trainiert. B Im Allgemeinen galt: C Der Text wurde als Erstes zusammenhängend vorgelesen. D Danach wurde der einzelne Satz als Ganzes vorgelesen und anschließend in sinnvollen Worteinheiten diktiert, Fragen war nicht erlaubt. E Bei Nichtmitkommen ließ man erst einmal Lücken! F Zum Schluss sollte deutliches und langsames Vorlesen des gesamten Textes Zeit zum Ergänzen und Überarbeiten geben.

Satz A: ______________________ Satz ___: ______________________

2 **Umkreise bei den unterstrichenen Wörtern den richtigen Anfangsbuchstaben.**
Führe die Probe mit einem Nomenbegleiter durch, wenn du Zweifel hast.

Meist ging während des d/Diktierens ein Schüler nach vorn und schrieb g/Gehörtes mit. Wer schon einmal an der Tafel m/Mitschreiben musste, weiß, dass das nichts e/Einfaches ist. Das v/Verrückte ist, dass man an der Tafel häufiger f/Fehlerhaftes notiert als im Heft. Vielleicht fehlt es am n/Nötigsten: Zeit zum n/Nachdenken beim s/Schreiben. Vielleicht stört die u/Ungewohnte Schreibsituation im s/Stehen. Zudem ist die Größe der Buchstaben etwas i/Irritierend. Das k/Korrigieren erfolgte dann vor aller Augen, was manchmal das b/Blamabelste war. Später durfte man am Overheadprojektor auf Folie m/Mitschreiben: immerhin im s/Sitzen. Heute führt man a/Ab und z/Zu ein Partnerdiktat durch. Man kann auch allein ü/Üben, indem man g/Geschriebenes mit Musterlösungen selbst abgleicht. Meist hilft genaues k/Kennen von Rechtschreibregeln beim s/Schreiben, k/Kontrollieren und ü/Überarbeiten.

3 a Hier gibt es drei Fehler in der Groß- und einen Fehler in der Kleinschreibung. Streiche sie an.
b Schreibe den Text verbessert auf und begründe die richtigen Schreibweisen.

VORSICHT FEHLER!

4 a Auch auf den folgenden Schildern finden sich Fehler. Streiche sie an.
b Notiere das verbesserte Wort und begründe die richtige Schreibweise. Schreibe ins Heft.

VORSICHT FEHLER!

(das) Parken

A

B

C

D

E

F

G

H

5 Entwirf selbst fünf Schilder mit Verboten, die eine Nominalisierung enthalten, z. B.:
Zum Lachen nicht in den Keller gehen!

Wiederholung: Eigennamen und Herkunftsbezeichnungen

Information | **Schreibung bei Eigennamen und Herkunftsbezeichnungen**

- **Eigennamen,** z. B. Namen von Personen, Städten, Ländern oder Flüssen sowie von Institutionen und Einrichtungen, schreibt man **groß.**
- In **mehrteiligen Eigennamen** schreibt man alle Wörter groß, mit Ausnahme der Artikel, Konjunktionen oder Präpositionen, z. B.: *das Neue Testament, der Türkische Rote Halbmond, das Rote Kreuz, Karl der Große, Katharina von Bora, die Vereinigten Staaten von Amerika.*
- **Herkunftsbezeichnungen:**
  - Von geografischen Namen abgeleitete **Wörter auf -er** schreibt man immer **groß,** z. B.: *der Worms**er** Reichstag, der Augsburg**er** Religionsfriede, Schwarzwäld**er** Kirschtorte.*
  - Von Namen (z. B. geografischen) abgeleitete **Adjektive auf -isch** werden **kleingeschrieben,** z. B.: *die griech**ische** Philosophie, japan**isches** Papier, die kopernikan**ische** Wende.*

Beachte: In Wortgruppen (festen Verbindungen), die keine Eigennamen oder Herkunftsbezeichnungen sind, schreibt man die Adjektive klein, z. B.: *die höheren Weihen, eine graue Maus, schöne Bescherung.*

1 **Max hat für ein Referat zur „Medien-Innovation Buchdruck" einige Informationen in Großbuchstaben notiert. Schreibe die Notizen in richtiger Schreibweise ins Heft.**

Schlage in Zweifelsfällen im **Wörterbuch** nach.

- CHINESISCHE PAPIERPRODUKTION SEIT ERSTEM JAHRHUNDERT NACH CHRISTUS
- PAPIER AB 800 VON ARABERN INS FRÜHMITTELALTERLICHE EUROPA GEBRACHT
- EUROPÄISCHE PAPIERMÜHLEN BALD NACH DER ERSTEN JAHRTAUSENDWENDE
- BEISPIEL: SPANISCHE MÜHLEN ZUR PAPIERPRODUKTION AB 1074
- VERBREITUNGSRAUM: DAS HEILIGE RÖMISCHE REICH DEUTSCHER NATION
- 1450 MAINZER BUCHDRUCKEREI
- FRANKFURTER REICHSTAG 1454: VERKAUF VON GUTENBERG-BIBELN
- BRIEF DES KAISERLICHEN KANZLEISEKRETÄRS AN SPANISCHEN KARDINAL JUAN DE CAVAJAL ÜBER „GUTENBERGISCHE PRODUKTE"
- RELIGIÖSE SCHRIFTEN GEWÖHNLICH IN LATEINISCHER SPRACHE
- LUTHERISCHE BIBELAUSGABE 1534
- NEU: DIE HEILIGE SCHRIFT IN DEUTSCHER SPRACHE
- GRUNDLAGE DER ÜBERSETZUNG: MITTELDEUTSCHE SÄCHSISCHE KANZLEISPRACHE

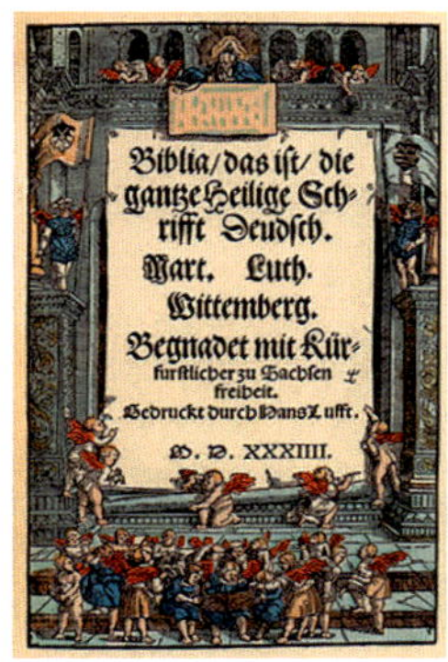

2 **Schreibe die unterstrichenen Wortgruppen in richtiger Schreibweise auf.**

Gutenberg experimentierte schon in seiner st/Straßburger Zeit mit beweglichen Lettern. Der erste verlässlich überlieferte Bleisatzdruck ist das um 1445 gedruckte sogenannte m/Mainzer Fragment – ein Ausschnitt aus einer m/Mittelalterlichen Dichtung über das j/Jüngste Gericht. Es folgten bald z. B. die m/Mainzer Ablassbriefe, die Schulgrammatik d/Des Donatus, ein a/Astrologisches Blatt. Erst dann erschien das Produkt, das Anlass zum Staunen bot: die berühmte l/Lateinische Gutenberg-Bibel von 1454.

Straßburger Zeit,

Teste dich!

Groß- oder Kleinschreibung?

1 **Erstelle eine Checkliste, wie du Nominalisierungen prüfen kannst. Trage dazu die fehlenden Wörter ein. (6 P.)**

Nominalisierungen schreibe ich ________________. Ich erkenne sie an ihren ______________________________, z. B.:

A ein ______________________, z. B.: das Schwierige, *das* Behalten.

B ein ______________________, z. B.: dieses Denken, *etwas* Nennenswertes.

C ein ______________________, z. B.: *sorgfältiges* Abheften, *langes* Aufbewahren.

D eine ______________________, z. B.: *beim* Notieren, *im* Speziellen.

2 **Ergänze die Regeln zur Schreibung von Eigennamen und Herkunftsbezeichnungen mithilfe des Wortspeichers. Trage auch die Beispiele in der richtigen Schreibweise ein. (12 P.)**

Wortspeicher

Konjunktionen und Präpositionen • groß • kleingeschreiben • groß • kleinschreiben • im a/Alten Jahr • das b/Bonner Münster • die v/Vereinigten Staaten v/Von a/Amerika • der ch/Chinesische Mönch

A Wenn ein Adjektiv mit einem Nomen eine feste Verbindung eingeht, die aber kein Eigenname ist, wird das Adjektiv in der Regel ______________________________,

z. B.: ____.

B In mehrteiligen Eigennamen mit Bestandteilen, die keine Nomen sind, schreibt man alle Wörter ______________________________, mit Ausnahmen der Artikel,

____,

z. B.: ____.

C Die von geografischen Namen abgeleiteten Wörter auf *-er* schreibt man immer

________________, z. B.: ______________________________.

D Die von Namen (z. B. geografischen) abgeleiteten Adjektive auf *-isch* werden

________________, z. B.: ______________________________.

Vergleiche deine Ergebnisse mit dem Lösungsheft. Für jede richtige Antwort erhältst du einen Punkt.

☺ 18–14 Punkte	😐 13–9 Punkte	☹ 8–0 Punkte
Gut gemacht!	Gar nicht schlecht, aber lies dir die Informationskästen auf den Seiten 80–82 noch einmal genau durch.	Arbeite die Seiten 80 bis 82 noch einmal sorgfältig durch.

Getrennt- und Zusammenschreibung

Information | **Wortgruppen aus Nomen und Verb, Wortgruppen mit „sein"**

- Wortgruppen aus **Nomen und Verb** werden **immer getrennt** geschrieben, z. B.: *Auto fahren, Computer spielen.* **Achtung:** Werden sie **nominalisiert** (▸ S. 80), schreibt man sie **zusammen und groß,** z. B.: *Nur auf der Straße lernt man das Autofahren. Kenntnisse im Computerspielen erwirbt man „von allein".*
- **Wortgruppen mit „sein"** werden **immer getrennt** geschrieben, z. B.: *dafür sein, ein Lichtblick sein.*

1 **Im folgenden Entwurf für den Schluss einer Argumentation sind einige Rechtschreibfragen offen: Schreibe hervorgehobene Wortgruppen richtig in die Randspalte.**
Hinweis: Achte auf Nominalisierungen und schreibe diese zusammen und groß.

Streitfrage: Soll man Jugendlichen den freien Zugang zum Internet verbieten?

Nach Abwägen aller Argumente kann jeder nur D-A-G-E-G-E-N-S-E-I-N. ______
Wer junge Nutzer digitaler Medien N-E-T-Z-G-E-M-Ü-S-E-N-E-N-N-T ______
und ihnen damit fehlendes W-I-S-S-E-N-U-N-T-E-R-S-T-E-L-L-T, zeigt ______
nur, dass er vom I-N-T-E-R-N-E-T-S-U-R-F-E-N wenig versteht. Man ______
muss nicht mit den digitalen Medien A-U-F-G-E-W-A-C-H-S-E-N-S-E-I-N, ______
um zu erkennen, dass z. B. F-R-E-U-N-D-E-F-I-N-D-E-N auch eine Auf- ______
gabe von sozialen Netzwerken ist. Im Chat D-A-B-E-I-S-E-I-N wollen ______
alle, weil man dort wichtige F-R-A-G-E-N-S-T-E-L-L-E-N und auf eine ______
gute A-N-T-W-O-R-T-H-O-F-F-E-N kann. Da kann es um das alltägliche ______
H-A-U-S-A-U-F-G-A-B-E-N-S-C-H-R-E-I-B-E-N gehen oder auch um Per- ______
sönliches. Surfen ist für viele so normal wie Z-Ä-H-N-E-P-U-T-Z-E-N. ______

2 **In dieser Einleitung einer Argumentation zur oben genannten Streitfrage sind drei Fehler markiert.**
a **Finde die vier weiteren Fehler und markiere sie.**
b **Schreibe die verbesserten Wörter in dein Heft.**

VORSICHT FEHLER!

Kaum war der Buchdruck erfunden, konnte man erste Klagenhören, die Augen würden beim Lesenleiden. Beim Bücherlesen wohlgemerkt! Wenn nun heute Kritiker zu den digitalen Medien Stellungnehmen und sich im Internetverteufeln überbieten, muss man kurz an diese Abwehrerinnern. Neues kann erst einmal Angstmachen. Bevor wir jedoch die Lösung gleich im Verbotsuchen, sollten wir uns lieber die Vor- und Nachteile anschauen, wenn wir im Internetsurfen.

Information **Wortgruppen aus Verb und Verb**

Wortgruppen aus **Verb und Verb** können **immer getrennt** geschrieben werden, z. B.: *schreiben lernen.*
Achtung: Nominalisiert schreibt man sie zusammen und groß, z. B.: *Das Schreibenlernen fällt vielen schwer.*

3 **Im folgenden Text sind die Wortgruppen aus Verb und Verb hervorgehoben.**
Schreibe die drei nominalisierten Wortgruppen richtig in dein Heft. Hinweis: Achte auf die Begleitwörter!

In eine Präsentation einführen: Digitale Medien im Klassenraum

Noch vor zwei Jahrzehnten hätte kaum jemand G-L-A-U-B-E-N-W-O-L-L-E-N, dass man im Klassenraum Bilder und Filme mit einem Beamer an die Wand P-R-O-J-I-Z-I-E-R-E-N-K-A-N-N. Der erste Videoprojektor, mit dem man ausreichend lichtstarke Bilder E-R-Z-E-U-G-E-N-K-O-N-N-T-E, kam in den späten 1980er-Jahren auf den Markt. Schnell hat sich diese neue Technik D-U-R-C-H-S-E-T-Z-E-N-K-Ö-N-N-E-N, bald entging auch in den Schulen niemand einem K-E-N-N-E-N-L-E-R-N-E-N dieser neuen Art des Präsentierens. Heute muss jede/-r Schüler/-in digitale Medien im Unterricht A-N-W-E-N-D-E-N-K-Ö-N-N-E-N, z. B. für Referate. Welche Medien in welchen Zusammenhängen sinnvoll S-E-I-N-K-Ö-N-N-E-N, wird heftig diskutiert. Gegner des Technikeinsatzes behaupten, S-P-R-E-C-H-E-N-Ü-B-E-N sowie V-E-R-S-T-E-H-E-N-K-Ö-N-N-E-N kämen dabei zu kurz. Befürworter betonen, infolge der Bildunterstützung könne mehr vom Inhalt B-E-H-A-L-T-E-N-W-E-R-D-E-N. Ihr könnt euch durch meinen Vortrag über Vor- und Nachteile der Technik I-N-F-O-R-M-I-E-R-E-N-L-A-S-S-E-N.

Information **Wortgruppen aus Adjektiv und Verb**

Wortgruppen aus **Adjektiv und Verb** werden **meist getrennt** geschrieben, z. B.:
gut gestalten, kurz darstellen.
Aber: Entsteht durch die Verbindung von Adjektiv und Verb ein **Wort mit einer neuen Gesamtbedeutung, schreibt man dieses zusammen,** z. B.:
Die Erstellung einer Präsentation kann manchmal schwerfallen. (= viel Mühe machen)
Fehler im Vortrag lassen sich mit gutem Material unauffällig glattbügeln. (= ausgleichen, wettmachen)

4 **a** **Verbinde die Adjektive und Verben durch Linien zu sinnvollen Wortgruppen aus Adjektiv und Verb.**
b **Setze diese Wortgruppen passend und in der richtigen Schreibung in den Text ein.**

anschaulich	bringen
konzentriert	fallen
ruhig	gestalten
näher	einarbeiten
leicht	sprechen

Wenn du unsicher bist, wie eine Wortgruppe richtig geschrieben wird, schau im **Wörterbuch** nach.

Schülern und Schülerinnen, die sich konzentriert einarbeiten, wird die Anwendung der Software für eine Präsentation ____________________. Wenn sie die Folien ____________________, können sie dem Publikum auch schwierigste Sachverhalte ____________________. Wichtig ist trotzdem, dass sie beim Vortrag ____________________.

Information | **Verbindungen aus Adverb und Verb**

Verbindungen aus **Adverb und Verb** werden in der Regel
- zusammengeschrieben, wenn die Hauptbetonung auf dem Adverb liegt, z. B.:
  Um bei Gruppenarbeiten Streit zu vermeiden, sollte man sich zusammennehmen.
- getrennt geschrieben, wenn Adverb und Verb gleich betont werden, z. B.:
  Manche Hürden während der Vorbereitung lassen sich leichter zusammen nehmen.

Hinweis: Prüfe mit der **Erweiterungsprobe.** Wenn du ein Wort oder eine Wortgruppe zwischen Adverb und Verb einfügen kannst, schreibst du getrennt, z. B.:
Manche Hürde [...] kann man leichter zusammen (mit anderen) nehmen.

5 **Kreuze für jede der folgenden Verbindungen aus Adverb und Verb an, ob Getrennt- oder Zusammenschreibung richtig ist: Die Erweiterungsprobe hilft dir bei der Entscheidung.**

Tipps für einen guten Vortrag	getrennt	zusammen
A Bei der Vorbereitung sollten in einer Arbeitsgruppe alle miteinander ? arbeiten.	☐	☐
B Man sollte im Vortrag nicht nur den Inhalt der Folien wieder ? geben.	☐	☐
C Sinnvoll ist, dass man voraus ? schickt, wie lange der Vortrag dauert.	☐	☐
D Das Publikum sollte konzentriert zuhören und danach ? fragen.	☐	☐
E Sie sollten ihre Fragen lieber bis zum Schluss zurück ? stellen.	☐	☐

6 **Umkreise bei jeder unterstrichenen Verbindung, was betont wird, und kreuze an, ob sie getrennt geschrieben oder zusammengeschrieben wird.**

	getrennt	zusammen
A Nach einem Vortrag sollten alle für eine Besprechung zusammen ? bleiben.	☐	☐
B Ob der Klasse der Vortrag gefallen hat, sollte sie dann zusammen ? entscheiden.	☐	☐

Information | **Verbindungen aus Präposition und Verb**

Verbindungen aus **Präposition und Verb** schreibt man in der Regel **zusammen.** Die Hauptbetonung liegt bei der Zusammenschreibung auf der Präposition, z. B.:
aufmachen, anleiten, hinführen, vorbereiten, zuschreiben:
Achtung: Im Satz sind diese **Verbindungen trennbar,** z. B.: *Die Einführung bereitet auf das Thema vor.*
Liegt die **Hauptbetonung auf dem Verb,** kannst du die **Verbindung nicht trennen,** z. B.: *durchlaufen, übersetzen: Jede Vorbereitung durchläuft mehrere Phasen. Fachbegriffe übersetzt man am besten gleich.*

7 **Unterstreiche alle nicht trennbaren Verbindungen von Präposition und Verb. Tipp: Sprich die Wörter laut aus und finde so heraus, wo die Hauptbetonung in der Verbindung liegt.**

Wortspeicher

hinterfragen • nachfragen • überlegen • vormachen • mitsprechen • übernehmen • beilegen • durchmachen • mitarbeiten • vorstellen • nachdenken • auftragen • unternehmen • vorführen • mitwirken • abstimmen • aufarbeiten • nachtragen • überdenken • nachlassen • unterlassen

8 **Gesucht sind Verbindungen aus <u>Adjektiv und Verb</u> mit neuer Gesamtbedeutung: Ergänze für jedes Adjektiv das passende Verb und schreibe die Verbindung im Infinitiv auf. Achte auf die richtige Schreibung.**

Wortspeicher

~~machen~~ • fallen • fahren • stellen • sehen • schreiben

A unerlaubtes Fernbleiben vom Unterricht, umgangssprachlich: blaumachen ______ blau

B die Beherrschung verlieren, sehr zornig werden: ______ rot

C Busfahren ohne Fahrausweis: ______ schwarz

D jemandem die Entscheidung über etwas überlassen: ______ frei

E keine Mühe machen: ______ leicht

F Krankheit und Arbeitsunfähigkeit bescheinigen: ______ krank

9 **Im folgenden Auszug aus einer Klassenarbeit sind drei Fehler markiert.**

a **Finde die neun weiteren Fehler und markiere sie ebenfalls.**

b **Trage die Wörter im Infinitiv verbessert in die richtige Zeile der Übersicht unten ein.**

Schlage in einem **Wörterbuch** nach, wenn du unsicher bist.

Fazit zur Streitfrage: Sollten Schüler/-innen mehr Freizeit haben?

Nach Abwägen aller Argumente möchte ich abschließend hervor heben, dass junge Menschen ihre Interessen großschreiben und ihnen so ausufernd wie möglich nach gehen sollten. Eine kaum überzeugende Position will uns glaubenmachen, Jugendliche sollte man möglichst weitreichend aufs Lernen fest legen, dann seien ihre Möglichkeiten ein geschränkt, Dummheiten zu voll bringen. Aber würde das wirklich weiter helfen? Meine Argumente und Beispiele unter stützen im Gegenteil eine vielversprechendere Einschätzung. Je mehr Eindrücke man in jungen Jahren auf nimmt und je vielfältiger die Erfahrungen sind, die Heranwachsende sammelnkönnen, desto mehr Wissen über die Welt wird später dasein. Wer geistig wach dabei ist, lernt zweifelsfrei in der Schule Wichtiges. Das Wichtigste aber, das konnten die zitierten Studien nachweisen, kann nur das Leben selbst weiter geben, und dieses findet bevorzugt in der Freizeit statt. Folgerichtig können wir nie genug freie Zeit haben!

A Verb + Verb: glauben machen, ______

B Verbindung mit „sein“: ______

C Adjektiv + Verb: ______

D Adverb + Verb: ______

E Präposition + Verb: einschränken (eingeschränkt), ______

______

Teste dich!

Getrennt- oder Zusammenschreibung?

1 Notiere für jede unterstrichene Verbindung die richtige Schreibung. (6 P.)

Gute Referate sind keine Glückssache

A Referenten sollten berücksichtigen, dass viele Lernende Bilder zu schätzen ? wissen. ______

B Wo Informationen anschaulich präsentiert werden, wird Lernen leicht ? fallen. ______

C Gut ? vortragen kann so mancher, aber aufmerksam hin ? hören können nur wenige.

______

D Dank guter Folien und Bilder wird das Gesagte haften ? bleiben. ______

E Langweilig ist, wenn Redner nur wieder ? geben, was auf der Folie steht. ______

2 a Getrennt oder zusammen? Streiche bei jeder Unterlegung die falsche Form durch. (12 P.)
b Umkreise die beiden Wortgruppen, die zusammengeschrieben werden müssen, weil es sich um eine nominalisierte Verbindung von Nomen und Verb handelt. (2 P.)

Abschließend möchte ich zu der Frage Stellung nehmen / Stellungnehmen, ob man den Einsatz von computergestützten Präsentationen über denken / überdenken sollte. Ich bin der Meinung, dass man Vorträge nur sehr gezielt mit einer digitalen Präsentation unter stützen / unterstützen sollte. Nicht wenige Zuhörer/-innen werden es leid sein / leidsein, mit Bildern über flutet / überflutet zu werden. Gleichzeitiges Text lesen / Textlesen und Bilder anschauen / Bilderanschauen wird dann doch den meisten schwer fallen / schwerfallen. Weil viele Schüler/-innen sich mit elektronischen Präsentationen schwer tun / schwertun und oft keinen guten Eindruck hinterlassen / Eindruckhinterlassen, sollten sie sich um eine gute Vorbereitung lieber nicht herum drücken / herumdrücken. Zusammenfassend lässt sich fest stellen / feststellen: Nur wenn eine Präsentation gut vorbereitet ist, ist der Einsatz eines Beamers oder Whiteboards sinnvoll.

Vergleiche deine Ergebnisse mit dem Lösungsheft. Für jede richtige Antwort erhältst du einen Punkt.

☺ 20–15 Punkte	😐 14–9 Punkte	☹ 8–0 Punkte
Gut gemacht!	Gar nicht schlecht, aber lies dir die Informationskästen auf den Seiten 84 bis 86 noch einmal genau durch.	Arbeite die Seiten 84 bis 87 noch einmal genau durch.

Strategien zur Vermeidung von Rechtschreibfehlern

Ableiten und Verlängern

Methode **Strategien anwenden**

Ableiten heißt, verwandte Wörter finden. Bist du bei einer Schreibung unsicher, hilft fast immer die Suche nach einem **verwandten Wort,** z. B.:

- *vers**äu**men – S**au**m, l**äu**ten – l**au**t, N**ä**he – n**a**h.*
  Gibt es kein verwandtes Wort mit **a** oder **au,** schreibt man mit **e** oder **eu:** *Werke, h**eu**te, L**eu**te.*
- *verjä**h**ren – Ja**h**re, Wa**h**l – wä**h**len.* Ein h **nach einem betonten langen Vokal** steht besonders häufig **vor den Konsonanten l, m, n** und **r** und bleibt in verwandten Wörtern erhalten.
- *Ge**h**weg – ge**h**en.* Das **silbentrennende h** bleibt in allen Wörtern der Wortfamilie erhalten.

Zusammengesetzte Wörter musst du zerlegen, um zu prüfen, ob es für den Wortstamm verwandte Wörter gibt, die die Schreibung erklären, z. B.: *F**äu**l | nisbakterien → f**au**len, e**h**r | los → E**h**re, Ge**h** | gips → ge**h**en.*

1 **äu oder eu, ä oder e? Wende die Strategie Ableiten an und schreibe die Wörter richtig auf.**

Wortspeicher

~~l ? ten~~ • h ? te • d ? tlich • F ? stling • h ? ten • R ? e • s ? berlich • Gem ? er • gem ? ßigt

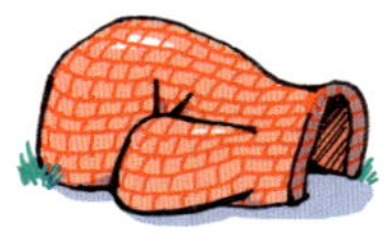

läuten → laut,

2 **Begründe für fünf der folgenden Wörter die Schreibung mit einem h hinter dem langen Vokal, indem du das Stammprinzip anwendest: Zerlege und schreibe je ein verwandtes Wort auf.**

Wortspeicher

~~Fehlzeit~~ • A Lähmung • B Rücknahme • C Bohrmaschine • D Ohnmacht • E Sehnsucht • F Fuhrpark • G gefühllos • H Ohrwurm • I sahnig

Fehl | zeit → fehlen,

3 **Erkläre für die folgenden Wörter die Schreibung mit einem silbentrennenden h, indem du zerlegst und die Strategie Ableiten anwendest. Schreibe je ein verwandtes Wort auf.**

Wortspeicher

~~Weihnachten~~ • leihweise • Drohbrief • Sehtest • Kuhmilch • Gehhilfe • reihum

Weih | nach | ten → weihen,

Methode **Strategien anwenden**

Wenn du nicht sicher bist, ob ein Wort am Silbenende mit **t** oder **d**, **k** oder **g**, **p** oder **b**, **ß** oder **s** geschrieben wird, hilft Verlängern, z. B.: *Ort – (die) Orte, (es) grast – grasen, heiß – heißer.*
Zusammengesetzte Wörter musst du **zerlegen**, damit du den Wortstamm verlängern kannst, z. B.: *Bad | teppich → (die) Bäder, Flug | sand → (die) Flüge – sandiger, Hub | raum → heben.*

4 **Wende bei den folgenden Wörtern die Strategie Verlängern an und weise die Schreibung des gesuchten Lauts nach.**

t oder **d?**	~~Glei ? sichtbrille~~ • Frem ? sprache • kin ? lich • bera ? schlagen • Unterschei ? barkeit

Gleit | sichtbrille → gleiten,

____

k oder **g?**	Mer ? wissen • Stei ? eisen • Lu ? und Tru ? • kal ? haltig • Pflu ? schar

____

____

p oder **b?**	Hu ? konzert • Lo ? rede • Kle ? stoff • hie ? - und stichfest • Pum ? station

____

____

ß oder **s?**	Hei ? getränk • Brem ? weg • Spa ? gesellschaft • eingespei ? t • Glei ? bett

____

____

5 **Vervollständige die folgenden Tipps zum Verlängern: Schau dir die Beispielwörter an und trage die fehlenden Begriffe ein.**

Nomen kann man verlängern, indem man *den Plural* bildet. Ort → (die) Orte

A Adjektive kann man verlängern, indem man ______________ bildet. heiß → heißer

B Verben kann man verlängern, indem man den ______________ bildet. (es) grast → grasen

6 **„ent-“ oder „end-“? Trage t oder d ein.**

En ☐ ausscheidung en ☐ lich en ☐ los
en ☐ stauben en ☐ gültig
En ☐ wirrung En ☐ reim En ☐ silbe
en ☐ kalken en ☐ täuschend

„ent-“ oder „end-“ unterscheiden:
- **„ent-“** ist ein häufig gebrauchtes Präfix für Verben und Nomen, z. B.: ***ent**laufen, **ent**gangen.*
- **„end-“** ist die verkürzte Form von „Ende“ und behält auch diese Bedeutung. Wenn du unsicher bist, zerlege und verlängere, z. B.: ***End** | kontrolle → Kontrolle am Ende.*

Stärken stärken: Probe zur Großschreibung

Information **Probe zur Prüfung der Großschreibung**

Meist wird ein Nomen oder ein nominalisiertes Wort im Satz durch einen Nomenbegleiter angekündigt (► S. 80). Ist dies nicht der Fall, wende die **Probe** an: Prüfe, ob du einen **Nomenbegleiter ergänzen** kannst (z. B. einen Artikel). Dann schreibst du groß, z. B.: *Meist führt (das/wiederholtes) Trainieren von Strategien zu weniger Fehlern.*

Neues aus der Schülerzeitung: Gastschüler/-innen kurz vorgestellt

7 Fernanda schreibt über ihre Erfahrungen in einer deutschen Schule. Sie hat noch Probleme mit der Groß- und Kleinschreibung: Streiche jeweils den falschen Buchstaben durch.

Fernanda aus Peru, Klasse 9 a: Ich bin eine 18-j/Jährige Abiturientin, habe das schulische l/Lernen also schon hinter mir. Bei uns geht man meist erst ins Ausland, wenn alle a/Abschlüsse geschafft sind. In meiner Schule wurde nur e/Englisch gelehrt, hier will ich jetzt d/Deutsch lernen. In der Klasse 9 fällt mir v/Verstehen weniger schwer als in der Oberstufe. Außerdem sind hier alle so n/NJett zu mir! Was ich k/Komisch finde: Bei euch wird p/Pünktlichsein großgeschrieben und fast alle halten sich an r/Regeln. Trotzdem kommen m/Manche zu spät zum Unterricht. Hier gibt es viel a/Abwechslungsreiches und s/Schönes zu erleben. Ich lerne jeden Tag etwas d/Dazu.

8 Im Beitrag von James unterstreicht sein Computerprogramm falsch geschriebene Wörter:
a Markiere in jedem unterstrichenen Wort den Fehler.
b Notiere das verbesserte Wort unten bei der Probe, die die Schreibung klärt.

VORSICHT FEHLER!

James aus Südafrika, Klasse 9 c: Ihr kennt mich aus der Schulband, da spiele ich Schlakzeug. Ich bin James (16) und vor drei Monaten aus Pretoria/Südafrika zu euch geflogen. Ich bin mit einer Organisation hergekommen, aber es get in dieser Zeit niemand von euren Läuten in mein Heimatlant. Ich wollte zuerst nach Naost, aber das war zu gefährlich. Jetzt bin ich hier, um lernen und leben in Deutschland auszuprobieren. So ist es, wenn man am Reisbrett plant: Manches entwickelt sich überraschent anders. Meine Gasdfamilie ist nett, alle sind sehr heuslich und ich kann über alles reden. Dauernd gipt es hier neues für mich: Die Kultur ist manchmal sehr anders. Oft bin ich radlos und fühle mich allein. Aber meine Klasse 9 c und die Musig helfen mir. Und ich kenne eure Sprache immer besser, ganz ohne lästiges vokabellernen. Kommt alle am Samstag zu unserem Konzert in der Aula!

A Ableitungsprobe: geht, ______

B Verlängerungsprobe: Schlagzeug, ______

C Artikelprobe: ______

Stärken stärken: „das“ oder „dass“?

Information | **Relativpronomen (das) oder Konjunktion (dass)?**

- Das **Relativpronomen „das“** leitet einen Relativsatz ein, der sich auf ein Bezugswort im Hauptsatz bezieht (► S. 76), z. B.: *Die Kosten für einen Austausch sind ein Problem, das oft unterschätzt wird.*
  Probe: Ein Relativpronomen kannst du **durch „welches“ ersetzen,** z. B.:
  Die Kosten für einen Austausch sind ein Problem, welches oft unterschätzt wird.
- Die **Konjunktion „dass“** leitet einen Nebensatz ein, kann aber nicht durch „welches“ ersetzt werden.

●○○ **1** ●●○ **Setze in die Lücken das oder dass ein. Wende die „welches“-Probe an, wenn du unsicher bist.**

Das Problem, A __________ man bei einem Austausch auf keinen Fall unterschätzen sollte, ist, B __________ man bei einer völlig fremden Gastfamilie lebt. Man steht vor der Herausforderung, C __________ man sich an das Zusammenleben mit völlig Unbekannten gewöhnen und deren Regeln akzeptieren muss. Hinzu kommt, D __________ die Jugendlichen auch in den Schulen im Gastland ganz anderen Bedingungen begegnen. Ein Verhalten, E __________ in Deutschland geduldet wird, ist dort möglicherweise verboten.

●●○ **2** ●●● **Erkläre, warum der erste Nebensatz mit das und der zweite Nebensatz mit dass eingeleitet wird.**

Herausforderung Auslandsjahr
Das Auslandsjahr, das sich so viele junge Menschen wünschen, verläuft für viele etwas anders als erwartet. Man darf nicht vergessen, dass mit einem Schüleraustausch häufig auch Probleme verbunden sind.

Im ersten Nebensatz ____________________

____

____

Im zweiten Nebensatz ____________________

____

●●● **3** **a Unterstreiche im folgenden Schülertext die Fehler in der Verwendung von das und dass.**
b Schreibe den Text verbessert in dein Heft.
Unterstreiche bei den Relativpronomen das Bezugswort.

VORSICHT FEHLER!

Austauschschülerinnen und -schüler merken oft erst im Gastland, das eine fremde Kultur große Anpassung erfordert, wenn man nicht ständig anecken will. All das Neue, das zu erleben am Anfang spannend ist, kann schnell auch überfordern. Auch Heimweh ist ein Problem, dass von vielen häufig unterschätzt wird. Nicht jeder macht sich bewusst, dass ein Jahr eine lange Zeit ist und man selbst an Tagen wie Weihnachten oder beim Geburtstag auf Familie und Freunde verzichten muss. Ein Telefonat, dass man mit zu Hause führen kann, macht es meist noch schlimmer. Das sie es trotzdem schaffen, macht Rückkehrer sehr stolz.

Im Wörterbuch nachschlagen: Fremdwörter und Fachbegriffe

Information **Fremdwörter und Fachbegriffe**

- Fremdwörter sind **Wörter,** die **aus anderen Sprachen** kommen, z. B.: *Grammatik* (griech.), *konservieren* (lat.), *Bonbon* (frz.), *Cliffhanger* (engl.), *Loggia* (ital.). Häufig erkennt man sie an der Aussprache und der Schreibung, wenn sie den Regeln ihrer Herkunftssprache noch folgen.
- **Häufig gebrauchte Fremdwörter** werden eingedeutscht, d. h. in ihrer Schreibweise dem Deutschen angeglichen. In diesen Fällen ist sowohl die eingedeutschte als auch die fremdsprachige Schreibung korrekt, z. B.: *Fantasie – Phantasie, Frisör – Friseur, Joghurt – Jogurt.*
- Fremdwörter, die als **Fachbegriffe** verwendet werden (Fachwörter), werden nicht eingedeutscht. Dies gilt auch für Fachbegriffe aus dem Deutschunterricht, z. B.: *Strophe, Metapher, Enjambement.*

1 **a** **Lies den folgenden Eintrag aus einem Fremdwörterbuch.**
b **Ergänze die Erläuterungen mit den passenden Begriffen aus dem Wortspeicher.**

Wortspeicher
im Plural • Herkunft • Bedeutung(en) des Fremdworts • Artikel • zur Aussprache • im Singular

A Genitiv ____________

B Genus ____________

C Hinweis ____________

Recycling [ri'sai̯klɪŋ] *das*, -s, s, *<engl.>*: 1. Aufbereitung u. Wiederverwendung [bereits benutzter Rohstoffe von Abfällen, Nebenprodukten], 2. Wiedereinschleusen der (stark gestiegenen) Erlöse Erdöl exportierender Staaten in die Wirtschaft der Erdöl importierenden Staaten, um deren Zahlungsbilanzdefizite zu verringern.

D Nominativ ____________

E ____________ des Fremdworts

F inhaltliche ____________

2 **a** **Welche Wörter sind hier gesucht?**
Ergänze fehlende Buchstaben aus dem Kasten rechts.
Hinweis: Wenn du unsicher bist, schlage im Fremdwörterbuch nach.

Buchstabenspeicher
a • o • h • y •
r • e • o • h • g •
e • a • i • e • n

B l a m a _ _   F r _ _ k   L _ _ p i n g

_ _ a b a r b e r   L e i c h t a _ _ l e t i k

P s _ c h o l o g i e   P o r t e m o n _ _ _ _

3 **Für einige Fremdwörter ist neben der fremdsprachigen auch eine eingedeutschte Schreibung möglich. Kreuze für jedes Wort an, welche Schreibung erlaubt ist.**

A ☐ Graphik ☐ Grafik
B ☐ Atmosphäre ☐ Atmosfäre
C ☐ Orthografie ☐ Orthographie
D ☐ Photokopie ☐ Fotokopie
E ☐ Metapher ☐ Metafer

4 **Im folgenden Text sind insgesamt elf Fremdwörter falsch geschrieben. Sieben Fehler sind bereits unterstrichen.**
a **Unterstreiche die weiteren vier falsch geschriebenen Fremdwörter.**
b **Schreibe die Wörter verbessert auf die Schreibzeilen unter dem Text.**
Hinweis: Wenn du unsicher bist, schlage im Fremdwörterbuch nach.

VORSICHT FEHLER!

Fremde Sprache, schwere Sprache

Auch wenn man den euforischen Berichten anderer Schülerinnen und Schüler von einer Phase voller Higlights und Parties nicht immer uneingeschränkt glauben kann, bietet die Scala der Erfahrungen im Ausland doch vielfältige Nuancen. So erleben die meisten Jugendlichen die Generosität der Gastfamilien und die gute Atmosfähre äußerst positiv. Das schulische Systhem, z. B. amerikanischer Highschools, bietet diverse Möglichkeiten, auf individuellem Nivau zu lernen und ein gutes Feedback zu bekommen. Man lernt die Fremdsprache offensiv beim Sprechen, aber um Vokabeln nicht falsch oder mit fehlerhafter Konotation zu lernen, sollte man es bei Iritationen präferieren, in einem Diktionär nachzuschlagen. Junge Menschen sammeln im Gastland Ruhtine im Umgang mit einer fremden Kultur und coolen Hobbies. Jede Bewerbung profitiert, wenn die Biografie einen Auslandsaufenthalt aufweist.

euphorischen, ______________________________

____

____

____

Buchstabenspeicher
rh • y • i • y •
ph • y • tt

5 **a** **Folgende Fachbegriffe werden im Deutschunterricht verwendet: Ergänze jeweils den oder die fehlenden Buchstaben aus dem Kasten.**
b **Ergänze die Erläuterungen mit den passenden Begriffen.**

A Gedichtanal_____se: Untersuchung eines ______________________________

B Anton_____m: Wort mit gegenteiliger ______________________________

C Ana_____er: Wiederholung eines oder mehrere ______________________________

D H_____potaxe: Unterordnung von Nebensätzen unter ______________________________

E _____etorische Frage: Frage, auf die keine ______________________________ erwartet wird

F Sone_____: Gedicht mit einer festgelegten ______________________________

G Po_____nte: Kernstelle z. B. in einer Erzählung, die meist ______________________________ ist

Texte überarbeiten

Strategien und Proben zur Überprüfung der Rechtschreibung

1 **Eine Gastschülerin will in der Schülerzeitung über Auslandsaufenthalte schreiben. Überarbeite ihren Textentwurf. Unterstreiche 23 Fehler und notiere dort jeweils über der Zeile, welche Strategie oder Probe zur Verbesserung des Wortes angewendet werden muss. Notiere Probe und Verbesserung des Wortes im Heft.**

A = Strategie Ableiten
N = Probe zur Prüfung der Großschreibung
V = Strategie Verlängern
W = „welches"-Probe (für Relativpronomen)

VORSICHT FEHLER!

Abentäuer Auslandsjahr

Ein Jahr in einem anderen Lant bietet vielfeltige Erlepnisse und Eindrücke. Grundsetzlich muss man vollkommen offen für neues sein. Wer mit festen Erwartungen kommt, hat sich die Menschen und Geschenisse in der Fremde vorher genau vorgestellt. Aber dann kommt alles ganz anders, und es passiert vielen, das sie dann ungehäuer endtäuscht reagieren. Das innere Bild stimmt so gut wie nie mit der Wirglichkeit überein. Wenn man jedoch aufgeschlossen für alles auf die Reise geht, wird neues höchstens erstaunen und überraschung hervorrufen, aber der Katzenjammer bleibt aus. Das ist doch viel besser! Das gute ist, dass diese Regel für jede Nation stimmt, ganz gleichgültik, wohin in der Welt man sich begipt. Natürlich wird das kennenlernen nicht immer leichtfallen. Das größte Problem ist heufig die fremde Sprache. Aber wenn man sich nicht schäut, sich im Notfall mit Händen und Füßen zu verständigen, wird der Kontakt gelingen. Wer etwas Stevermögen hat, wird ein Jahr im Auslant sicher nicht beräuen.

2 **Das oder dass? Überarbeite und verbessere Fehler in der Randspalte.**

VORSICHT FEHLER!

Wer über ein Auslandsjahr nachdenkt, muss wissen, ~~das~~ damit Probleme einhergehen können. Man muss sich darauf einstellen, dass man nicht das gleiche Leben führen kann, dass man von zu Hause kennt. Die Herausforderung ist, sich flexibel auf Unerwartetes einzulassen, dass stets aufs Neue passieren kann. Tritt dann irgendwann ein Problem auf, das sich auf den ersten Blick nicht lösen lässt, sollte man lieber nicht gleich verzweifeln. Man kann darauf vertrauen, das die Menschen im Gastland und auch die Austauschorganisation gern helfen. Wer mit dieser Haltung in ein fremdes Land geht, kann hoffen, dass er vorwiegend gute Erfahrungen machen wird.

dass

Teste dich!

Strategien zur Fehlervermeidung anwenden

1 Trage die unterlegten Wörter in der richtigen Schreibung in die Lücken ein. (8 P.)

Es ist nicht leicht, beim ________________ Schreiben / schreiben einer Klassenarbeit zeitgleich auf Rechtschreibfehler zu achten. In jedem Fall ist ________________ Befolgen / befolgen von Anregungen des Deutschlehrers oder der Deutschlehrerin ________________ radsam / ratsam. Zudem sollte sich lieber niemand davor ________________ schäuen / scheuen, die Regeln und Strategien zur Rechtschreibung bis ins ________________ Einzelne / einzelne zu lernen. Bei jeder Klassenarbeit ist ________________ Überarbeiten / überarbeiten am Schluss wirklich ________________ Wichtig / wichtig. Mit einer guten ________________ Entkontrolle / Endkontrolle kann man manchmal seine Note noch verbessern.

2 Das oder dass? Trage in jede Lücke das richtige Wort ein. (6 P.)

A Das Problem, ________ sie in Klassenarbeiten Rechtschreibfehler machen, haben viele Schüler/-innen.

B Wenn man weiß, ________ man bestimmte Fehler häufiger macht, kann man gezielt daran arbeiten.

C Ein Fehlerprofil, ________ man auf der Grundlage der letzten Klassenarbeiten anlegt, zeigt Übungsschwerpunkte.

D Man weiß dann, ________ man in diesen genau abgegrenzten Bereichen trainieren sollte.

E Wiederholt man die zugehörigen Strategien und Regeln gezielt, erhöhen sich die Chancen, ________ man nicht wieder dieselben Fehler macht und ________ die nächste Klassenarbeit darum besser ausfällt.

3 a Zwei Fremdwörter je Zeile sind falsch geschrieben, streiche sie durch. (6 P.)
b Notiere für beide die Verbesserung am Rand. (6 P.)

A Philosofie Metapher Antitese ________________

B Suvenir Ingeneur Theorie ________________

C Rhythmus Shampo Tolette ________________

Vergleiche deine Ergebnisse mit dem Lösungsheft. Für jede richtige Antwort erhältst du einen Punkt.

☺ 26–20 Punkte	😐 19–13 Punkte	☹ 12–0 Punkte
Gut gemacht!	Gar nicht schlecht, aber lies dir die Informationskästen auf den Seiten 89 bis 93 noch einmal genau durch.	Arbeite die Seiten 89 bis 95 noch einmal genau durch.

Zeichensetzung

Die Kommasetzung in Satzreihen und Satzgefügen

Information | **Das Komma in Satzreihe (Hs + Hs) und Satzgefüge (Hs + Ns)**

- Die einzelnen **Hauptsätze einer Satzreihe** werden durch **Komma** voneinander getrennt, z. B.: *Die Klasse 9 b wird eine Klassenfahrt unternehmen, sie spricht zuvor über die Freizeitgestaltung.* Häufig werden Hauptsätze durch nebenordnende Konjunktionen wie *und, oder, aber, doch, sondern, denn* miteinander verbunden. Nur vor den Konjunktionen *und* bzw. *oder* **darf** das Komma **entfallen,** z. B.: *Das Alkoholverbot auf Klassenfahrten ist nicht zu hinterfragen, aber die Lehrerin möchte auch das Shoppen untersagen (,) und einige Schüler/-innen argumentieren dagegen.*
- **Zwischen Haupt- und Nebensatz** (Satzgefüge ► S. 72–77) muss immer ein **Komma** stehen. Ein Nebensatz kann **vor, zwischen oder hinter dem Hauptsatz** stehen. Ein Satzgefüge kann mehrere Nebensätze enthalten, die alle mit Komma abgetrennt werden, z. B.: *Die Frage, ob man bei Klassenfahrten Shoppingtouren verbieten sollte, ist schwer zu beantworten, weil vieles dagegen, aber auch einiges dafür spricht.*

1 **a** **In den folgenden Satzreihen fehlt das Komma zwischen den Hauptsätzen. Trage es ein und unterstreiche die nebenordnende Konjunktion.**
b **Kreuze die Satzreihen an, in denen das Komma stehen muss.**
c **Vervollständige die unten folgende Erklärung.**

VORSICHT FEHLER!

Dringende Anregung für Klassenfahrten

A ☐ Klassenfahrten nach Berlin, München, Hamburg oder Dresden haben häufig ein vielseitiges kulturelles Programm aber dieses ist nicht selten auch anstrengend.

B ☐ Meist werden Museen und Sehenswürdigkeiten besichtigt vor Ort tragen Einzelne dann Referate vor.

C ☐ Die Exkursionen sind informativ denn man erfährt auf anschauliche Weise Neues.

D ☐ Allerdings wird dabei manchmal die Entspannung vergessen oder man denkt nicht an eine Pause.

E ☐ Bei schönem Wetter müssen Referate nicht in einem Raum vorgetragen werden sondern sie können auch im Park oder an einem See gehalten werden.

Erklärung: In Satz ______ kann das Komma entfallen, weil die Konjunktion ________________ verwendet wurde.

2 **a** **Unterstreiche im folgenden Satzgefüge den Hauptsatz.**
b **Streiche in der unten folgenden Erklärung Unpassendes.**

Wir möchten, wenn wir schon so viel Anstrengendes in der Großstadt unternehmen müssen, unsere freie Zeit auch nutzen dürfen, um uns beim Shoppen zu entspannen.

Erklärung: In diesem Satz gibt es einen A vorangestellten / eingeschobenen / nachgestellten Nebensatz und einen Nebensatz B vor / zwischen / hinter dem Hauptsatz.

3 In den folgenden Hypotaxen (= verschachtelte Satzgefüge) fehlen die Kommas:
a Unterstreiche die Hauptsätze blau und die Nebensätze grün.
b Umkreise die Konjunktionen und Relativpronomen.
c Trage die fehlenden Kommas ein.

Diskussion im Schülerblog: Bei der Klassenfahrt shoppen?

VORSICHT FEHLER!

Pavel 21.06.20XX 19:27 Uhr

Durch das Jugendschutzgesetz ist schon das Alkoholverbot geregelt damit es von allen eingehalten wird wohingegen in keinem Gesetz etwas gegen Shopping steht sodass ich selbst über meine Freizeit und mein Taschengeld verfügen möchte.

Marie 21.06.20XX 19:36 Uhr

Genau! Schließlich haben wir während der Schulwoche kaum Gelegenheit zum Shoppen da der Nachmittagsunterricht und die Hausaufgaben unsere ganze Zeit beanspruchen und am Wochenende häufig Turniere oder Spiele mit dem Verein stattfinden die auch Zeitfresser sind.

Ekatherina 21.06.20XX 20:05 Uhr

Weil Shopping wetterunabhängig ist eignet es sich sehr für eine Klassenfahrt die auch Regentage haben kann. Obwohl ich selbst nicht so häufig shoppen gehe möchte ich gern für meine Eltern und Geschwister ein Mitbringsel besorgen während ich selbst nicht unbedingt etwas Gekauftes als Erinnerung an diese Fahrt brauche. Es gibt ja viele Fotos, die man sich später anschauen kann!

4 Überarbeite Felix' Kommentar:
Er hat neun Kommas falsch gesetzt oder vergessen.
a Umkreise die drei falsch gesetzten Kommas.
b Trage die sechs fehlenden Kommas ein.

VORSICHT FEHLER!

Felix 21.06.20XX 20:27 Uhr

Ein Shoppingverbot fände ich gut denn, Shoppen ist keine Entspannung sondern, bedeutet Stress. Ich weiß genau, wer schon während der Stadtführung nur guckt wo es die coolsten Läden gibt. Es stört mich ziemlich wenn dann irgendwann alle nur noch vom Shoppen reden. Manche sind dann so im Rausch dass, sie die Zeit vergessen und sich beim Bummeln so verspäten, dass alle anderen warten müssen oder sie sogar die Gruppe verlieren. Außerdem entsteht hinterher immer Konkurrenz wer das coolste neue Outfit hat. Aber nicht jeder verfügt über genug Geld zum Einkaufen zumal schon die Klassenfahrt teuer ist.

Das Komma in Infinitiv- und Partizipialsätzen

Information **Das Komma in Infinitivsätzen**

Ein **Komma muss** stehen,
- wenn der Infinitivsatz mit *um, anstatt, statt, außer, ohne, als* eingeleitet wird, z. B.:
  *Ich trage Turnschuhe, **um** bequem zu laufen.*
- wenn der Infinitivsatz von einem Nomen oder einem hinweisenden Wort wie *dazu, daran, darauf* oder *es* im Hauptsatz abhängt, z. B.:
  Das Tragen von Turnschuhen dient dazu, die eigene Sportlichkeit zu betonen.

Bei einfachen Infinitiven (*zu* + Infinitiv) kann das Komma entfallen, z. B.: *Ich hoffte(,) nicht aufzufallen.*
Hinweis: Bei Infinitivsätzen empfiehlt es sich, immer Kommas zu setzen, weil sie die Gliederung eines Satzes verdeutlichen, niemals falsch sind und Missverständnisse vermeiden, z. B.:
Ich überlege täglich, Sport zu machen. – Ich überlege, täglich Sport zu machen.

1 **Überarbeite den Werbetext, den Max im Praktikum geschrieben hat:**
a **Unterstreiche die Infinitivsätze.**
b **Trage acht fehlende Kommas ein.**

VORSICHT FEHLER!

Turnschuhe „gehen" immer

Turnschuhe haben in den vergangenen Jahren einen Auftrieb erlebt, anstatt in der Mottenkiste zu verstauben. Statt die Modelle aus den 1980er- oder 1990er-Jahren zu verändern legen Schuhlabels die alten Klassiker in frischen Farben auf. Der Akzent liegt auf Sportlichkeit ohne den Fuß plump wirken zu lassen. Schlichte, flache Sneakers in Weiß zu tragen ist nicht mehr nur Tennisspielern vorbehalten. Nur an Ferse und Lasche sind Farbtupfer erkennbar um ein bisschen aufzufallen. Limitierte Auflagen verschärfen die Nachfrage. Den Schuh bekommen diejenigen, denen es gelingt am Verkaufstag die Schnellsten zu sein. Um am nächsten Morgen als Erste das begehrte Modell zu ergattern übernachten echte Fans vor dem Laden. Trendexperten vergleichen den Turnschuh mit der Jeans. Statt vom Markt zu verschwinden ist er zu jeder Zeit ein Allrounder für alle.

Information **Das Komma in Partizipialsätzen**

Partizipialsätze darf man immer durch ein Komma vom Hauptsatz abtrennen.
Ein **Komma muss** stehen,
- wenn durch ein hinweisendes Wort auf den Partizipialsatz Bezug genommen wird, z. B.
  Von Kopf bis Fuß in Marken gekleidet, so wollen viele selbstbewusster wirken.
- wenn der Partizipialsatz eine nachgestellte Erläuterung ist, z. B.:
  Auch Markenschuhe, am besten sehr teuer gekauft, erfreuen sich großer Beliebtheit.

2 **a** **Setze in den folgenden Partizipialsätzen die Kommas.**
b **Markiere im zweiten Satz das hinweisende Wort.**

Sneakers zumal zum dunklen Anzug getragen sind für manche Modeexperten ein Fauxpas.
Vom Stoff farblich auffallend abgesetzt so nehmen sie dem Erscheinungsbild die Eleganz.

Stärken stärken: Die Zeichensetzung bei Zitaten

Information | **Richtig zitieren: Textstellen wörtlich wiedergeben**

Wörtlich wiedergegebene Textstellen (Zitate) müssen durch **Anführungszeichen** gekennzeichnet werden. Innerhalb des gekennzeichneten Zitats darf der **Originaltext nicht verändert** werden. Geringfügige Änderungen werden durch [eckige Klammern], Auslassungen durch [...] gekennzeichnet.
Treffen **Punkt, Frage- oder Ausrufezeichen** mit den Anführungszeichen zusammen, stehen die Satzschlusszeichen

- **außerhalb der Anführungszeichen,** wenn sie nicht zu der zitierten Äußerung gehören, z. B.: *Müssen Städte heute durch ein Factory-Outlet-Center zeigen, „wie attraktiv sie sind“?*
- **innerhalb der Anführungszeichen,** wenn sie zu der wiedergegebenen Äußerung gehören, z. B.: *„Wie reagieren Kommunen auf die Kaufinteressen der Bürger/-innen?“, fragt der Journalist.*

Bei einem angeführten Satz lässt man den Schlusspunkt am Ende des Zitats weg, z. B.:
Ein Outlet ist Zukunftsmusik. → „Ein Outlet ist Zukunftsmusik“, erklärt der Bürgermeister.

●○○ **1** **Eva hat einen Städtebauexperten zum Thema „Factory-Outlet-Center“ interviewt.**
●●○ **Im folgenden Text sind wörtlich wiedergegebene Textstellen (Zitate) aus dem Interview unterstrichen.**

a **Erkläre unten, was die eckigen Klammern in den Zitaten bedeuten.**

b **Schreibe den Text ins Heft ab und setze alle fehlenden Zeichen (Anführungszeichen, Komma, Satzschlusszeichen).**

VORSICHT FEHLER!

Referatthema „Projekt: Stadt“ – Sind Factory-Outlet-Center eine Bedrohung?

Ein Factory-Outlet-Center ist eine Sonderform des großflächigen Einzelhandels, sagte der Experte zu Beginn unseres Gesprächs. Die Verkaufsflächen seien riesig groß, oft mehrere 1 000 m². Man finde dort bis zu 100 Läden namhafter Marken, die Textilien [...] direkt ab Fabrik verkaufen, die man sonst in der Innenstadt im Einzelhandel kauft. Ein FOC ist nicht überall gern gesehen: Die in Medien häufig gestellte Frage Veröden die Innenstädte spiegelt die Befürchtung, dass die Kunden den zentralen Einkaufszonen fernbleiben. Es gibt Gesetze zur Raumordnung, die festlegen, was wo gebaut werden darf. Diese folgen dem sogenannten System der zentralen Orte, das erklärt, wie Stadträume sich gegenseitig beeinflussen. Die Ministerkonferenz für Raumordnung (MKRO) hat im Jahr 1997 Folgendes beschlossen: FOC sind [...] nur in Oberzentren/Großstädten an integrierten Standorten in stadtverträglicher Größenordnung zulässig. Darum werden Anträge zum Bau eines FOC abgelehnt, wenn diese nicht im Bereich zur Versorgung eines zentralen Ortes liegen. Je nach Lage kann ein FOC aber z. B. auf dem Land durchaus auch Chancen zur Weiterentwicklung eröffnen. Man sollte immer den Einzelfall prüfen.

Die eckigen Klammern bedeuten, ______________________________.

●●● **2** **Fasse den folgenden Textauszug zusammen. Überlege, welche Aussagen du als wörtliches Zitat wiedergeben möchtest. Schreibe in dein Heft.**

125 000 m² sollen im geplanten „Designer Outlet Village“ in Duisburg für 160 Shops zur Verfügung stehen. Dazu kommen 2 000 Parkplätze. Entstehen soll das FOC auf dem Gelände der sogenannten Zinkhüttensiedlung, eines traditionsreichen Arbeiterviertels der Ruhrgebietsstadt. In aller Stille fanden die Verkaufsverhandlungen zwischen dem Eigentümer der Immobilien und dem Investor statt. Auch die Stadt Duisburg informierte die Anwohner nicht. „Hier herrschen Sitten wie im Mittelalter: Die Fürsten bestimmen und das Fußvolk hat zu folgen“, empört sich Horst K. (59), der schon seit 48 Jahren hier lebt.

Füge **wörtlichen Zitaten** aus einem Text eine genaue **Zeilenangabe** bei, z. B.: *Laut Expertenaussage gibt es in einem FOC „Textilien [...] direkt ab Fabrik“* (Z. 7 f.). Der Schlusspunkt steht erst nach der Zeilenangabe.

Teste dich!

Zeichensetzung

1 Begründe für jeden der folgenden Sätze die Kommasetzung: Schreibe die entsprechende Ziffer hinter den Satz. (5 P.)

VORSICHT FEHLER!

1 Satzreihe • 2 Satzgefüge • 3 Infinitivsatz • 4 Relativsatz • 5 Partizipialsatz

A Von Modedesignern beeinflusst, experimentieren viele Menschen mit ihrer Kleidung.
B Viele Menschen erfreuen sich daran, ihre Persönlichkeit durch Kleidung hervorzuheben.
C Wenn man sich durch Mode ausdrücken will, gibt es viele Möglichkeiten.
D Modeschöpfer sprechen die Träume der Menschen an, denn sie wollen Sehnsüchte wecken.
E Blumenmuster, die für den Frühling oder Sommer stehen, oder goldene Accessoires, die Reichtum signalisieren, werden immer wieder verwendet.

2 a Setze im folgenden Text die fehlenden sechs Kommas. (6 P.)
b Unterstreiche: Welches Komma kann stehen, muss aber nicht? (1 P.)

VORSICHT FEHLER!

Eine weitere Inspirationsquelle um Mode zu entwerfen kann Hollywood sein. Läuft im Kino ein Blockbuster der aufwändige Kostüme benötigt können sich Modeschöpfer davon beeinflussen lassen. Gleichzeitig beflügeln die Looks der Designer die Hollywoodmacher neue Geschichten zu entwickeln. Heutzutage spielt das Internet eine wichtige Rolle für neue Trends da es eine hervorragende Plattform für Modeblogs bildet.

3 Im folgenden Text sind die Zitate nicht gekennzeichnet. Schreibe ihn ins Heft ab und ergänze dabei die fehlenden Satzzeichen. (4 P.)

VORSICHT FEHLER!

Der Designer Guido Maria Kretschmer schreibt in seinem Buch „Anziehungskraft“ (2013) ein Kapitel zu der Frage Wie entstehen eigentlich Trends?. Da es auffällig sei, dass es oft ähnliche Looks bei den Designern auf den Modeschauen zu sehen gebe, frage man sich zu Recht Ist das Zufall oder Absicht?, so Kretschmer. Er selbst verneint die Frage nach einer Abstimmung mit den Worten: Diese großen Kreativ-Egos kämen vermutlich nie auf einen Nenner! Kretschmer schreibt weiter: Meine Inspiration für neue Kollektionen kommt aus den unterschiedlichsten Bereichen. Manchmal ist es ein Musikstück oder Architektur, eine Farbe, die mich angesprungen hat, oder Menschen im täglichen Leben.

Vergleiche deine Ergebnisse mit dem Lösungsheft.

☺ 16–13 Punkte	😐 12–9 Punkte	☹ 8–0 Punkte
Gut gemacht!	Gar nicht schlecht, aber lies dir die Informationskästen auf den Seiten 97 bis 100 noch einmal genau durch.	Arbeite die Seiten 97 bis 100 noch einmal genau durch.

Fit für Tests

Wie kannst du mit der folgenden Einheit arbeiten?

1 Der folgende Test (► S. 102–111) hilft dir zu erkennen, was du im Fach Deutsch schon alles gelernt hast: Was weiß ich? Was kann ich? Wo bin ich noch unsicher? Wo habe ich Lücken?
Du kannst mit dem Test verschiedene Bereiche prüfen:
- das **Verstehen von Sachtexten und literarischen Texten** (► Aufgaben **Teil A**),
- das **Schreiben von informierenden und argumentierenden Texten** (► Aufgaben **Teil B**),
- **Grammatik** (► Aufgaben **Teil C**) und
- **Rechtschreibung** (► Aufgaben **Teil D**).

Am Ende des Schuljahres kannst du herausfinden, ob du erfolgreich gelernt hast. In der Mitte des Schuljahres kannst du testen, wo du Schwächen hast und was du noch einmal üben musst.

2 In dem Test begegnen dir verschiedene **Aufgabenarten,** z. B.: in einer Auswahl an möglichen Antworten die richtige ankreuzen (Multiple Choice), Informationen passend zuordnen, Kurzantworten geben oder zu Materialien einen informativen Text schreiben und Stellung nehmen.

3 Lies die Texte und die **Aufgabenstellungen** immer sehr aufmerksam und überlege, bevor du z. B. vorschnell ankreuzt, ob du jeweils **genau verstanden** hast, was verlangt wird.

4 Du kannst deine Antworten mithilfe des Lösungsheftes selbst prüfen und anhand der erreichten Punktzahl deinen **Lernstand bewerten.**
Vielleicht kannst du den Test auch zusammen mit einer Partnerin / einem Partner schreiben. Abschließend könnt ihr eure Fehlerschwerpunkte feststellen und beraten, was noch einmal geübt werden sollte.

A Texte verstehen

Lies den Text über die Traumfabrik Hollywood und bearbeite die Aufgaben auf den nächsten Seiten. Beachte: Bei Multiple-Choice-Aufgaben ist immer nur eine Lösung richtig.

Eva Mommsen

Hollywood – Traumfabrik mit kleinen Fehlern

Hollywood – obwohl der Name eigentlich nicht mehr als einen Stadtteil in Los Angeles bezeichnet, ist er weltweit zum Markenzeichen der populären Filmkultur des 20. Jahrhunderts geworden. Hollywood ist ein Mythos. Stars wie Charlie Chaplin und Marilyn Monroe haben dazu beigetragen, dass die Traumfabrik weltweit bekannt wurde und heute für Glamour[1], Erfolg und Reichtum steht. Aber die Filmindustrie hat auch ein anderes Gesicht. Nirgendwo scheinen Ruhm und Bedeutungslosigkeit, Armut und Reichtum, Illusion und Wirklichkeit so dicht beieinanderzuliegen.

Eigentlich beginnt die Geschichte Hollywoods an der Ostküste der USA, in New York. Dort gründeten die beiden Filmgesellschaften „Biograph" und „Edison" unter der Leitung von Thomas Edison 1908 die „Motion Picture Patent Company". So vereinten sie fast alle bedeutenden Unternehmen der damaligen Filmindustrie und damit alle Patente für Filmmaterial, Kameras und Projektoren unter einem Dach. Der so geschaffene Zusammenschluss konnte den gesamten Filmmarkt kontrollieren. Um dieser rigiden[2] Lizenzierungspraxis[3] zu entgehen, gingen eine Handvoll unabhängiger Produzenten 1910 an die Westküste in einen kleinen Vorort von Los Angeles. Hier, fernab der Patentanwälte, begannen sie, ihre Filme zu drehen, vor allem Western und Komödien. Jetzt bauten sie hier die großen Filmstudios auf wie „Paramount", „MGM", „Warner Brothers", „RKO" und „20th Century Fox".

In Hollywood gab es ideale Bedingungen für die Filmproduktion: Die angenehmen Temperaturen

1 Glamour: betörender Glanz
2 rigiden: streng, unnachgiebig
3 Lizensierungspraxis: Genehmigungsverfahren

ermöglichten Außendreharbeiten das ganze Jahr über, es gab genügend Arbeitskräfte und billiges Bauland. Jede Woche brachte jetzt jedes Studio einen Film auf den Markt, das Geschäft boomte. 1939 erreichte die Filmindustrie in Hollywood ihren Höhepunkt, 177 420 Menschen arbeiteten hier, 338 Filme wurden herausgebracht.

In der Folgezeit aber gab es eine technische Neuerung, die für die Auflösung des bestehenden Studiosystems verantwortlich war: das Fernsehen. Waren 1946 noch 78,2 Mio. Amerikaner pro Woche ins Kino gegangen, waren es 1971 gerade noch 15,8 Millionen. Es folgten magere Jahre für die Filmindustrie.

Mitte der 1970er-Jahre fand ein Generationswechsel in Hollywood statt. Junge Regisseure wie Francis Ford Coppola, Martin Scorsese, Woody Allen, George Lucas und Steven Spielberg durften Filme machen und feierten große Erfolge im In- und im Ausland. Filme wie „Star Wars", „Indiana Jones" oder „Der Pate" wurden zu Publikumsrennern. Doch die Filme der jungen Regisseure waren nicht immer erfolgreich.

Anfang der 1980er setzten die Studios und Produktionsfirmen deshalb mehr und mehr auf erfolgreiche Blockbuster. Es kam die Zeit der Produzenten wie Jerry Bruckheimer. Sie ließen Schreiber und Regisseure fast Fließbandproduktionen machen, die nach einer simplen Story funktionierten: Eine Person aus armen und schwierigen Verhältnissen kämpft für einen Traum und gewinnt. So funktionierten Filme wie „Flashdance", „Top Gun" und „Footloose".

In den 1990er-Jahren wurden die Studios in Hollywood durch große, global agierende Medienkonzerne übernommen. Jetzt sollten bessere Vermarktungsstrukturen auch im Ausland höhere Gewinne einbringen. Heute werden bereits bei der Planung von Filmen regionale Eigenheiten berücksichtigt, so können Filme besser an das Interesse des Publikums angepasst werden. Ein Film ist heute ein gigantisches Kaufhaus, das alles im Angebot hat: Video, DVD, CDs, Spielzeug und sogar Bettwäsche. Deswegen ist es heute für die Geldgeber oft lukrativer[4], einen 200-Millionen-Dollar-Film zu produzieren wie „Titanic", „Spiderman" oder „Der Herr der Ringe", den man aber besser vermarkten kann, als eine Beziehungskomödie für 20 Millionen Dollar. Heute ist Hollywood eine gigantische Industrie, die 2008 mehr als 28 Milliarden Dollar umsetzte und in der rund 250 000 Filmemacher arbeiteten.

4 lukrativ: gewinnbringend

Aufgabe 1

1 Punkt

Kreuze die richtige Antwort an.

Der Text „Hollywood – Traumfabrik mit kleinen Fehlern" handelt von ...

A ☐ Fehlern in Filmen, die kaum jemand kennt.

B ☐ Stars und ihrem Leben.

C ☐ der Region „Hollywood" und Los Angeles.

D ☐ der Entwicklung der Filmindustrie in den USA.

☐ Punkte

Aufgabe 2

6 Punkte

Kreuze bei jeder der folgenden Aussagen an, ob sie richtig oder falsch ist.

		richtig	falsch
A	Hollywood ist ein Stadtteil von Los Angeles in den USA.	☐	☐
B	Die Geschichte Hollywoods beginnt eigentlich in Chicago.	☐	☐
C	Anfangs wurden in Hollywood meist Krimis und Komödien gedreht.	☐	☐
D	Der Computer war ab 1946 verantwortlich für den Zuschauerrückgang.	☐	☐
E	Filme wie „Star Wars“ sorgten ab den 1970ern für volle Kinos.	☐	☐
F	Ab den 1980ern wurden Filme wie am Fließband produziert.	☐	☐

☐ Punkte

Aufgabe 3

1 Punkt

Kreuze die richtige Antwort an.

„Blockbuster“ bezeichnet ...

A ☐ einen Film von einem unbekannten Regisseur.

B ☐ eine besondere Form der Kameraführung.

C ☐ eine kommerziell erfolgreiche Filmproduktion.

D ☐ das System der Vermarktung von Filmen.

☐ Punkte

Aufgabe 4

3 Punkte

„In Hollywood gab es ideale Bedingungen für die Filmproduktion“.
Welche? Notiere in Stichworten.

____

____

☐ Punkte

Aufgabe 5

3 Punkte

Verbinde die Sätze so durch Linien, dass sie Informationen aus dem Text richtig wiedergeben.

A Die Filme junger Regisseure waren in den 1970ern nicht immer erfolgreich,	1 um durch verbesserte Vermarktungsstrukturen auch im Ausland mehr Geld verdienen zu können.
B Weil fast alle Unternehmen und Patente auf die Filmindustrie von einer Gesellschaft kontrolliert wurden,	2 deshalb setzten die Studios auf Blockbuster und ließen Filme fließbandartig produzieren.
C Medienkonzerne übernahmen in den 1990er-Jahren die Studios in Hollywood,	3 verließen einige Unternehmer die Ostküste und siedelten sich in Hollywood an.

☐ Punkte

Aufgabe 6

2 Punkte

„Ein Film ist heute ein gigantisches Kaufhaus“ (▸ Z. 74 f.):
Was bedeutet diese Formulierung? Erkläre in eigenen Worten.

___

___

___

☐ Punkte

Aufgabe 7

2 Punkte

Erläutere, warum Hollywood eine „Traumfabrik mit kleinen Fehlern“ (▸ Überschrift) ist.

___

___

___

☐ Punkte

Aufgabe 8

6 Punkte

Schau dir die Schaubilder an. Sie zeigen Daten zu den Kinobesuchern in Deutschland.
Kreuze für jede der folgenden Aussagen an, ob sie richtig oder falsch ist.

		richtig	falsch
A	Die Besucherzahlen steigen seit 2010 konstant.	☐	☐
B	Die geringsten Besucherzahlen sind für 2014 zu verzeichnen.	☐	☐
C	2009 war das umsatzstärkste Jahr der Kinobetreiber.	☐	☐
D	Der Umsatz steht in direktem Verhältnis zu den Besucherzahlen.	☐	☐
E	Die Ticketpreise steigen jedes Jahr an.	☐	☐
F	Die Mehrzahl der Kinobesucher ist weiblich.	☐	☐

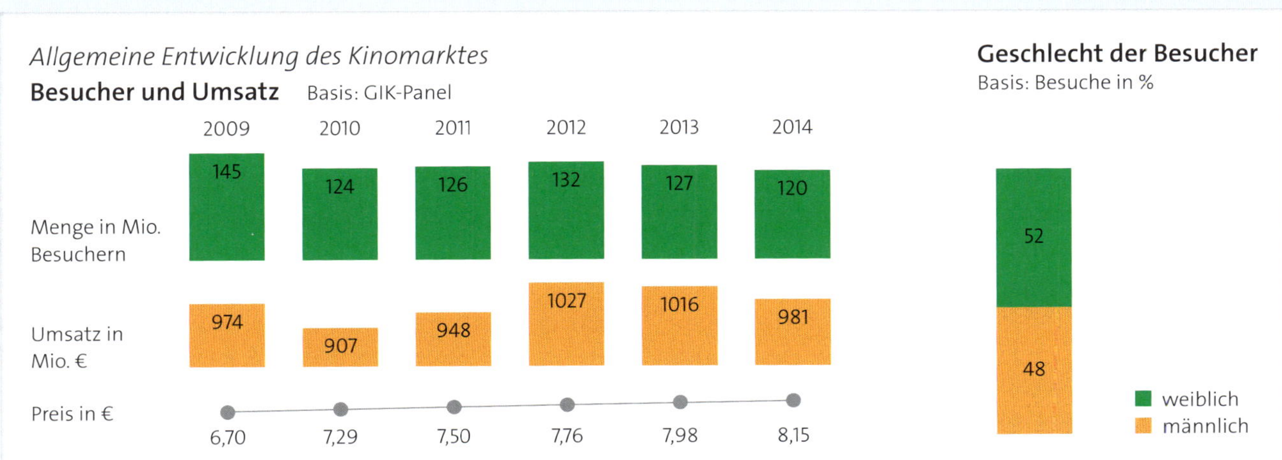

☐ Punkte

Lies den Text und bearbeite die folgenden Aufgaben.

Sibylle Berg

Hauptsache weit

Und weg, hatte er gedacht. Die Schule war zu Ende, das Leben noch nicht, hatte noch nicht begonnen, das Leben. Er hatte nicht viel Angst davor, weil er noch keine Enttäuschungen kannte. Er war ein schöner Junge mit langen, dunklen Haaren, er spielte Gitarre, komponierte am Computer und dachte, irgendwie werde ich wohl später nach London gehen, was Kreatives machen. Aber das war später.
Und nun? Warum kommt der Spaß nicht? Der Junge hockt in einem Zimmer, das Zimmer ist grün, wegen der Neonleuchte, es hat kein Fenster und der Ventilator ist sehr laut. Schatten huschen über den Betonboden, das Glück ist das nicht, eine Wolldecke auf dem Bett, auf der schon einige Kriege ausgetragen wurden. Magen gegen Tom Yan, Darm gegen Curry. Immer verloren die Eingeweide. Der Junge ist 18, und jetzt aber Asien, hatte er sich gedacht. Mit 1000 Dollar durch Thailand, Indien, Kambodscha, drei Monate unterwegs und dann wieder heim, nach Deutschland. Das ist so eng, so langweilig, jetzt was erleben und vielleicht nie zurück. Hast du keine Angst, hatten die blassen Freunde zu Hause gefragt, so ganz alleine? Nein, hatte er geantwortet, man lernt ja so viele Leute kennen unterwegs. Bis jetzt hatte er hauptsächlich Mädchen kennengelernt, nett waren die schon, wenn man Leute mag, die einen bei jedem Satz anfassen. Mädchen, die aussahen wie dreißig und doch so alt waren wie er, seit Monaten unterwegs, die Mädchen, da werden sie komisch. Übermorgen würde er in Laos sein, da mag er jetzt gar nicht daran denken, in seinem hässlichen Pensionszimmer, muss Obacht geben, dass er sich nicht aufs Bett wirft und weint, auf die Decke, wo schon die anderen Dinge drauf sind. In dem kleinen Fernseher kommen nur Leute vor, die ihm völlig fremd sind, das ist das Zeichen, dass man einsam ist, wenn man die Fernsehstars eines Landes nicht kennt und die eigenen keine Bedeutung haben. Der Junge sehnt sich nach Stefan Raab, nach Harald Schmidt und Echt[1]. Er merkt weiter, dass er gar nicht existiert, wenn es nichts hat, was er kennt. Wenn er keine Zeitung in seiner Sprache kaufen kann, keine Klatschgeschichten über einheimische Prominente lesen, wenn keiner anruft und fragt, wie es ihm geht. Dann gibt es ihn nicht. Denkt er. Und ist unterdessen aus seinem heißen Zimmer in die heiße Nacht gegangen, hat fremdes Essen vor sich, von einer fremdsprachigen Serviererin gebracht, die sich nicht für

ihn interessiert, wie niemand hier. Das ist wie tot sein, denkt der Junge. Weit weg von zu Hause, um anderen beim Leben zuzusehen, könnte man umfallen und sterben in der tropischen Nacht und niemand würde weinen darum. Jetzt weint er doch, denkt an die lange Zeit, die er noch rumbekommen muss, alleine in heißen Ländern mit seinem Rucksack, und das stimmt so gar nicht mit den Bildern überein, die er zu Hause von sich hatte. Wie er entspannt mit Wasserbüffeln spielen wollte, in Straßencafés sitzen und cool sein. Was ist, ist einer mit Sonnenbrand und Heimweh nach den Stars zu Hause, die sind wie ein Geländer zum Festhalten. Er geht durch die Nacht, selbst die Tiere reden ausländisch, und dann sieht er etwas, sein Herz schlägt schneller. Ein Computer, ein Internetcafé. Und er setzt sich, schaltet den Computer an, liest seine E-Mails. Kleine Sätze von seinen Freunden, und denen antwortet er, dass es ihm gut gehe und alles großartig ist, und er schreibt und schreibt und es ist auf einmal völlig egal, dass zu seinen Füßen ausländische Insekten so groß wie Meerkatzen herumlaufen, dass das fremde Essen im Magen drückt. Er schreibt seinen Freunden über die kleinen Katastrophen und die fremde Welt um ihn verschwimmt, er ist nicht mehr allein, taucht in den Bildschirm ein, der ist wie ein weiches Bett, er denkt an Bill Gates und Fred Apple, er schickt ein Mail an Sat 1, und für ein paar Stunden ist er wieder am Leben, in der heißen Nacht weit weg von zu Hause.

1 deutsche Popgruppe, die sich 2002 auflöste

Aufgabe 9 2 Punkte

Kreuze die richtigen Antworten an:

Es handelt sich um eine Kurzgeschichte, weil der Text ...

A ☐ einen offenen Schluss hat.

B ☐ sachlich und knapp informiert.

C ☐ nur von einer Figur handelt.

D ☐ eine Momentaufnahme aus dem Leben einer Figur schildert.

☐ Punkte

Aufgabe 10 4 Punkte

Kreuze für jede der folgenden Aussagen zur Kurzgeschichte an, ob sie richtig oder falsch ist.

	richtig	falsch
A Die Hauptfigur steht am Ende ihres Lebens.	☐	☐
B Die Figur ist in Asien zu Hause.	☐	☐
C Ein Internetcafé bildet die Brücke zur Heimat.	☐	☐
D Die Eindrücke der fremden Kultur findet die Figur großartig.	☐	☐

☐ Punkte

Aufgabe 11 3 Punkte

Drei Schüler/-innen haben die Kurzgeschichte gedeutet. Welcher der drei Deutungen kannst du zustimmen? Begründe mit Bezug auf den Text.

A Moritz:

In der Geschichte spielt die Kommunikation im Internet eine wichtige Rolle. Es geht darum, dass letztlich nur Medien eine Heimat bieten können.

B Klara:

Die Kurzgeschichte handelt davon, dass man besser zu Hause bleiben soll, statt in die Ferne zu ziehen. Daheim ist alles vertraut. Das gibt Sicherheit.

C Theo:

Die Kurzgeschichte zeigt, wie Erwartungen und Träume ins Leere laufen können. Ohne Bezug zum eigenen Leben bleiben andere Länder und Kulturen fremd.

☐ Punkte

Aufgabe 12 1 Punkt

Kreuze die richtige Antwort an.

Welches Erzählverhalten liegt vor?

A ☐ auktorial

B ☐ personal

☐ Punkt

B Einen argumentativen Text schreiben

Aufgabe 13

18 Punkte

Schreibe eine Stellungnahme zu folgender Streitfrage:
„Lösen soziale Netzwerke bei ihren Nutzern negative Gefühle aus?"
Gehe wie folgt vor:

a Sammle Ideen: Lies den folgenden Text und markiere die darin aufgeführten Argumente, die belegen, dass durch soziale Netzwerke negative Gefühle entstehen.

Frust, Unzufriedenheit, Neid: Soziale Netzwerke lösen einer Studie zufolge bei einem Teil ihrer Nutzer negative Gefühle aus. Über ein Drittel der von ihnen befragten Facebook-User fühle sich während und nach der Nutzung des sozialen Netzwerks schlecht, haben Forscher der Technischen Universität Darmstadt und der Humboldt-Universität zu Berlin herausgefunden.

Sie seien einsam, müde, traurig oder frustriert, gaben die Probanden an. Als wesentlichen Grund für diese Wertungen sehen die Forscher den Neid auf die positiven Nachrichten der Facebook-Freunde. Besonders häufig seien Anwender betroffen, die in erster Linie passiv konsumieren, was ihre Facebook-Freunde an Nachrichten und Fotos veröffentlichen.

Insgesamt habe ein Fünftel aller Ereignisse (online und offline), die in jüngster Zeit bei den Befragten Neid hervorriefen, im Facebook-Kontext stattgefunden, was „den immensen Stellenwert, den diese Plattform im Leben vieler Nutzer hat", verdeutliche. Den Wissenschaftlern zufolge ist es daher möglich, einen direkten „Zusammenhang zwischen Neid auf

Facebook und der allgemeinen Lebens(un)zufriedenheit der Nutzer nachzuweisen".

„Normalerweise beneidet man Leute, die einem ähnlich sind", sagte Projektleiterin Hanna Krasnova am Montag. Auf Facebook erfahren Nutzer mehr über andere, ihnen ähnliche Menschen, mit denen sie sich vergleichen können. „Die Bedingungen für einen sozialen Vergleich sind besser. Man kann besser sehen, wie man abschneidet."

Um diese negativen Gefühle zu kompensieren, komme es zu einer ausgeprägteren Selbstpräsentation auf Facebook – die wiederum Neidgefühle bei anderen hervorrufe. Die Forscher sprechen von einer „Neidspirale". Laut Krasnova führe dies auch dazu, dass die Nutzer ihr Leben positiver darstellten, als es tatsächlich sei.

b Entwickle eine eigene Position zur Diskussionsfrage und schreibe diese auf, z. B.:

Ich teile die Auffassung nicht, dass ... / Ich stimme der Behauptung ... zu, denn ...

c Erweitere deine Stoffsammlung. Führe mindestens zwei eigene Argumente und Beispiele an, die deine Auffassung untermauern.

d Lege einen Schreibplan für deine Stellungnahme an.
- **Führe in der Einleitung ins Thema ein und benenne deine Position.**
- **Formuliere im Hauptteil deine Argumente und gib auch jeweils Beispiele an.**
- **Bekräftige deinen Standpunkt im Schlussteil.**

e Schreibe den vollständigen Text in dein Heft.

☐ Punkte

C Grammatik

Aufgabe 14 6 Punkte

Dativ oder Genitiv? Trage die Wortgruppen im Rahmen im richtigen Kasus in die Lücken ein und bestimme im Kästchen: D für Dativ oder G für Genitiv.

Ein zentrales Motiv in Science-Fiction-Filmen ist die Vorstellung, dass Aliens die Erde heimsuchen und von ______________ [die Menschen] [ ] Besitz ergreifen könnten. In vielen Science-Fiction-Filmen spiegelt sich die Angst der Menschen vor einer ______________ [ungewisse Zukunft] [ ]. Besonders in der Zeit ______________ [der sogenannte Kalte Krieg] [ ], ______________ [der Konflikt] [ ] zwischen den Westmächten und ______________ [der Ostblock] [ ], entstanden viele Science-Fiction-Filme, die die Bedrohung durch das Unbekannte zum Thema haben. „Das Ding aus einer anderen Welt“ oder „Kampf der Welten“ sind Beispiele für Filme aus den Fünfzigerjahren, in denen sich die Angst vor ______________ [die Invasion] [ ] ______________ [fremde Mächte] [ ] spiegelt. Besonders angsteinflößend war die Vorstellung, dass Außerirdische von den Menschen Besitz ergreifen und sie mittels ______________ [überlegene Technologie] [ ] zu ______________ [seelenlose Wesen] [ ] machen. Dafür ist der Film „Invasion der Körperfresser“ ein gutes Beispiel. Trotz der Veränderung ______________ [die politische Situation] [ ] ist das Thema Invasion, einschließlich ______________ [das Motiv] [ ] ______________ [die Übernahme] [ ] des menschlichen Körpers durch außerirdische Wesen bis heute aktuell: Ein Beispiel gibt der Film „Men in Black“.

[ ] Punkte

Aufgabe 15 1 Punkt

Forme den Nebensatz ins Passiv um, um das Geschehen zu betonen.

Es gibt auch Filme, in denen sich die Hoffnung auf eine Verständigung mit Aliens äußert.

____

____

____

____

____ [ ] Punkt

Aufgabe 16

2 Punkte

Verbinde zu einer Satzreihe. Vermeide Wiederholungen, indem du die Ersatzprobe anwendest.

Der Film „Contact“ (USA 1997) ist eine Ausnahme innerhalb des Genres.
In diesem Film kommt es zu einer positiven Begegnung mit Aliens.

____

____

____ ☐ Punkte

Aufgabe 17

2 Punkte

Setze in das Filmzitat aus „Contact“ den Konjunktiv II ein.

„Wenn wir die Einzigen im Universum sein ______________ (sollen), ______________ (sein) das eine ziemliche Platzverschwendung.“

☐ Punkte

Aufgabe 18

2 Punkte

Verbinde zu Satzgefügen, in denen die Vorzeitigkeit im Plusquamperfekt ausgedrückt wird. Verwende die Konjunktion nachdem.

A Die Cutterin schneidet das Filmmaterial. Die Crew macht die letzte Aufnahme.

____

____

____

B Der Film erhält einen Oscar. Die Filmcrew feiert die Auszeichnung.

____

____

____ ☐ Punkte

Aufgabe 19

5 Punkte

Verbinde jedes der Satzpaare zu einem Satz. Manchmal musst du die Satzglieder umstellen.
a Notiere für jede angebotene Konjunktion den Buchstaben des Satzes, den sie passend verbinden kann.
b Schreibe die Sätze in dein Heft.

☐ während ☐ obwohl ☐ damit ☐ nachdem ☐ denn

A Der Plot des Filmklassikers „E. T. – Der Außerirdische“ ist schnell erzählt. Er ist sehr schlicht.
B Elliot findet ein merkwürdiges Wesen. Es wurde versehentlich auf der Erde zurückgelassen.
C Der Außerirdische jagt ihnen zuerst Angst ein. Elliot und seine Geschwister wollen ihm helfen.
D Die Kinder verstecken ihn. Die Erwachsenen erfahren nichts davon.
E E. T. kann nur auf seinem Heimatplaneten überleben. Auf der Erde muss er bald sterben.

☐ Punkte

D Rechtschreibung

Aufgabe 20

10 Punkte

An der Gottlieb-Daimler-Realschule werden zur Lesemotivation regelmäßig Buchempfehlungen ausgehängt. Die folgende Empfehlung eines Schülers für einen Science-Fiction-Roman enthält einige Fehler. Unterstreiche sie und notiere die Verbesserungen in der Randspalte.

VORSICHT FEHLER!

Dringend lesen: Witziger Science-Fiction-Roman!

Worum geht's? Der Roman „Ich und die Menschen" von Matt Haig (erschienen 2014) kann Fantasiewecken und regt zum nachdenken über unser Dasein an. Der Roman ist aus der Sicht eines Außerirdischen nieder geschrieben, der von einem fernen Planeten auf die Erde geschickt wurde, um in den Körper des Mathematikprofessors Andrew Martin zu schlüpfen, welcher an einem komplexen mathematischen Problemarbeitet. Das entschlüsseln dieses Rätsels würde die technische Entwicklung so weit voran treiben, dass die Menschen im Universum eine Gefahr darstellen würden. Also schlüpft der Außerirdische mit dem Auftrag ins Leben des Professors, dessen Aufzeichnungen sowie alle anderen zu vernichten, die darüber Bescheidwissen.

Warum lesen? Das Buch ist sehr humorvoll geschrieben: Weil der Außerirdische mit dem Leben auf der Erde und der „primitiven Lebensform" Mensch zunächst überhaupt nicht klar kommt, ergeben sich allerlei kuriose Situationen. Nach einigem drunter und drüber kann er aber immer mehr liebenswertes an den Menschen wahr nehmen. Sein vorhaben gerät dadurch ins wanken. Wird es ihm jetzt noch leicht fallen, die ihm inzwischen vertrautgewordene Familie Martin erbarmungslos kalt zu machen? Der Roman hat etwas leichtes und beflügelndes. Er bringt einen zum schmunzeln – der witzige Stil tut ein übriges.

Punkte

Aufgabe 21

2 Punkte

Schreibe auf, welche beiden Fehlerschwerpunkte in dem Text vorkommen.

A ______________________ B ______________________

Punkte

Autoren- und Quellenverzeichnis

S. 6: Bundesagentur für Arbeit und Ines Domernicht: Deutlich sprechen und freundlich sein. Aus: http://www.planet-beruf.de/Verhalten-in-Bewerbu.19152.0.html?&type=3 (Stand: 8.4.2016) – **S. 6:** Stylingtipps fürs Vorstellungsgespräch. Aus: https://aok-on.de/berufseinsteiger/beruf-zukunft/stylingtipps-fuers-vorstellungsgespraech/seiten/3.html (Stand: 8. 4. 2016) – **S. 6:** Die perfekte Vorbereitung auf dein Vorstellungsgespräch. Aus: http://bwt.planet-beruf.de/96.html (Stand: 8. 4. 2016) – **S. 6:** Überlegen Sie sich ... Aus: https://www.karlsruhe.ihk.de/Ausbildung_und_Weiterbildung/Ausbildung/Tipps_fuer_Auszubildende_und_Bewerber/Tipps_zur_Bewerbung/tippsgespraech/2473328 (Stand: 8. 4. 2016) – **S. 20:** Peter Bichsel: Die Tochter. Aus: Eigentlich möchte Frau Blum den Milchmann kennen lernen. Suhrkamp 1993, S. 65 ff. – **S. 29:** Irmela Brender: Eine. Aus: Menschengeschichten. Drittes Jahrbuch der Kinderliteratur. Hrsg. v. Hanns-Joachim Gelberg. © 1975 Beltz Verlag, Weinheim und Basel – **S. 30:** Erich Kästner: Repetition des Gefühls. Aus: Doktor Erich Kästners lyrische Hausapotheke. Deutscher Taschenbuch Verlag, München 1996, S. 22. © Atrium Verlag AG Zürich – **S. 39:** Erich Kästner: Sachliche Romanze. Aus: Doktor Erich Kästners lyrische Hausapotheke. Deutscher Taschenbuch Verlag, München 1996, S. 61. © Atrium Verlag AG Zürich – **S. 41:** Maria Fiedler: Heuschrecken zum Frühstück. Aus: http://www.tagesspiegel.de/wirtschaft/ernaehrung-der-zukunft-heuschrecken-zum-fruehstueck/11210186.html (Stand: 8. 4. 2016) – **S. 42:** Hanns-Jochen Kaffsack: UN-Organisation wirbt für Insekten als Mahlzeit. Aus: http://www.welt.de/wissenschaft/umwelt/article10968732/UN-Organisation-wirbt-fuer-Insekten-als-Mahlzeit.html (Stand: 8. 4. 2016) – **S. 52:** William Shakespeare: Romeo und Julia. Übersetzt und für die Schule bearbeitet von Diethard Lübke. Cornelsen Verlag, Berlin 2011, S. 13–16 – **S. 55:** William Shakespeare: Romeo und Julia. Übersetzt und für die Schule bearbeitet von Diethard Lübke. Cornelsen Verlag, Berlin 2011 – **S. 102:** Eva Mommsen: Hollywood – Traumfabrik mit kleinen Fehlern. Aus: http://www.planet-wissen.de/kultur/metropolen/los_angeles_stadt_der_engel/pwiehollywoodmythosundrealitaet100.html (Stand: 8. 4. 2016) – **S. 105:** Allgemeine Entwicklung des Kinomarktes. Aus: http://www.ffa.de/studien-und-publikationen.html (Stand: 8. 4. 2016) – **S. 106:** Sibylle Berg: Hauptsache weit: Aus: Das Unerfreuliche zuerst. Herrengeschichten. Kiepenheuer & Witsch, Köln 2001, S. 123 ff. – **S. 108:** Matthias Kremp: Frust, Unzufriedenheit, Neid ... Aus: http://www.spiegel.de/netzwelt/web/studie-facebook-macht-nutzer-unzufrieden-und-neidisch-a-878803.html (Stand: 8. 4. 2016)

Bildquellenverzeichnis

S. 9 links: Fotolia/Volker Witt – **S. 9 rechts:** Fotolia/Picture-Factory – **S. 10 oben:** Fotolia/Janina – **S: 10 Mitte:** Fotolia/DDRockstar – **S. 10 unten:** Fotolia/Marco2811 – **S. 12 links:** Fotolia/Guido Thomasi – **S. 12 rechts:** Fotolia/grafikplusfoto – **S. 14 oben links:** Fotolia/Robert Kneschke – **S. 14 oben rechts:** Fotolia/Janina Dierks – **S. 14 unten Mitte:** Fotolia/Picture-Factory – **S. 14 unten links:** Fotolia/Robert Kneschke – **S. 14 unten rechts:** Fotolia/K.-P. Adler – **S. 15 oben:** Fotolia/contrastwerkstatt – **S. 15 unten:** Shutterstock/ilkercelik – **S. 38:** bpk – **S. 43:** © DW – **S. 60:** Fotolia/stockphoto-graf – **S. 74:** picture-alliance/dieKLEINERT – **S. 75:** Fotolia/DoraZett – **S. 78:** Fotolia/l-pics – **S. 82:** akg-images – **S. 84:** Fotolia/Syda Productions – **S. 88:** Fotolia/Gerhard Seybert – **S. 91 oben:** Fotolia/Sven Schermer – **S. 91 unten:** Fotolia/Claudia Paulussen – **S. 94:** Fotolia/Photographee.eu – **S. 97:** Fotolia/Daniel Ernst – **S. 100:** imago/Ralph Peters – **S. 101:** Fotolia/hifashion – **S. 103:** action press – **S. 108:** Fotolia/chajamp

Impressum

Redaktion: Birgit Wernz, Sandra Wuttke-Baschek

Coverfoto: Fotolia/pololia

Illustrationen:
Uta Bettzieche, Leipzig (S. 11, 65–68, 71, 77); Nils Fliegner, Hamburg (S. 21, 25, 27, 97–99);
Bianca Schaalburg, Berlin (S. 81, 83, 86, 87, 89, 95, 96); Sulu Trüstedt, Berlin (S. 5, 30, 31, 39, 52, 53, 55, 57, 106)

Gesamtgestaltung und technische Umsetzung: werkstatt für gebrauchsgrafik, Berlin

www.cornelsen.de

Druck: Athesiadruck GmbH

Ausgabe ohne interaktive Übungen
1. Auflage, 4. Druck 2023
ISBN 978-3-06-067484-8

Ausgabe mit interaktiven Übungen
1. Auflage, 2. Druck 2022
ISBN 978-3-06-062470-6

PEFC-zertifiziert
Dieses Produkt stammt aus nachhaltig bewirtschafteten Wäldern
PEFC
PEFC/18-31-166
www.pefc.de